SÉRÉNITÉ

ECKHART, SCHELLING, HEIDEGGER

DU MÊME AUTEUR
À LA MÊME LIBRAIRIE

Vers la simplicité. Phénoménologie hégélienne, 2010, 266 pages.

Transformations de la métaphysique. Commentaires sur la philosophie transcendantale de Schelling, 2001, 192 pages.

Amour immense. Phénoménologie selon sainte Thérèse d'Avila, 2025, 182 pages.

BIBLIOTHÈQUE D'HISTOIRE DE LA PHILOSOPHIE

SÉRÉNITÉ

ECKHART, SCHELLING, HEIDEGGER

par
Emmanuel CATTIN

LIBRAIRIE PHILOSOPHIQUE J. VRIN
6, Place de la Sorbonne,
PARIS Ve

Imprimé en France
ISSN 0249-7980
ISBN 978-2-7116-2427-0

www.vrin.fr

Introduction

LASSEN

Il est des expériences singulières en ceci qu'elles nous arrivent alors qu'il ne se passe rien. Elles surviennent seulement dans cet élément-là, l'élément pur que rien n'habite, où rien ne se tient, rien n'arrive. Il ne s'agit pas même de l'étude, et de l'agir à l'intérieur de soi que celle-ci à chaque fois requiert. L'instant de leur venue, où notre acte, s'il en est encore un seul, a toujours aussi le sens d'un événement, nous arrivant ainsi d'une provenance indécise, demanderait plutôt le vide. Cependant elles s'avancent dans ce vide comme autant de pensées. Sans doute n'arrivent-elles jusqu'à nous en cette figure que si et pour autant que nous nous laissons atteindre par elles. Celui qui en est touché aura d'abord résolu par-devers lui, dans le principe (mais un tel principe est lui-même), de s'y exposer, de recevoir avec elles ce qu'il n'a jamais devancé, bien qu'il l'ait attendu peut-être, fût-ce en quelque mode à lui-même fermé, lui-même alors avançant, s'avançant dans l'éclaircissement de son attente, l'éclaircissement de soi. Ne nous parvient jamais sur ce mode que ce que nous attendions déjà sans savoir même qu'il était attendu, et l'imprévisible ne surgira pas s'il n'est, fût-ce dans l'éclatant de la surprise – le plus beau mode de l'ouverture –, accueilli. Il est des pensées qui se présentent sur le mode d'une telle imprévisible expérience. Nous les laissons venir, pour la première fois, puis nous les retrouvons. Elles deviennent familières, moins surprenantes, plus insistantes, mais d'autant plus surprenantes alors. Lorsqu'une pensée devient ainsi familière, elle devient elle-même la pensée à laquelle nous pouvons nous fier, comme si elle devenait lentement, par elle-même, directrice, comme si nous devenions elle, si étrange qu'elle nous apparaisse, pourtant, de plus en plus étrange lorsque nous nous avançons en elle, en nous-mêmes ainsi. Une telle pensée n'est pas seulement, pas encore une question, elle précède toute question, libérant, en cette lenteur initiale, radicale, l'espace d'abord contenu par son ébranlement surprenant, la dimension pour toute question à venir. Antérieure à l'émergence d'une question qui soit à sa mesure, une telle pensée est l'expérience singulière d'un chemin qui s'ouvre au-dedans, d'une ouverture aussi intermittente qu'elle est, cependant, insistante. En son étrange clignotement, en son indécision et son retour insistant, l'expérience précède toujours la question, et celle-ci à son tour aura déjà en elle la seule réponse qui soit à chaque fois à la mesure de l'expérience initiale qui l'aura vue naître : toute question n'est que l'intensification de sa provenance, l'intensification de l'expérience, et la réponse, à nouveau, l'intensification de cette intensité d'abord questionnante. D'où vient cette mystérieuse insistance des chemins qui s'ouvrent toujours à nouveau, de plus en plus familiers en un sens, mais aussi, lors même qu'une telle familiarité grandit, de plus en plus insolites ? Leur étrangeté en effet croît au même rythme que la familiarité dont notre patience les entoure, dans le vide de leur apparition.

Or cet élément-là, le vide qui les cerne, est lui-même justement ce qui adviendra, à son tour, dans une pensée.

L'expérience sera alors celle de ce vide, surgissant selon une telle visée au milieu de lui-même. Il n'apparaît, ainsi, qu'en tant que pensée, ou dans l'élément de la pensée, comme une pensée possible dans le désœuvrement, la mystérieuse attente. Le vide advient en lui-même dans la figure d'une pensée possible. Quelle est cette pensée et comment, en elle, le vide se recueillerait-il ? Elle est la pensée la plus simple, comme elle aura elle-même le sens, qui reste pourtant entièrement à rejoindre, de la simplicité extrême, *de la simplicité absolue*. Le vide advient dans une pensée qui paraît ouvrir un chemin, découvrir la possibilité d'un geste. Elle est simplement *la pensée de laisser*. La simplicité de cette pensée est pourtant des plus déconcertantes, comme il en va toujours avec le plus simple. Ce qui s'ouvre en une telle pensée est le chemin par lequel la conscience, dans une simplification absolue, *laisserait tout*, autrement dit d'abord paraîtrait se dégager de tout. Tout ce qui est en-dehors d'elle, mais tout ce qui est en elle, jusqu'à elle-même, le laisser. *Laisser, ne pas prendre, ne rien prendre*. Se dégager ne voudrait pas dire alors pourtant écarter ni même tenir loin de soi, dans le rejet qui refuse ou la résistance libératrice, mais, dans la simplicité qui est originairement la sienne, ne pas prendre, ne pas tenir, ne pas retenir. *Laisser venir, laisser partir, laisser être*. Bien que la négation serve, dans une certaine mesure au moins, à en traduire l'acte singulier, se dégager n'est pas en lui seulement l'acte d'une négation, il ne refuse ni ne rejette au loin, il n'est pas résister. Au moins n'est-il jamais unilatéralement négatif. La négation alors, selon laquelle il laissera s'agrandir une sorte de distance, l'éloignement ou le retrait qui en formeront le centre, n'iront pas sans une affirmation, selon laquelle cet acte sera en lui-même tout autant un assentiment, et par là, au contraire, fera ou laissera advenir une proximité avec ce qui vient, avec ce qui est. Laisser n'est pas davantage seulement un Non qu'il n'est unilatéralement un Oui. Le chemin qui s'ouvre imprévisiblement avec cette pensée est en lui-même la volonté étrangement affirmative négative d'un acte qui cependant, selon toute apparence, ne pose rien, mais ne nie rien. Le plus difficile est de rejoindre une telle volonté, un tel acte qui n'appartient unilatéralement ni à l'affirmation ni à la négation.

Mais avant tout, s'agit-il bien encore d'un acte ? Laisser n'est-il pas plutôt le non-agir même ? Ce qui est laissé n'est-il pas à chaque fois l'agir lui-même ? Laisser serait alors seulement retenir tout acte par lequel, toujours, ou bien une affirmation m'engage, ou bien une négation tout autant à sa façon intervient, et peut-être elle aussi, selon plusieurs modes, me dégage. Est-il un autre chemin pour se dégager que celui-ci, qui serait seulement négatif ? Regardons. Laisser ne paraît pas porter en lui la scission d'une telle négation, celle-ci fût-elle, sur son mode propre, libératrice. Non seulement il laisse venir, n'intervenant pas en ce qui vient, mais celui qui laisse se laisse lui-même atteindre, il ne se retire pas comme s'il se protégeait ou se défendait, il se retire en un tout autre sens, qui n'est pas encore en vue. Il laisse en effet aussi toute défense, abandonnant toute protection, pour autant qu'il se laisse lui-même. Autrement dit un tel laisser, advenant comme une distance en lui, l'éloigne tout autant de lui-même. Un tel acte ne nie rien vers le dehors, apparaissant plutôt comme non-agir. Selon toute apparence, il sera l'extinction de tout agir. Laisser est-il décidément la volonté radicale du non-agir ? Le non-agir serait alors la figure en laquelle la volonté revenant sur soi s'annihilerait elle-même, si elle est elle-même une sorte d'agir. *Se laisser soi-même serait-il alors, peut-être, la tentative de disparaître entièrement ?* Laisser est une volonté, lorsqu'il advient comme pensée qui est elle-même l'ouverture d'un chemin. Une telle volonté est à rejoindre, mais elle-même peut-être à dépasser, à laisser en arrière. L'expérience de ce chemin ne s'accomplit que dans la lenteur qui en confirme la décision initiale, en réaffirme à chaque instant le commencement. Mais un tel chemin n'ira-t-il pas à l'extinction de soi, si par soi est à chaque fois pensée la volonté qui paraît d'abord en être le centre actif? N'ira-t-il pas à l'anéantissement de tout agir? Il y aura là peut-être l'une des apparences qu'il prendra, l'un peut-être des risques qu'il encourra, celui d'une négation si radicale qu'elle se supprimerait elle-même comme volonté négative, n'étant plus que la volonté de rien, volonté ne se voulant plus elle-même en tant que volonté, et ainsi, à la fin, néant de volonté, volonté d'extinction, qui elle-même viendrait en sa lenteur à s'éteindre. Mais si un tel chemin est au contraire, en cette apparence même, affirmatif, il sera alors tout autant, et peut-être en un sens qu'il faudra dire plus haut, ou qui du moins n'est lui-même rejoint que plus loin, *le chemin de l'accomplissement de la volonté.* La négation en lui, si radicale soit-elle, sera alors elle-même le chemin d'une affirmation plus mystérieuse encore, et le non-agir, ou ce qui se donnera dans cette apparence, sera en lui-même la tentative d'un autre agir, d'agir en un autre sens, la tentative de rejoindre une activité en un mode plus haut, qui ne saurait plus alors, assurément, être dite mienne au même sens. Se joindre à cette affirmation, qui n'est plus seulement la position d'un acte en tant qu'il est le mien, mais tout autant en tant qu'il est détaché de celui qui dit « Je », ne veut pas dire, cependant, que celui qui agirait en ce sens, assurément encore indéterminé, se livrerait à l'impersonnalité d'un devenir en lequel au fond il disparaîtrait. Tout au contraire: c'est alors seulement que s'accomplit le sens de la personnalité, et même peut-être de la *personnalité pure.* Un tel accomplissement reste cependant à penser. Qui est-il, celui qui est là ? Voilà le plus difficile. Rejoindre l'agir lorsque celui-ci s'accomplit en tant que laisser sera rejoindre le sens, qui tout d'abord se dérobait à celui qui s'y retire, d'une personnalité qui n'est jamais seulement aucun des actes qu'elle pose, et se rassemble pourtant comme leur centre et leur secret, s'avançant et se retirant en chacun d'entre eux. Laisser serait alors un tel rassemblement d'elle-même à la pointe pure de son agir. Le plus difficile est toutefois de penser un tel agir s'accomplissant lui-même comme laisser dans l'apparence du non-agir, une volonté réalisant son essence dans la figure de la non volonté. Faudra-t-il maintenir, décidément, l'agir et la volonté ? S'agira-t-il encore de la personnalité ?

Mais il n'est pas sûr qu'une telle apparence, celle de la négation de l'agir, manifeste cet acte si singulier, dans le retrait qui lui est essentiel, plus adéquatement qu'une autre. Lorsque la pensée survient de tout laisser, lorsqu'elle revient, commence à s'accomplir la volonté d'un retrait. Le retrait par lequel celui qui laisse se dégage des alentours comme de lui-même ne s'accomplit ni dans la figure du refus ou du rejet – s'il est pourtant bien, lui, le séparé, comme il apparaîtra peut-être avec la possibilité d'une existence poétique[1] –, ni davantage en celle de l'immobilité au milieu de ce qui est. Le retrait est bien davantage l'acte secret qu'il unit à chacun de ses actes, mais qui redouble tout autant chaque figure de la retenue dans l'immobilité, il est la réserve qui accompagne le moindre de ses gestes comme, en lui, la moindre absence de geste. Il n'apparaît pas, ainsi, même lorsqu'il se présente dans la figure d'une retenue négative. *Ne pas prendre* sera le geste secret qui accompagnera à chaque fois le geste de prendre comme celui de ne pas prendre, tout *tenir* sera ainsi doublé secrètement d'un

1. On se reportera, plus loin dans ce livre, à son dernier chapitre, *Frieden*.

ne pas retenir, mais toute retenue n'en sera pas moins elle-même doublée d'une réserve qui aura essentiellement un autre sens que celui sous lequel elle se donnait d'abord. Laisser n'est jamais un seul geste, mais le geste qui accompagne tout geste, le geste des gestes, l'acte dans tout autre acte. Toutes ces apparences négatives, ne pas prendre, ne pas tenir, ne pas retenir, sont à chaque fois elles-mêmes seulement redoublées du geste de laisser, avec lequel elles ne se confondent pas absolument, puisqu'il y aura des modes de la retenue qui n'en accompliront assurément pas le sens le plus haut, comme il y aura peut-être des visages de l'agir qui laisseront plus essentiellement. Ce que nous recherchons dans un tel laisser est alors l'acte pur un avec tout acte, l'acte de se retirer en tout agir, mais aussi, inversement, l'acte d'une retenue qui s'avance lorsque rien apparemment n'est posé. Ce que nous recherchons est l'affirmation, si un tel geste est encore un Oui, qui redouble toute affirmation comme toute négation, celle qui en est à chaque fois le centre et la provenance, telle qu'elles irradient à partir de celle-ci comme de celle-là. *C'est un tel centre irradiant qui s'appellera personnalité pure*. Or c'est un tel centre que nous rencontrons, en un mode singulier de la rencontre, à chaque fois que nous sommes en présence de quelqu'un. Qu'il y ait quelqu'un veut dire que nous pouvons nous tenir dans la proximité d'une telle présence absolument lointaine, ne cessant de se retirer. C'est sur ce mode qu'à chaque fois nous avons rapport au secret.

La pensée de laisser aura ainsi le sens du détachement. Le détachement est la possibilité d'un accomplissement secret de tout acte, qui le redouble silencieusement. Secret, car il est le plus lointain, et se retire en effet toujours plus loin que l'acte qui à chaque fois s'avance. Mais secret il ne l'est pas comme ce qu'il faudrait garder. Pour une conscience il n'est jamais ainsi son secret, celui sur lequel elle aurait à veiller. Il n'est secret qu'en tant qu'il est l'inapparent. Mais si l'accomplissement est inapparent, en quel sens a-t-il lieu, dans quel monde advient-il? Il advient dans la pensée, dans la figure de la pensée. Une telle pensée n'est pas seulement celle que nous cherchons à rejoindre, expérience advenant dans le vide de toute expérience. Elle est l'expérience qui se joint, peut se joindre à toute expérience, l'acte uni à tout acte. La pensée de laisser est l'expérience et l'acte qui se tiennent dans l'unité avec toute autre expérience et tout autre acte. *Une telle « méditation » n'a pas de fin, une telle expérience ne s'arrête jamais*. Le mode d'une telle unité avec toute pensée, avec l'expérience elle-même, est cependant difficile, comme l'est son sens d'accomplissement. Le détachement n'est-il pas en tout acte sa négation, le redoublement qui le retire? Comment alors serait-il un accomplissement? Ne va-t-il pas plutôt à l'encontre de l'acte qu'il retire? Uni à lui, n'en est-il pas la suppression? Le dédoublement ne l'emporte-t-il pas alors sur la simplicité d'un acte qui accomplirait tout agir comme tout non-agir? Que se passera-t-il dans le monde à chaque fois qu'adviendra, en chaque lieu où s'élèvera un accomplissement de cette sorte? Tout de ce qu'il engendre ne restera-t-il pas, comme lui-même, inapparent? Là est sans doute le plus difficile. Il est impossible de mesurer le sens du détachement aux fins que nous avons posées et ne cessons de poser comme les nôtres. La question de son appartenance au domaine de la volonté n'est pas encore résolue. En sera-t-il l'accomplissement, ou, décidément, s'en affranchira-t-il?

La difficulté décisive concernera par conséquent la volonté : un tel acte de laisser, doublant tout acte, émanera-t-il lui-même du foyer de la volonté? Appartiendra-t-il à son aire, ou bien, en vertu, ou de son origine, ou de quelque dépassement, s'en libèrera-t-il? Si la question doit faire la décision, c'est que la réponse portera en elle le sens ultime d'un tel laisser dans l'ordinaire de nos fins, ou même plutôt dans toute l'étendue du domaine de l'agir, qu'il soit humain ou non, et pensé ou non à partir de l'homme. Mais aussi, en la simplicité d'un tel laisser, se tient peut-être la possibilité d'un renversement plus radical, dont la portée demeure encore elle-même indécise. Si la pensée de laisser devait en effet donner elle-même lieu à quelque décision ou résolution par laquelle la conscience qui la voit apparaître en elle se tourne entièrement vers elle, dans une affirmation qui a en elle la puissance de la dégager de tout, à commencer par elle-même, une telle orientation affirmative négative pourrait cependant lui découvrir la possibilité d'une ampleur nouvelle, celle d'un domaine jamais encore dévoilé. Qu'il ne s'agisse plus alors seulement d'elle-même en un aussi radical renversement, voilà qui apparaît pour la première fois. En quelle mesure cependant toutes les consciences sont par lui concernées, et d'abord ce qui est plus radical que toute conscience, reste entièrement obscur. Jusqu'à quelle sorte de limites l'agir qui est un non-agir conduira la conscience qui se laisse elle-même en lui, voilà qui ne saurait non plus être fixé à l'avance. Cette obscurité est l'un des sens du risque pur auquel elle se livre en une telle décision, lorsqu'elle doit pourtant d'abord faire face à un tout autre danger, celui en lequel elle s'est elle-même à son insu depuis longtemps engagée, ou qu'elle-même, regardant plus attentivement alentour, considère désormais comme le lieu de son plus ordinaire séjour, avec lequel elle n'est pas réconciliée, et dont la pensée de laisser aura peut-être la singulière vertu de la détacher. La détacher, cependant, sur un mode qui n'a plus rien à voir avec la volonté rebelle, n'engageant, du moins, aucune sorte de scission qui porterait en elle le tranchant d'un refus, puisqu'il ne s'agit justement pas d'une révolte contre l'effectivité, d'une décision abstraite de mettre fin à quelque appartenance, mais plutôt d'un éloignement intérieur à la proximité d'un tel séjour. La conscience en elle se livre à un tout autre Non que celui du refus, à un tout autre Oui que celui du consentement. C'est cet acte ambigu, inapparent, qu'elle oppose au danger qu'elle entrevoit peut-être comme l'essence de son séjour. Mais quel est au juste le danger, en lequel cette pensée apparaît, et quel est le mode de son apparaître en lui ? La pensée de laisser sera-t-elle la pensée secourable, et comment le serait-elle, si le secours n'est pas en elle ce qui est attendu, pas plus qu'il ne se donne seulement dans l'énergie de l'acte salutaire ? De quel singulier secours s'agirait-il qui selon toute apparence laisse intact le danger lui-même ? Quel étrange retournement accomplirait-il en lui, quel secret renversement, qui laisse toutes choses à leur place, y compris la conscience elle-même, dont il ne rend possible aucune sorte d'évasion, de fuite ou d'affrontement, de combat salvateur ? Mais il ne sera possible d'accéder au sens d'un tel secours que si et pour autant que nous aurons toujours aussi en vue le danger, lui-même ainsi tout d'abord à rejoindre. À quelle sorte de danger pourrait bien répondre un acte aussi étrange que celui qui laisse toutes choses intactes ? Et s'agit-il même d'un danger qu'il faudrait écarter, ou dont il faudrait s'éloigner, par quelque porte dérobée du réel ? Non. Peut-être n'y a-t-il aucun danger en ce sens. Du moins n'est-ce pas à lui que la pensée de laisser pourrait quant à elle en sa simplicité répondre. Si la conscience se tourne vers l'énigmatique pensée de laisser, ce n'est pas qu'elle se considèrerait menacée, qu'il s'agirait en elle de parer la menace d'une atteinte. Rien ne plane au-dessus d'elle qui fût d'une présence en ce sens-là inquiétante, aucune imminence ne se laisse entrevoir dont il lui faudrait défensivement se prémunir. N'est-ce pas plutôt que tout ce qui vient, tout ce qui peut venir, lorsqu'elle tentera de considérer les signes appartenant à quelque prémonition, la reconduira toujours au même danger, celui qu'elle est elle-même en son aveuglement le plus propre ? C'est elle qui ne voit pas, et ne se voit pas. *Le danger n'est pas ce qui vient, le danger est de ne pas voir, non pas seulement ce qui vient, mais ce qui est déjà là.* Mais alors que voit-elle, qu'a-t-elle vu, la conscience qui se résout à tout laisser ? Et l'acte de laisser pourrait-il lui-même n'être au fond que ce regard même, ce simple regard ? Que voit-il, et dans quoi regarde-t-il ? Et comment ce regard serait-il lui-même détachement ? Un regard ne laissera ce qu'il voit que s'il est déjà lui-même regard détaché, regard du détaché, s'il est ainsi le regard qui voit et laisse aller, laisse être ce qu'il voit. Quel est ce regard ?

Il n'est peut-être pas impossible de commencer à apercevoir ce qu'il voit lui-même, ou comment toutes choses s'ouvrent en son rayon. Ce que voit le regard qui s'est déjà avancé dans le détachement, le regard du détaché, sera peut-être, selon la possibilité d'une première description, le flottement de ce qui est. Sous un tel regard les choses paraissent devenir flottantes, ou se découvrir en leur flottement. Flotter est le sens d'être de ce qui ne se tient pas fermement sur un sol. Celui qui voit le flottement laisse ce qui est à la non fermeté de l'absence de sol. L'abandon de la volonté même de tenir répond à ce regard qui voit dans l'absence de tenue de ce qui entre en cette sorte de présence. Mais un tel regard ne s'en détourne pas, il recueille plutôt un tel flottement, recueillant toujours seulement ce qui ne tient pas. L'abandon de la volonté de tenir est aussi le regard qui recueille ce qu'il ne retient pas, non seulement parce qu'il ne peut pas le retenir, mais parce qu'il ne veut plus le retenir. Mais alors, laissant le monde flottant à son flottement, il laissera aussi partir, s'éloigner ce qui ne demeure pas. Laisser une telle sorte de présence à elle-même sera aussi la laisser glisser dans l'absence, devenir une telle absence, grandissante jusqu'à être seulement absence. *Laisser sera aussi, et peut-être le plus originairement, laisser partir.* Mais alors sans doute ne s'agit-il pas seulement d'un flottement, qui pourrait bien n'être que l'un des traits de ce que voit une telle conscience. L'autre trait qu'en son clair regard elle discerne, un trait peut-être plus profond, est la fragilité, *la fragilité de ce qui prend fin.* Elle voit dans la fragilité. La fragilité est le sens d'être de ce qui se tient au bord de sa fin, près d'être brisé. Mais alors elle voit aussi le danger. Car elle voit que la tentative de tenir n'est pas seulement vaine, désaccordée au mode d'être de ce qui s'absente, mais qu'elle est aussi désastreuse. Elle voit qu'une telle volonté ne fait qu'un avec les ravages, elle voit qu'elle est la dévastation elle-même. *Laisser est l'acte de celui qui ne prendra pas part à la dévastation.* Celle-ci n'est pas seulement à venir, elle a déjà commencé. Elle ne plane nulle part, elle n'est pas seulement l'horizon, elle ne se tient en aucun autre lieu qu'en son propre regard aveugle à la fragilité. Mais laisser la fragilité à son être ne veut pas dire, assurément, la protéger. La volonté d'une protection s'engage dans une intervention d'une tout autre nature. Laisser est à l'inverse l'acte secret d'un regard qui n'intervient pas, mais dont le rayon recueille tout ce qui tombe. Protéger, retenir, il n'en a justement pas la puissance, n'appartenant peut-être pas à la dimension de la puissance. Mais il voit, et un tel voir est un autre accomplissement. Le fragile n'est pas retenu de ne plus être, mais pour la première fois recueilli dans l'éphémère de son apparition. Nul doute qu'en un tel regard il n'apparaisse alors autrement. Insolite, en son absence de sol et de fondement, il est ce qui se lève avant de disparaître, se tenant dès son lever, et ainsi radicalement, dans l'horizon, c'est-à-dire tout autant au bord d'une négation qui ne peut être fléchie, abritant même celle-ci en lui, et ainsi l'imminence de son propre effacement. Le regard qui voit dans la fragilité voit cette imminence dont toute présence est alors enveloppée comme d'un voile. *Il voit le départ, il voit l'adieu.* Lui-même alors se tient en un tel départ, lui appartenant entièrement. Lui-même se tient dans l'adieu radical d'une séparation qui recueillera attentivement, dans le geste unique de laisser, tout ce qui prend fin. La distance qui est la sienne est celle de cet adieu, à partir de laquelle seulement le regard deviendra proche de ce qui autour de lui glisse, déjà, dans l'absence. Laisser est l'acte dont la provenance sans lieu est l'adieu, recueillant chaque chose à partir de la séparation, et par là, selon la fragilité qui est le mode ultime de son être. Comment toutes choses apparaissent-elles dans le rayon de ce regard ? Non pas seulement comme ce qui prend fin, est déjà entré dans la voie de son départ, mais, s'éclaircissant alors pour la première fois, selon la beauté qui entoure une telle fin, le départ vers une telle fin. Mais que veut dire une telle beauté de ce qui prend fin ? Elle est l'éclat voilé d'un accomplissement qui ne reviendra plus, et qui, ainsi, n'aura lieu qu'une fois, cet unique événement, cet à jamais le marquant déjà essentiellement. Ce qui va finir entre dans l'adieu à ce qu'il aura une seule fois rencontré, entrant aussi dans l'adieu à lui-même. Est fragile ce qui apparaît alors d'emblée dans cette distance de la séparation dont son mode d'être même est marqué. L'éclat n'est pas celui d'une affirmation irradiante à laquelle serait fermée la négation qui est pourtant, de toute façon, son destin, d'une affirmation qui serait ainsi fermée à elle-même. L'éclat n'apparaît que sous le voile d'une présence qui a déjà commencé à se retirer. Mais en une telle beauté l'éclat et le voile ne font qu'un, formant l'apparaître d'une présence qui porte en elle l'absence à laquelle elle appartient, le *Non*, le *ne pas* auquel elle retourne, comme elle en provient, ne cesse d'en provenir. La fragilité n'est pas seulement l'un des traits d'une telle beauté, elle en est l'essence, car elle n'est pas davantage l'un des traits de son apparaître, elle forme le sens absolu de celui-ci. Pour autant, une telle beauté ne s'avance elle-même que sur un mode presque imperceptible. Seul un regard lui-même fragilisé a chance peut-être de voir s'ouvrir l'accès à ce mode, le plus discret, de l'accomplissement, seul il se laissera lui-même atteindre par la lointaine, secrète diffusion d'une telle présence voilée, atteindre par la faible, mais plus profonde et plus fragile lueur de la disparition. Un tel regard doit d'abord lui-même appartenir à l'adieu, être entré dans l'adieu. Comment entrerait-il dans le domaine d'une telle expérience, qu'est-ce qui pourrait lui en ouvrir l'accès ? Qu'est-ce qui lui donnerait de voir ce qui se retire, le fragile, le moindre ? Comment un tel regard pourrait-il éclore ?

Considérant l'acte singulier de laisser, le regard aura été conduit jusqu'à l'adieu qui en est la provenance, comme il marque tout ce qui entre en son domaine. Acte si singulier qu'il s'éveille plutôt peut-être comme le non-agir redoublant tout acte, où celui qui agit est déjà entré dans un bien étrange accomplissement, puisqu'il ne va pas sans l'assentiment de celui qui s'y engage à son propre effacement. Cet acte est un regard où ce qui est vu et celui qui le voit appartiennent à un seul adieu radical. La dimension qui s'ouvre avec un tel acte est alors celle du sacrifice. Elle impose la méditation d'une négation qui serait un chemin d'acccomplissement, le seul peut-être qui fût encore ouvert. La question décisive est alors celle de l'affirmation qu'une telle négation recueille en elle, sur le mode étrange d'une réserve redoublant tout acte, à moins qu'elle ne l'ouvre plus loin et plus haut qu'elle-même, elle-même se dépassant en celle-là. Autrement dit : la négation est-elle un passage, et l'étrange agir qui s'appelle *Lassen* est-il le chemin d'une restitution, en laquelle ce qui est abandonné serait redonné ? Ou bien le mode de son accomplissement est-il tout autre, et l'abandon est-il, alors, l'ultime ? Il n'est pas possible de répondre sans considérer de plus près ce que veut dire vraiment laisser, ce qu'est *laisser vraiment*.

Le domaine de ces questions est celui de la *Gelassenheit*[1]. Dans quelle mesure cette question, qui fut initialement eckhartienne, est encore la nôtre, la préoccupation d'un seul ne suffit assurément pas pour en décider. Il reste à faire l'expérience inanticipable de ce qui nous atteint encore d'une telle question, de ce qui s'ouvre de son domaine, et surtout selon quelle nécessité. Que nous y entrions ou non est sans doute, en un sens, de notre décision, si du moins un tel domaine nous demeure accessible. Mais nous ne pouvons nous penser nous-mêmes nous engageant dans cette question sans nous trouver alors aussi atteints par l'inquiétude de sa provenance et le mode même selon lequel elle en provient, ce qui veut dire à chaque fois : « nous-mêmes » et cela à quoi nous appartenons. À chaque fois il n'y a pas d'autre nécessité que « nous-mêmes ». « Nous » sommes seuls l'inquiétude qui prend sur elle la nécessité. Qui sont ceux-là, « nous », en lesquels une telle question résonnerait encore une fois en sa nécessité, qu'ils soient ou non capables de prendre sur eux la tâche de la

1. Ce mot recevra dans la suite plusieurs traductions. « Détachement » est l'une d'elles, « délaissement » est une autre possibilité, mais la « sérénité », qui le traduit aussi parfois, ne lui est jamais étrangère. Comme il apparaîtra, le centre essentiel en est à chaque fois le geste, agir ou non agir, de laisser, le regard qui laisse.

penser sérieusement ? La nécessité de la question voudrait dire qu'une voie s'ouvre, quel qu'en soit le mode abrupt, impraticable peut-être. Ou alors il faudrait dire que la question appartient déjà et seulement au passé, à tout ce qui fut ruiné, et ne reviendra pas, sinon dans le souvenir et l'ambiguïté du deuil. Il n'est pas sûr que les questions de la philosophie soient épargnées par une telle ruine, si tout ce qui apparaît, en tant qu'il apparaît, appartient déjà au passé, et si la philosophie elle-même appartient à l'apparaître, dont elle est l'accomplissement. Si pourtant la question vient jusqu'à nous, ce dont seule l'expérience décidera, c'est qu'elle ne provient pas absolument du passé lui-même où elle apparut, mais continue de venir à nous de la provenance unique qui fut, déjà alors, la sienne. La première tentative d'accéder jusqu'à elle, jusqu'à un tel regard, commencera par la recueillir là où, avec Maître Eckhart, l'expérience en fut inauguralement conduite, selon une radicalité qui l'aura une fois pour toutes placée sur un plan difficile à rejoindre. Mais n'avons-nous d'autre accès que le passé à une telle question, alors même que nous ne pouvons en rester à ce qu'il fut, et qu'il n'en est pas non plus la provenance absolue, du moins pour autant qu'elle demeure pour nous une question ? Nous ne répondrons pas, mais le chemin qui s'est ouvert-là s'est aussi avancé si loin qu'il n'est pas possible de considérer que nous l'aurions déjà laissé en arrière. Commencer par lui, ainsi, ne veut pas dire que nous le quittions jamais. Il continue de nous attendre.

Paris, le 31 août 2011

CHAPITRE PREMIER

ABSCHIED

Und die mondenen Pfade der Abgeschiedenen [1].

« Que faire lorsqu'un homme ne porte rien sur lui ? – Qu'il le jette au loin ! répondit immédiatement Tchao-tcheou. – Que devra-t-il jeter, puisqu'il ne porte aucun fardeau ? – Dans ce cas, qu'il continue à le porter ! » [2]. Toujours à nouveau, le Maître zen conduit celui qui questionne dans la difficulté de l'insolite. La réponse dérobe le sol de la question, qui était moins radicale qu'elle. La réponse détruit la question, mais la reconduit aussi à ce qui fut sa provenance. L'impossibilité de tenir les deux ensemble et la désorientation concertée de leur ajustement introduisent dans la solitude absolue de l'unique question, effaçant tout chemin. Le non-chemin est la voie abrupte en laquelle le disciple, devant la paroi, se trouve, en vertu du choc de la réponse, désormais seul avec lui-même. Si tu ne portes rien, jette-le, *mais si tu ne portes rien, continue à le*

1. G. Trakl, *Gesang des Abgeschiedenen* (*Sebastian im Traum*, *Das dichterische Werk*, auf Grund der historisch-kritischen Ausgabe von Walther Killy und Hans Szklenar, München, dtv, 2007, p. 79).

2. D. T. Suzuki, *Essais sur le bouddhisme zen*, trad. fr. J. Herbert (dir.), Paris, Albin Michel, rééd. 2003 en un volume, p. 207.

porter. Comment ne pas demeurer interdit, déconcerté si essentiellement devant l'ambiguïté de ce qui est à faire ou non, puisque c'est du rien que tu dois faire quelque chose, le jeter ou le porter? Dans la première réponse, le Maître appelle à un allègement. Le «jeter» allégeant appartient alors déjà à un « ne pas », à un Non. Mais comment nier ce qui n'est déjà rien, et si tu ne portes rien, comment ne plus porter ce que tu ne portes déjà pas du tout? Alors le Maître va seulement nier la première réponse. Si celle-ci, « le jeter », te place devant une impossibilité, après tout, fais simplement le contraire : porte-le. L'impossibilité n'en est qu'approfondie, en un contrecoup qui redouble la commotion. À quoi le Maître appelle-t-il, dans la singulière désinvolture de sa réponse? Désinvolture si troublante qu'elle seule devra ouvrir l'abîme. La question «que faire?» est elle-même devenue fragile, elle se retire devant la méditation du rien, qui demeure seule dans l'espace désormais pur de la question.

Jette-le. Eckhart s'est lui aussi tourné vers la radicalité d'une telle injonction. La désorientation n'est pas moins grande sur le chemin qu'il a ouvert. Elle sera elle-même aussi, différemment cependant, l'une des voies de son enseignement. Considérons un instant celui-ci. Le sermon n'est pas seulement le chemin par lequel il s'agira pour le Maître de transmettre la *Lehre*. Pour qu'un tel chemin puisse lui-même s'ouvrir, il lancera toujours aussi au-devant de lui, en même temps que lui, un appel à se laisser d'abord atteindre. Seule la réponse à cet appel donnera de comprendre l'enseignement qui l'accompagne. L'appel doit contribuer à faire advenir, préparer ou peut-être seulement seconder, l'ouverture même en laquelle seule la *Lehre* pourra jamais te rejoindre à chaque fois, à chaque fois toi-même, *à chaque fois toi-même en personne*. Ainsi lorsqu'il s'agira de l'événement majeur que le sermon eckhartien ne cesse de commenter, un engendrement, une certaine sorte de naissance : « *Que cette naissance se produise toujours*, dit saint Augustin, *à quoi cela me sert-il si elle ne se produit pas en moi ?* Qu'elle se produise en moi, c'est cela qui importe »[1]. « En moi » ou « en toi » cependant n'est pas clair, et le Maître demandera ce que cela veut dire : ni le « dedans », ni le « moi » ne sont eux-mêmes d'emblée atteints en leur sens, mais ils s'avancent tout d'abord en tant que questions. Mais puisqu'il s'agira à chaque fois de « toi », de toi seul, le sermon se tournera d'abord vers toi pour t'enjoindre de te laisser atteindre par ce qu'il transmet : car te laisser atteindre voudra dire d'abord *le laisser t'atteindre*. Le sermon appellera alors à l'ouverture à chaque fois singulière, personnelle, à l'événement dont il s'agit dans la *Lehre*. Un tel trait provient de l'essence de la Vérité telle que le christianisme, et Eckhart en lui, l'aura entendue : l'événement a déjà eu lieu, mais il doit encore t'atteindre, tu dois encore le rejoindre, ou le laisser te rejoindre. Autrement dit : l'événement qui a eu lieu ne cesse pour autant jamais d'advenir. Ou, puisque la Vérité est *quelqu'un*, puisqu'elle est « le Roi qui vient de naître »[2], elle est déjà venue, mais elle vient *à chaque instant*. Le Dieu est toujours le Dieu qui vient. Mais il ne vient que dans la place qui

1. Sermon 101, trad. fr. G. Pfister dans *Sur la naissance de Dieu dans l'âme. Sermons 101-104*, Paris, Arfuyen, 2004, p. 35. Texte original publié par Georg Steer dans le t. 4, 1 des *Deutsche Werke*, Stuttgart, Kohlhammer, 2003. *Cf.* aussi l'ancienne édition de Franz Pfeiffer, *Meister Eckhart*, IV. unveränderte Auflage, Göttingen, Vandenhœck & Ruprecht, 1924 (I, p. 3).

2. Mt, 2, 2, dont le Sermon 102 est entièrement le commentaire (Pfeiffer, II, p. 10 ; trad., p. 63 *sq.*). *Cf.* aussi le Sermon 22, commentant Za, 9, 9 : « *Nim war! dîn künic kumet dir* » (*Predigt 22*, *Werke I*, *Predigten*, Texte und Übersetzungen von Josef Quint, herausgegeben und kommentiert von Niklaus Largier, Deutscher Klassiker Verlag in Taschenbuch, Bd. 24, Frankfurt am Main, 2008, p. 264).

aura été pour lui laissée vide, il ne vient que dans l'accueil ouvert par un vide. Dans cette mesure, l'appel initial en vue d'une telle ouverture paraîtra s'adresser, sur le mode impératif qui est d'ailleurs propre à celle-ci, à la volonté. « Écoute », « fais attention » : *Eyâ, nû merket mit vlîze diz wort*[1]. Le Mot ne t'atteindra pas si tu ne réponds pas, dans le zèle de l'attention ou de l'étude, à cet appel que le sermon lance en avant de tout enseignement, et qui restera celui d'un Fichte au seuil de la *Wissenschaftslehre* : il accompagnera alors, en vérité, chaque pas accompli par la pensée, parce qu'il est absolument essentiel à toute *Lehre* en tant que *Lehre*, et que le *Denken* sera alors constitué lui-même essentiellement en tant que *Lehre*. Mais s'agit-il bien, dans l'appel eckhartien, de la volonté, et de quelle volonté ? L'appel initial en vue de l'ouverture qui fraye la voie à l'enseignement est-il appel à l'accomplissement de ce qui serait ainsi déjà de la nature de l'œuvre ? Qu'est-ce qui t'est à chaque fois tout d'abord demandé ? L'initial ne serait-il pas à chaque fois seulement la décision par laquelle une vie d'abord peut-être « très éloignée »[2] se tourne à présent, dans l'instant, *autrement*, c'est-à-dire : *se tourne vers lui* ? La décision elle-même serait-elle déjà l'inauguration de l'homme nouveau, de l'homme noble[3] ? Mais saurait-on même alors parler rigoureusement de décision ? L'appel à se tenir prêt, à se rendre attentif, à se tourner vers la Parole, n'est pas l'appel à une œuvre de la volonté, mais plutôt à un désœuvrement essentiel, l'appel à ne faire que le vide. La décision par laquelle l'ou-

1. « Eh bien ! apportez toute votre attention à cette parole ». *Predigt* 2, *Werke I*, p. 24 ; trad. fr. A. de Libera, Eckhart, *Traités et sermons*, Paris, GF-Flammarion, 3e éd. 1995, p. 230.

2. Pfeiffer, I, p. 3 ; Sermon 101, trad., p. 36.

3. *Von dem edeln menschen*, *Werke II*, *Predigten. Traktate*, Traktat 1, II, *op. cit.*, p. 318-319 ; trad. A. de Libera, p. 175.

verture advient ne fait qu'un avec le non-agir qui laissera advenir, c'est-à-dire, puisqu'il s'agit toujours de quelqu'un, qui laissera venir. *Entschlossenheit* sera l'ouverture qui laisse venir celui qui veut venir et ne saurait, en tant qu'il est lui-même, ne pas venir. La décision est elle-même ainsi l'abandon. « Jette-le » est la forme de l'appel à une résolution qui laisse vide pour une naissance qui est une venue. Si un tel vide est ainsi laissé, enseigne constamment Eckhart, la venue ne saurait manquer. Il ne t'appartiendra pas, ainsi, de faire qu'elle advienne, mais seulement de laisser venir celui qui vient. Ni dans cet abandon, ni dans cette naissance, il n'y aura par conséquent de ton œuvre. Il s'agit au contraire de parvenir à un désœuvrement où l'événement d'une telle venue éclôt dans l'instant.

Mais quel est l'instant? L'instant est celui d'un retournement. Eckhart comprend ce retournement comme *le retournement de tout*. Le sermon 103 en donnera une description extraordinaire. Regardons. La question sera, alors, celle du signe marquant la naissance. À quel signe pourras-tu reconnaître l'événement natal? Le signe doit montrer que l'engendrement a eu lieu. Si l'engendrement est advenu, cela veut dire que quelqu'un est venu. La question est: « toi », ou à chaque fois « moi », comment peux-tu, comment puis-je savoir que le nouveau venu est là? Est-il « moi », celui qui s'appelle alors, puisqu'il est né, le fils (« fils » est seulement le nom de celui qui vient au monde, en tant qu'il vient au monde), ou plutôt: suis-je lui, et quel est pour le « moi » le signe *vrai* de la présence du fils? Dans la vérité de son signe, le fils se manifeste lui-même en sa venue, attestant devant moi, en moi, pour moi une telle présence advenue. Un tel signe vrai est d'abord d'apparence négative: un obstacle est simplement levé. Mais plus radicalement il est le retournement de tout, c'est-à-dire de tout ce qui est créé. L'*engendrement* retourne tout ce qui est *créé*. « Créature » n'a plus le sens de ce qui t'empêche, te retient, te fait en quelque façon obstacle, mais de ce qui, lui-même retourné, te tourne vers quelqu'un, le nouveau venu. Le retournement est le renversement par lequel l'obstacle multiple – le multiple lui-même, le temps ou la matière – est devenu lui-même un signe unique qui t'oriente vers un seul : « Bien plus, toutes les créatures t'orientent alors vers Dieu et vers cette naissance, comme nous en trouvons une comparaison (*ein glîchnüsse*) dans la foudre »[1]. En quel sens la naissance est-elle foudroyante ? La figure ne veut pas montrer seulement le saisissement, mais le renversement : aux yeux du Maître le coup de la foudre n'est pas seulement ce qui abat – ce qui abat « tout ce qui est là, quoi que ce soit » –, mais ce qui le retourne : « Par son coup, elle le retourne vers elle (*daz keret er mit dem slage gegen im*) ». La foudre qui frappe retourne tout, renverse tout ce qui est là en son *sens* : « Un homme lui tournât-il le dos, en un instant la foudre le projette du côté du visage (*und hête ein mensche den rücken dar gekêret, ûf der stunde wirfet er in umbe mit dem antlütze*). Un arbre eût-il mille feuilles, chacune d'elles se retourne face à la direction du coup ». L'homme foudroyé est retourné par la foudre vers elle-même : frappé dans le dos, sous la violence du coup il fait face. L'instant est celui d'une volte-face, *qui est alors elle-même le signe*. À y regarder de près, le signe n'est pas ton seul retournement, mais tout est retourné, tout fait volte-face et par là te tourne toi-même vers quelqu'un, le fils ou l'engendré. Le signe, c'est que désormais tout fait signe, autrement dit le multiple est renversé en son sens, tourné vers l'unité : « Vois, il en advient de même à tous ceux qui sont touchés et frappés

1. Pfeiffer, IV, p. 28 ; Sermon 103, trad., p. 110.

par cette naissance : en chaque chose présente, voici qu'ils sont soudain retournés (*gekêret*) vers cette naissance ». La naissance se manifeste précisément à ceci que tout te retourne vers elle, tout montre la naissance elle-même, ou : tout ce qui jusqu'à présent venait en travers est devenu la manifestation de l'événement, c'est-à-dire de la venue. *Tout a changé de sens.* L'instant est celui du bouleversement en lequel tout devient signe de la naissance. Si tout désormais montre la naissance, alors l'homme frappé ne *voit* plus rien d'autre que la naissance. Davantage, il est devenu lui-même entièrement celui qui voit la naissance. Lui qui lui tournait le dos, à présent il est un seul visage uniquement tourné vers elle : « Ton visage est si complètement tourné vers cette naissance qu'en tout ce que tu vois et entends – oui, en toutes choses, quelles qu'elles soient – tu ne peux plus recevoir rien d'autre que cette naissance »[1]. Tu es celui en qui personnellement vient, toi qui le vois et ne vois plus que lui, celui qui vient au monde, celui qui naît. L'instant foudroyant est celui par lequel tu fais face, devenant toi-même alors le visage qui ne voit que la naissance. Mais en quel sens y aura-t-il, en ce retournement total, la moindre décision ? La décision est le laisser venir en lequel le retournement foudroyant a lieu. En vertu de ce retournement je ne ferai plus que recevoir (mais le mot même bientôt ne conviendra plus : il n'y aura plus de « lieu » pour « recevoir » en ce sens), laisser venir celui qui vient en cette naissance. La décision est le laisser venir radical d'un laisser venir total. Dans cette naissance celui-là désormais vient de toutes parts, il est le seul à venir : « Oui toutes choses te deviennent Dieu même. Car, en toutes choses, tu ne vises et n'aimes rien d'autre que Dieu ». Tout devient lui, lui purement, *lûter got, niht dan*

1. Pfeiffer, IV, p. 28 ; trad., p. 111.

lûter got, lorsque toutes elles le montrent, dans une pureté, une limpidité du signe en lequel il est là lui-même. Tout le montre, toi-même tu es le visage tourné vers lui. Pur visage, autrement dit pure visée de lui, d'un voir qui est tout autant amour, le Maître trouvant alors l'accord des deux verbes : *wan in allen dingen sô enmeinest noch enminnest dû niht dan lûter got*[1]. Le retournement par conséquent est signe lorsque tout est signe le montrant. Mais le retournement foudroyant est aussi éblouissement, en lequel tu ne vois plus que lui, tu ne vois *plus rien* d'autre que lui : « Tout juste comme un homme qui regarderait longtemps le soleil dans le ciel : tout ce qu'il verrait ensuite, le soleil s'y dessinerait »[2].

Tel est l'instant : celui où ne paraît plus que lui en tout ce qui paraît. Mais la question demeure : qu'y aura-t-il d'une œuvre, et ainsi de la volonté, dans ce renversement ? Désœuvrement, délaissement, non-agir, abandon, par quel chemin accéder à l'ouverture pure de l'événement du fils, à laquelle le Maître appelle ?

L'appel à une sorte d'étude – l'étude sans livres peut-être, l'étude pure de la Parole, en tout ce que tu vis, en tout ce que tu fais –, à l'attention pure tournée vers un Soi qui reste lui-même à rejoindre, le Soi-même qui vient, est à venir, est à naître, dans le recueil de chaque instant, – cet appel, qui paraît d'abord se tenir au seuil de l'appel fondamental auquel il semble ouvrir seulement le chemin, finit par ne faire qu'un avec lui, et se concentre alors en cet unique mot, d'abord énigmatique en sa simplicité, de *Lassen*. *Le seul appel est l'appel à laisser*. Le seul Mot est bien : *Jette-le*. Mais que voudra dire *Lassen*,

1. « Car, en toutes choses, tu ne vises et n'aimes rien d'autre que Dieu » (*ibid.*).

2. *Ibid.*

et qu'auras-tu à laisser? Cet appel, toi et personne d'autre – puisqu'il t'est à chaque fois personnellement, intimement, secrètement adressé : *à chaque fois il n'est là que pour toi* –, tu l'entends, tu le lis, là où il est écrit et se donne dans la figure d'une promesse : *der iht laezet durch mînen willen und umbe mînen namen, dem wil ich ez hundertvelticlîche widergelten und dar zuo geben daz êwige leben*[1]. Mais la promesse est difficile, commente le Maître, car, *laissant, quoi que tu laisses, aussi loin que tu t'engages dans l'abandon, tu n'auras rien.* Il ne s'agit pas de laisser pour obtenir, de laisser ce que tu ne pouvais de toute façon retenir pour obtenir ce que tu pourrais tenir une bonne fois. Toute la difficulté est alors de comprendre le *widergelten.* L'appel est l'appel à *tout abandonner.* Seule la radicalité inconditionnelle d'un abandon sans retour, sans attente, où plus rien n'est espéré parce que la dimension même du futur en est exclue, accomplira le laisser en son sens juste et droit : *sô hâst dû rehte gelâzen.* Le laisser droit n'est en aucune façon tourné vers ce qui viendra, il se tient dans l'instant pur, entièrement détaché de tout tenir, de toute tentative de retenir ou d'obtenir. Eckhart traduira : entièrement détaché du « monde », en lequel la naissance advient sur le mode du retournement, un monde qui ne l'accueillera plus et ne le reconnaîtra plus, comme il ne l'a pas reconnu lorsqu'il est venu : *Der mensche, der sich selben gelâzen hât, der ist sô lûter, daz sîn diu werlt niht gelîden enmac*[2]. À moins que le monde, sur le mode foudroyant, ne fût lui-même entièrement retourné, et ne sorte lui-même ainsi entièrement de lui-même.

1. Mt 19, 29 : « Quiconque laissera quelque chose pour moi et en mon nom, je le lui rendrai au centuple et je lui donnerai en plus la vie éternelle » (*Predigt 28, Werke I*, p. 318 ; trad. A. de Libera, p. 323).

2. *Predigt 28, Werke I*, p. 318 ; trad. A. de Libera, p. 324 : « L'homme qui s'est laissé lui-même est si pur que le monde ne peut pas le souffrir ».

Mais la radicalité du *Lassen* n'est atteinte que pour autant que celui-ci se retourne sur la volonté même dont il est d'abord l'acte, détachant l'acte de son auteur même : ce qui est à laisser est, radicalement, celui-là même qui laisse. Autrement dit : laisser est, nécessairement, un *se laisser. Dû muost dich selben lâzen und gar lâzen, sô hâst dû rehte gelâzen*[1]. Ce n'est pas là l'ultime, l'accomplissement final, mais le premier geste et le seul radical : il n'y a aucun *Lassen* qui ne soit un tel *Sich lassen*, tout autre, qui laisserait le soi intact, indemne, serait au fond un retenir. Le laisser droit est l'abandon de tout propre et de tout proche parce qu'il est l'acte de quitter la dimension de la propriété et de la proximité telle qu'elle régnait jusqu'au retournement, jusqu'à la seconde naissance, qui est en vérité la seule. Il suffit, à nouveau, de lire ce qui est écrit, ce qui est demandé, comme au seuil de cet appel – mais l'appel à entrer est déjà *tout l'appel*, l'appel même : *Nieman enhoeret mîn wort noch mîne lêre, er enhabe denne sich selben gelâzen*[2]. L'enseignement ne s'ouvrira que pour celui qui se sera laissé, mais l'enseignement n'enseignera rien d'autre que le laisser lui-même. Les trois empêchements constamment distingués par le Maître – *lîplicheit, manicvalticheit, zîtlicheit* – se rassemblent dans le Soi qui les veut, qui les cherche, qui les vise : plus radicalement que tout ce qui est ainsi à chaque fois visé au milieu de leur règne, c'est celui dont émane une telle visée qui sera à abandonner, *celui que tu étais*, corps, multiple, temps,

1. *Predigt 28*, *Werke I*, p. 318; trad. A. de Libera, p. 323 : « Il faut te laisser toi-même, te laisser totalement, c'est alors seulement que tu laisses droitement ».

2. Lc 9, 23. *Predigt 12*, *Werke I*, p. 142; trad. A. de Libera, p. 295-296 : « Nul n'entend mon verbe ni mon enseignement s'il ne s'est pas d'abord laissé lui-même ».

puisque tout ce que tu aimais, tu le vivais, tu l'étais[1]. Il s'agit alors de devenir un autre, de se laisser soi-même, d'aller, de *sortir de soi*. Mais sortir, c'est *laisser venir* celui qui vient, autrement dit celui qu'avec Jean Eckhart appelle le fils: *Der mensche, der dâ waere ûzgegangen alsô, daz er waere der eingeborne sun, dem waere eigen, daz dâ eigen ist dem eingebornen sune*[2]. S'en aller, sortir, c'est devenir le fils, être lui, à chaque fois l'unique, *der eingeborne*, celui qui est né un et le seul, dans un renversement absolu de la dimension du propre, puisque le propre est désormais le propre du fils. Or être le fils, c'est, avant tout, être celui *en qui* l'enseignement advient (*Swaz got würket und swaz er lêret, daz würket und lêret er allez in sînem eingebornen sune*[3]) : comme, à nouveau, Fichte pensera la vocation de la *Wissenschaftslehre*, il ne s'agit pas de *recevoir* seulement l'enseignement, de le recueillir, fût-ce sur le mode d'une activité, mais de le *vivre*, de l'*être*, d'être la *Lehre*. Être le fils, c'est être la *Lehre*. L'enseignement n'atteint que celui qui devient l'enseignement lui-même, l'appel est appel à *être l'enseignement même*, à *être la vérité elle-même, qui est, en son essence, quelqu'un*. L'appel est appel à *être quelqu'un*. L'appel, à toi seul adressé, est l'appel à être le Seul, et il faudra alors comprendre en quel sens un tel appel sera entièrement placé sous le nom de *Liebe*.

1. Selon la grande loi, eckhartienne parce que johannique, à laquelle aboutira la Leçon I de l'*Anweisung zum seligen Leben* d'un Fichte: *Was du liebest, das lebest du* (*Sämtliche Werke*, éd. J. H. Fichte, réimpr. Berlin, W. de Gruyter, 1965, V, p. 403; trad. fr. M. Rouché, *Initiation à la vie bienheureuse*, Paris, Aubier-Montaigne, 1944, Leçon 1, p. 101).

2. *Predigt 12, Werke I*, p. 142; trad. A. de Libera, p. 296: « L'homme qui serait sorti de lui-même jusqu'à être le Fils unique aurait en propre ce qui y est propre au Fils unique ».

3. *Ibid.*: « Quoi que Dieu opère et quoi qu'il enseigne, Il opère et enseigne tout dans son Fils unique ».

Mais le *Lassen* se dit d'abord dans la figure d'un *Ausgehen*, et cet aller au-dehors est un départ. Or le départ est la séparation qui s'accomplit dans l'adieu : *Abschied.* Sortir, c'est entrer dans l'adieu radical. Le « fils », celui qui vient, est celui qui est entré dans un tel adieu, il naît pour la première, unique fois dans l'adieu. Comment penser une telle séparation, la dimension de l'*Abschied* en laquelle entre celui qui laisse et, laissant, toujours nécessairement se laisse lui-même ? En quel sens celui qui est appelé à laisser doit-il devenir le Séparé ? Qui est le Séparé ?

Le Séparé, le Détaché, un petit traité tentera de peindre son visage[1]. Le traité est lui-même le récit d'une recherche qui s'est d'abord tournée vers l'étude, l'étude des livres : *ich hân der geschrift vil gelesen*[2]. *Ich* avec lequel le petit livre commence est celui qui s'est adonné sans réserve, *mit ernste und mit ganzem vlîze*[3], à cette unique recherche du Plus Haut, de la vertu la plus haute. Un tel *Ich* s'avance en témoin de ce qu'il a trouvé : il est le seul auteur parce qu'il est le seul témoin. Il est allé au fond de tous les écrits (*und sô ich alle die geschrift durchgründe*), mais ce qu'il a trouvé, il le donne à présent en son seul nom, ou plutôt, par-delà tout nom, *en personne*, *Ich*. Son nom n'a aucune importance, il est *lui-même*, parlant personnellement entre toutes les vertus pour le seul « détache-

1. *Von abegescheidenheit.* On sait que son authenticité est discutée : *cf.* les remarques de Niklaus Largier dans son édition, *Werke II, Predigten. Traktate*, p. 803. Ce qui demeure en tout état de cause authentique est le visage qui s'y dessine. N'est-ce pas encore ce visage qui apparaîtra, émergeant peut-être d'une tout autre nuit, et d'une autre séparation, dans l'extraordinaire *Gesang des Abgeschiedenen* qu'en 1914 composera Georg Trakl ? Nous revenons à lui à la fin de ce livre.

2. *Werke II*, p. 434 : « J'ai lu beaucoup d'écrits » (trad. fr. Gw. Jarczyk, P.-J. Labarrière, Paris, Rivages, 1995, p. 49).

3. « Avec sérieux et de tout mon zèle », *Werke II*, p. 434 ; trad., p. 49.

ment limpide». Ce qu'il a trouvé est l'engagement dans ce vide-là, car *abegescheidenheit* veut dire le vide de tout ce qui est créé[1]. Le détachement est le nom de ce que veut au fond celui qui recherche la limpidité, qui est le lieu de Dieu. Celui qui recherche le plus haut, et par là à « se lier », à « se joindre » à Dieu (*dâ mite der mensche sich ze gote allermeist und aller naehest gevüegen müge*[2]), veut la limpidité en laquelle celui-ci ne saurait ne pas venir, ne pouvant ne pas se donner, et ainsi il veut le détachement[3]. La noblesse du détachement est dans cette « contrainte » qu'il exerce sur Dieu, qui ne peut pas ne pas se joindre à moi, rejoignant son lieu, lorsque *Ich* s'est lui-même effacé, retiré devant « le cœur détaché » qu'il est alors devenu. Celui que je veux être s'appellera désormais ainsi dans le traité, le « cœur détaché », qui est aussi le cœur séparé. Un tel cœur s'est avancé jusqu'au vide où même l'amour paraît d'abord ne pas pouvoir atteindre. L'amour est encore celui de *Ich* qui veut se joindre à Dieu. Mais dans le détachement celui-là, devenu autre, devenu *lui-même*, s'est effacé, c'est Dieu qui vient et se joint. Le noble cœur est celui qui s'est séparé de lui-même, qui a laissé le *Ich*. Le vide en lequel il s'est engagé est par-delà l'amour qui endure tout, qui est capable du Oui à tout ce qui est, ou, dans la langue de l'auteur du traité, qui « souffre » tout par Dieu, *durch got*. Dans le vide de la Séparation il n'y a plus rien, *dan got aleine*, hormis Dieu. Le cœur séparé s'est engagé dans l'adieu et avancé si près du rien, *dem*

1. *Sô stât abegescheidenheit ledic aller crêatûren* (*ibid.*).

2. « Par quoi l'homme puisse se relier à Dieu au mieux et au plus près », *ibid.*

3. *Nû ist gotes natiurlîchiu eigen stat einicheit und lûterkeit, daz kumet von abegescheidenheit* (« Or le lieu propre naturel de Dieu est l'unité et la limpidité, ce qui vient du détachement ». *Werke II*, p. 436; traduction légèrement modifiée, p. 50).

nihte alsô nâhe, que rien n'est assez menu, *sô kleinvüege*, pour y trouver accès, pour qu'un tel cœur puisse encore le contenir. Un tel cœur n'est pas celui qui accueille dans le Oui qui s'appelle l'amour. Il est le cœur inaccessible, le cœur sans espace, qui n'accueillera plus désormais que le plus petit, l'infime. L'auteur du traité veut s'en tenir à l'éloge de ce petit, de ce moindre qui est aussi le simple, *einvaltic*. Tout ce qui est multiple, tout ce qui est corps, tout ce qui est temps, n'entre pas en ce lieu. *Seul Dieu est assez petit*. Si l'amour peut encore être l'un des noms de la Séparation, il faudra qu'un tel amour ne soit plus le mien, il sera celui du *Ich* qui s'est quitté lui-même pour se tenir dans l'amour, là où celui-ci n'est plus ni le mien ni le sien, comme il n'y a plus alors qu'un seul œil, un seul voir, un seul connaître (*éin ouge und éin gesiht und éin bekennen und éin minnen*)[1]. Mais la radicalité de l'adieu ne se détourne pas seulement du créé pour réintégrer l'image que j'étais lorsqu'il n'y avait aucune différence entre moi et Dieu[2]. Le Séparé n'est pas seulement séparé de soi, et de tout ce qu'il aime dans le règne du soi. La séparation ne s'accomplit que dans la séparation d'avec Dieu. *Même Dieu n'est pas assez petit*. Lui aussi devra être laissé. Le sermon 12 découvre un tel accomplissement, une telle perfection (*in ganzer volkomenheit*) dans l'*Épître aux Romains : ich wolte êwiclîche gescheiden sîn von gote durch mînes vriundes willen und durch got*[3]. Être séparé de Dieu est le seul chemin par lequel *lui*

1. *Predigt 12*, *Werke I*, p. 148; trad A. de Libera, p. 299. Sur l'homme séparé et la *Minnemystik*, *cf.* E. Zum Brunn, A. de Libera, *Maître Eckhart. Métaphysique du Verbe et théologie négative*, p. 50.

2. *Ê daz got die creâtûre geschuof* (« avant que Dieu ne créât les créatures »), *Traktat 3*, *Werke II*, p. 434; trad., p. 49.

3. (9, 3). *Predigt 12*, *Werke I*, p. 144; trad. A. de Libera, p. 297 : « Je voudrais être éternellement séparé de Dieu pour mes frères et pour Dieu ».

se joint, ou plutôt lui-même, et non seulement lui tel qu'il se donne, mais lui *in einer isticheit, daz got in im selber ist*, écrit difficilement Eckhart[1]. La séparation d'avec Dieu est l'accomplissement de l'adieu, parce qu'elle se tient plus haut que l'union : le cœur séparé n'est plus un cœur uni, il est un cœur un, il est ce qu'« il » est (« il », c'est-à-dire : Lui, moi, qui n'a pas de nom, mais à chaque fois est en personne, à chaque fois est l'unique, *der eingeborne*) : *ein... und niht vereinet*[2]. Seul l'adieu accomplit l'un.

Mais alors l'adieu s'avance si loin dans la séparation qu'il faudra se demander s'il demeure un chemin. Car même le Plus haut ne sera plus alors l'objet d'aucune sorte de visée, dont l'horizon intentionnel, à cette altitude, selon cette noblesse, lentement, ou peut-être soudain (en vérité toujours à la fois selon la lenteur d'un chemin et la fulguration de la foudre), *s'estompe*, en sorte qu'*il n'y aura, au plus haut, plus du tout de visée*. Là sera l'accomplissement unique de la visée : seulement lorsqu'elle se supprime, se retire, à son tour abandonnée, sur un chemin qui s'efface. L'adieu s'accomplit, l'ultime, là où le chemin disparaît, là où il n'y a plus d'adieu qui fût encore un chemin, une visée qui découvrît une œuvre. Le départ pur n'a lieu qu'alors, lorsque celui qui laisse tout laisse non pas seulement tout ce qu'il laisse mais le laisser lui-même, se séparant de la séparation, en un adieu si radical qu'il se libère aussi de soi-même. Là est le détachement de toute œuvre, et de l'aire de la volonté, alors que s'efface la dimension même d'une visée, alors que le détachement disparaît. La liberté

1. « ... dans une étantité que Dieu est en Lui-même » (*ibid.*). « L'être *qui est Lui-même son propre être*, être par essence, et non par participation », écrit A. de Libera (note 344, *op. cit.*, p. 463).

2. *Predigt 12*, *Werke I*, p. 146 ; trad. A. de Libera, p. 297.

eckhartienne est la pureté d'un adieu si noble qu'il est allé au-delà de lui-même. Une telle noblesse est alors la pauvreté, *armuot*, décrite dans le sermon 52. Qui est l'homme pauvre, demande Eckhart, celui dont le dénuement voudra dire aussi *saelicheit*, « béatitude » ?[1] Seul est pauvre l'homme qui ne veut rien, qui ne sait rien, qui n'a rien[2]. La pauvreté s'ouvre pour autant que l'adieu entre dans la dimension ultime de ce « rien ». Mais qu'advient-il au juste, lorsqu'*il n'y a plus rien* en ce sens ? Ne rien vouloir sera, considéré selon la radicalité de l'adieu, ne plus vouloir : lorsque tu ne *veux rien* tu ne *veux plus*, s'il n'est pas de volonté sans objet, et s'il ne s'agit pas d'un *vouloir le rien*, ni davantage d'un *vouloir ne plus vouloir*. Il ne s'agira plus seulement, désormais, de vouloir ce que veut Dieu, et d'abandonner sur cette voie ce qui resterait, en regard d'une telle volonté divine, ma volonté propre : non, mais de *ne plus du tout vouloir*. Voulant ce que Dieu veut je voudrais encore moi-même ne plus vouloir en propre, et ne serais pas pauvre, puisque je voudrais en propre la pauvreté. Mais « celui-là seul est un homme pauvre qui ne veut rien et ne désire rien »[3], or cela rigoureusement voudra dire : *celui qui ne « veut » pas*, qui s'est affranchi du domaine de la volonté. L'adieu n'est pas le vouloir du non-vouloir, il est le « ne pas », le *Nicht* plus radical que tout refus, que tout renoncement, plus radical que toute volonté même. *Le Non de l'adieu n'est plus un acte de la volonté* : il est le pur non-vouloir, qui est le même

1. *Predigt 52*, *Werke I*, p. 550 ; trad. A. de Libera, p. 348. Commentaire de Mt 5, 3.

2. *Daz ist ein arm mensche, der niht enwil und niht enweiz und niht enhât* (*Predigt 52*, p. 552 ; trad. A. de Libera, p. 349).

3. *Wan daz ist ein arm mensche, der niht enwil und niht enbegert* (*Predigt 52*, p. 554 ; trad. A. de Libera, p. 350).

événement que la venue du fils, « percée », *Durchbrechen*[1], ou naissance, qui a aussi le sens d'un retour, puisqu'il s'agit de redevenir celui que j'étais lorsque je n'étais pas encore, ou *comme* celui-là, aussi simple et vide que lorsque je n'étais pas encore, autrement dit lorsque « je n'avais pas de Dieu » (*dô enhâte ich keinen got*)[2], puisque je n'étais pas créé, ce qui, pour Eckhart, veut dire que « j'étais cause de moi-même » (*und dô was ich sache mîn selbes*)[3] : comme lui-même était, non pas Dieu, mais ce qu'il était (*er was, daz er was*). Qu'en était-il alors du vouloir? « Je ne voulais rien, je ne désirais rien, car j'étais un être libre » (*dô enwolte ich niht, noch enbegerte ich niht, wan ich was ein ledic sîn*). J'étais un Vide, j'étais un Seul, j'étais le Seul, parce que j'étais l'Un, il n'y avait rien à vouloir, ou « c'est moi-même que je voulais et rien d'autre » (*dô wolte ich mich selben und enwolte kein ander dinc*), mais il n'y avait plus de différence entre l'être et la volonté, « ce que je voulais, je l'étais, et ce que j'étais, je le voulais » (*daz ich wolte, daz was ich, und daz ich was, daz wolte ich*). La volonté et l'être ne formaient qu'une seule affirmation, celle qui s'appelait *Ich*, l'affirmation absolument première, absolument personnelle, absolument singulière. Mais l'homme seul, le Séparé, le Détaché, celui qui ne vit pour rien, pour personne, ni pour lui-même ni pour Dieu, s'il est vraiment l'homme pauvre, lui qui ne veut rien : alors il ne le *saura* pas non plus. Il ne saura pas la vie qui vit en lui, il ne saura pas que ce qui vit là est *lui-même*. Il ne saura pas *pour quoi* il vit. Il vivra *pour rien*. Puis, dans l'ultime adieu, l'homme seul n'*aura* rien. Là non plus, de même qu'il ne s'agissait pas, avec le premier trait du visage de

1. Plus loin, *Predigt 52*, p. 562; trad. A. de Libera, p. 354.
2. *Predigt 52*, p. 554; trad. A. de Libera, p. 350.
3. *Ibid.*

l'homme pauvre, d'une discipline de la volonté, il ne s'agira pas, à présent, avec « l'extrême pauvreté »[1], de se détacher des biens. L'extrême de la pauvreté « consiste en ce que l'homme n'a rien »[2]. La radicalité de ce rien est la plus difficile à atteindre. Que veut dire : *ne rien avoir*? Non pas seulement, assurément, ne pas avoir ceci ou cela, mais ne pas même offrir ni être soi-même un lieu, *stätte*, pour l'opération de Dieu : ne pas même être un soi qui reçoit la pure activité divine, mais être un non-lieu, ou ne pas avoir de lieu, être le nulle part « où » (s'il est encore possible de le dire ainsi) l'art de Dieu n'opère plus qu'en lui-même. Ne plus recevoir, ne plus être l'ouverture même, le vide d'une attente, être le moindre ou le petit qui n'accueille plus rien, voilà l'extrême. Le non-vouloir est un non-lieu, il est sans attente, je suis alors celui que j'étais lorsque « j'étais moi-même, je me voulais moi-même et je me connaissais moi-même pour faire cet homme » (*dâ was ich selbe, dâ wolte ich mich selben und bekante mich selben ze mahenne disen menschen*) que je suis devenu lorsque je suis né. Le soi de l'adieu est alors celui que j'ai été, que je suis, que je serai, selon mon mode non-né. Être soi, c'est *être celui que j'étais, être celui que je serai*. La question retournée par Eckhart est encore celle-ci, qui fut transmise par le zen : « Quel était ton visage avant ta naissance ? ».

L'unique question est celle-ci : comment un tel adieu nous atteindrait-il? À quoi bon un tel chemin qui s'ouvre, puis s'estompe, si la naissance ne doit pas advenir en moi, pour moi, en tant que *Ich*? Elle n'est en effet, et ne fut jamais, à chaque fois, que pour moi. Eckhart montre l'adieu, la sépara-

1. *Daz ist diu naehste armuot* (*Predigt* 52, p. 558; trad. A. de Libera, p. 353).

2. *Daz ist, daz der mensche niht enhât* (*ibid.*).

tion, qui est la naissance même, la venue. Un tel enseignement de l'adieu est appelé à partager l'effacement en lequel celui-ci s'accomplit. Il appartient entièrement à l'adieu : seul celui qui s'engage dans l'adieu comprend l'enseignement, et seul il l'accomplit. *Entrant dans l'adieu, tu es l'enseignement même.* Celui-ci n'est ni un Oui, ni un Non, ni consentement, ni refus. Le Non qui paraît pouvoir en transmettre le cœur est plus haut que tout Oui et que tout Non. Un tel adieu nous atteindra-t-il encore, à travers la dévastation, comme Heidegger l'aura pensé ? À quel signe le reconnaître ? Est-ce lui, le cœur séparé, qui vient encore à nous sur les sentiers lunaires de Georg Trakl :

Strahlender Arme Erbarmen
Umfängt ein brechendes Herz[1].

1. *Bras irradiants, leur pitié*
entoure un cœur qui se brise.
(*Sebastian im Traum, Gesang des Abgeschiedenen, Gesang einer gefangenen Amsel, Das dichterische Werk, op. cit.*, p. 74).

CHAPITRE II

GELÂZENHEIT

Dans un dialogue de 1944-45 intitulé *Zur Erörterung der Gelassenheit. Aus einem Feldweggespräch über das Denken*[1], Heidegger, se proposant de rejoindre l'essence de la pensée, rencontrait dès l'abord, en cette visée, la nécessité de libérer celle-ci de toute *volonté*. En quel sens la pensée est-elle non-vouloir, et le non-vouloir lui-même n'est-il pas encore un vouloir, ne présuppose-t-il pas, au moins, le vouloir du non-vouloir? Comment atteindre à l'essence du *Denken*, s'il n'est pas en son fond volonté, ni davantage représentation, exigeant pourtant encore, selon toute apparence, d'être approché à partir du vouloir, comme la négation de celui-ci? Le *Lehrer* qui s'entretient avec le *Forscher* et le *Gelehrter* rencontre alors comme au détour de leur méditation le nom « ancien » de la *Gelassenheit*. C'est lorsque nous parvenons à nous détacher

1. *Gesamtausgabe*, Frankfurt am Main, V. Klostermann, 1975 *sq.*, Bd. 13 (*GA*); trad. fr. A. Préau, « Pour servir de commentaire à *Sérénité* », dans *Questions III*, Paris, Gallimard, 1966. *Cf.* aussi *Gelassenheit*, conférence du 30 octobre 1955, Pfulligen, Neske, 1957; *Gesamtausgabe*, Bd. 16; trad. fr. A. Préau, « Sérénité », dans *Questions III*. Pour l'intégralité des entretiens, on se reportera aux *Feldweg-Gespräche* du volume 77 de la *Gesamtausgabe*. Il sera à nouveau question de ces textes plus loin, chapitre VI, *Gelassenheit*.

de la volonté et à nous orienter « vers ce qui n'est pas un vouloir » que nous trouvons la *Gelassenheit*, ou plutôt c'est alors seulement que celle-ci d'elle-même s'éveille, a chance, du moins, de s'éveiller, puisqu'elle est beaucoup moins en nous une œuvre qu'un événement. Mais alors s'agirait-il avec elle d'une forme de passivité ou de réceptivité, et à nouveau, ainsi, d'une aptitude, ou faudra-t-il au contraire la comprendre comme un « acte plus haut » que toute activité, plus haut ainsi que la scission de l'activité et de la passivité, un acte, autrement dit, qui serait étrangement affranchi du « domaine de la volonté » ? C'est sur un tel chemin que Heidegger retrouve alors aussi Eckhart, pour cependant paraître immédiatement s'éloigner du Maître thuringien, qui, selon lui, s'en serait précisément tenu à considérer la sérénité « à l'intérieur du domaine de la volonté ». La *Gelassenheit* heideggerienne aura elle-même pour sens, comme l'éclaircira la conférence de 1955 qui portera ce titre, de joindre en elle l'affirmation et la négation dans ce qui est en effet un acte nouveau, un Agir essentiel, conjonction d'un Oui et d'un Non en laquelle notre rapport au monde technique viendrait comme se simplifier, loin de toute rébellion comme de tout assentiment, au plus loin, ainsi, de toute « volonté », laquelle relèverait encore, précisément en tant que telle, du *Gestell*, du « Dispositif ». Séjourner dans le monde technique tout en « laissant au-dehors » les objets techniques, habiter librement le monde de la technique, voilà ce que doit indiquer en lui « le vieux mot » de *Gelassenheit*, nous plaçant au moins sur le chemin d'une telle habitation du monde. Un tel séjour ne serait plus commandé par une volonté, mais par la lucidité qui se tient ouverte pour le secret. La *Gelassenheit*, écrit Heidegger, est inséparable de « l'ouverture pour le secret », *die Offenheit für das Geheimnis*. L'une et l'autre sont le chemin de ce qui seul peut-être nous libèrera, non pas sans doute de la technique, mais plutôt *en elle*, la voie vers l'avènement d'un autre séjour dans le monde de la technique, d'un « futur enracinement », ou d'un autre sol et de la façon de s'y tenir, d'une nouvelle *Bodenständigkeit*. L'une et l'autre, précisera plus loin Heidegger, « ont besoin » de la pensée, d'une pensée qui serait en elle-même un laisser-être, qui serait *Gelassenheit*.

Il s'agira en ce qui suit non pas seulement, à vrai dire, de la *Gelassenheit* (*gelâzenheit*), mais aussi de l'*Abgeschiedenheit* (*abgescheidenheit*), qui aura d'ailleurs donné son nom à un petit traité dont l'attribution est philologiquement, philosophiquement et théologiquement discutée, mais dont l'inspiration demeure au moins fidèle à la pensée du Maître. Nous chercherons moins à en établir l'exacte distinction qu'à rejoindre la singulière activité qu'elles visent l'une comme l'autre.

Lorsque Heidegger retrouve la tentative qui fut celle d'un Eckhart au XIVe siècle, quitte à penser qu'il s'en sépare, c'est en vue de s'affranchir lui-même de la tradition métaphysique et de son aboutissement dans la subjectivité comme volonté. Sans préjuger de l'issue de la confrontation avec une tradition orientale dont Eckhart aura en effet été parfois rapproché[1],

1. On se reportera aux travaux allemands de S. Ueda, *Die Gottesgeburt in der Seele und der Durchbruch zur Gottheit. Die mystische Anthropologie Meister Eckharts und ihre Konfrontation mit der Mystik des Zen-Buddhismus*, Gütersloh, 1965. « Der Zen-Buddhismus als « Nicht-Mystik » unter besonderer Berücksichtigung des Vergleichs zur Mystik Meister Eckharts », *in* G. Schultz, *Transparente Welt. Festschrift zum 60. Geburtstag von Jean Gebser*, Bern-Stuttgart, 1965. « Das Nichts und das Selbst im buddhistischen Denken. Zum west-östlichen Vergleich des Selbstverständnisses des Menschen », *Studia Philosophica*, 34, 1974. « Das « Nichts » bei Meister Eckhart und im Zen-Buddhismus unter besonderer Berücksichtigung des Grenzbereiches von Theologie und Philosophie », *in* D. Papenfuss, J. Söring, *Transzendenz und Immanenz. Philosophie und Theologie in der veränderten Welt*, Stuttgart, 1977. « Die Bewegung nach oben und die Bewegung nach unten : Zen-Buddhismus

nous nous risquerons à considérer l'effort eckhartien comme l'une des pointes les plus avancées, au sens au moins où elle est peut-être l'une des plus solitaires, de la tradition occidentale. La question serait de savoir si cette pointe touche à l'Orient, rencontrant peut-être à distance celui qui fut son contemporain, Maître Dôgen, en quelque amitié stellaire qui serait alors pour le moins troublante.

Eckhart demande : que veut dire « laisser », et qu'as-tu à « laisser » ? Il y aura avant tout pour Eckhart, qui le lit dans un Livre, un *appel* à « laisser », appel qui aura tout autant le sens d'une promesse : « Quiconque laissera quelque chose pour moi et en mon nom, je le lui rendrai au centuple et je lui donnerai en plus la vie éternelle » (d'après Mt 19, 29, commenté dans le Sermon 28). Mais la promesse est d'abord celle de comprendre, et il est à cette fin demandé à chacun de se laisser *soi-même* : « Nul n'entend mon verbe ni mon enseignement, s'il ne s'est pas d'abord laissé lui-même » (d'après Lc 9, 23, et le verset qui suit : « Qui veut sauver sa vie la perdra ; mais qui perd sa vie à cause de moi la sauvera ». Le verset 23 est commenté dans le Sermon 12). Laisser, se laisser, voilà le contenu de l'enseignement, ce qui est à comprendre, c'est-à-dire, puisque telle est la constante visée eckhartienne, à suivre

im Vergleich mit Meister Eckhart », *in* A. Portmann, R. Ritsema, *Aufstieg und Abstieg*, *Eranos-Jahrbuch*, 50, Frankfurt am Main, 1982. « Zen-Buddhismus und Meister Eckhart », *Zen Buddhism Today. Annual Report of the Kyoto Zen Symposium*, 2, 1984. « Die zenbuddhistische Erfahrung des Wahr-Schönen », *in* R. Ritsema, *Beauty of the World*, *Eranos-Jahrbuch*, 53, Frankfurt am Main, 1986. En français : « Maître Eckhart et le bouddhisme zen », *La vie spirituelle*, n° 124, 1971. *Cf.* aussi D. T. Suzuki, *Mysticism : Christian and Buddhist*, New York, George Allen & Unwin, 1957 (rééd. London, The Buddhist Society, 2002). Et, récemment, l'étude d'Alois M. Haas, « Correspondances entre la pensée eckhartienne et les religions orientales », dans *Voici Maître Eckhart*, Grenoble, Millon, 1998, p. 373-383.

et à vivre, et aussi ce qui doit donner de comprendre, ouvrant l'accès à l'enseignement. Pour comprendre et, alors, si je comprends vraiment, suivre, il est nécessaire de laisser, mais suivre, c'est, en tout et pour tout, laisser. Il ne s'agit, au fond, *que de laisser*. Là commencent les questions du Maître.

Laisser est toujours *se* laisser, laisser quelque chose de soi, ou plutôt se laisser *entièrement* soi-même. Mais de quel soi s'agira-t-il au juste ? Qui appelons-nous à chaque fois du nom de « Moi » ? Se laisser, c'est d'abord laisser le corps, laisser le multiple, laisser le temps, selon les trois obstacles à l'entente de la Parole – fondamentalement ils n'en font qu'un – que discerne le Sermon 12, laisser, autrement dit, tout ce qui n'est pas un, en vue d'accéder à l'unité, d'« habiter » l'unité, d'être un avec l'Un, car dans le Verbe « ce qui entend est identique à ce qui y est entendu ». La connaissance eckhartienne est unitive, Dieu enseignant son être, c'est-à-dire sa déité, et se révélant lui-même tout entier, « tout comme si son être divin allait se briser et s'anéantir en lui-même », l'enseignant *sans réserve* dans le Fils et nous enseignant par là même « que nous sommes le même Fils »[1]. Être un, c'est être un avec le Fils, être le fils. La *gelâzenheit* est elle-même, laissant le multiple, un devenir-un avec l'être qui nous est enseigné par lui-même, un être-un avec lui, un être-lui. Sous tous les noms du multiple, c'est à chaque fois pourtant un *soi* ou ce qui est *sien* qu'il s'agira de laisser, dans ce qui est aussi compris par le Maître comme une sortie de soi, mais une sortie qui est une « percée », *Durchbruch*, une désappropriation qui est une appropriation à Dieu[2]. Mais alors, dans un tel délaissement de soi, l'homme

1. *Predigt 12, Qui audit me, Werke I, Predigten, op. cit.*, p. 142 ; Sermon 12, trad. A. de Libera, *Traités et sermons*, *op. cit.*, p. 296.

2. *Predigt 12*, p. 142-144 ; Sermon 12, p. 296.

devient-il Dieu? Il devient, écrit Eckhart, celui *qui n'est pas autre chose que ce que Dieu est.* Se laisser, c'est ne plus être autre que celui que Dieu est, être le Seul, puisque l'Un est toujours le Seul. Mais on aura garde d'oublier que le délaissement de soi pour Eckhart est aussi la forme la plus haute de l'amour de soi: s'aimer soi-même de cette sorte d'amour reviendra nécessairement à aimer tous les hommes du même amour. L'amour de soi, et de tout homme *comme* soi-même, («Tant qu'il y a un seul homme que tu aimes moins que toi-même, tu ne t'es jamais vraiment aimé toi-même»[1]) est ainsi, dans le délaissement du soi pour un nouveau soi qu'il faudra dire, alors seulement, le soi-*même*, l'avènement vrai de moi à moi-même: la *gelâzenheit* est un devenir-soi[2], mais tel que celui-ci n'est pourtant plus un autre que «toi», un autre que «lui», le soi, il faudra y revenir, qui est *celui que j'étais lorsque je n'étais pas.* C'est en tant qu'amour que le Sermon 28 approchera à nouveau la *gelâzenheit.* Mais cet amour est aussi celui qui est absolument *libre* et *libère* absolument, qui dépasse en ce sens tout «service», fût-il celui de Dieu, de la justice ou de la vérité, et tout amour, par conséquent, qui serait encore lui-même compris comme le service de l'aimé. Aimer la justice, en effet, n'est pas la servir, c'est «être saisi par la justice», *être la justice elle-même.* Ce que tu aimes, tu l'es, tu l'es devenu, et le mot de Fichte: *Was du liebest, das lebest du* («Ce que tu aimes, c'est cela que tu vis»)

1. *Predigt 12*, p. 144; Sermon 12, p. 296.

2. *Cf.* la contribution de Burkhard Mojsich, «*Ce Moi*: la conception du Moi de Maître Eckhart», dans *Les Mystiques rhénans*, *Revue des sciences religieuses*, Strasbourg, 1996, n° 1. En ce lieu décisif s'imposerait à nouveau le rapprochement avec Fichte.

est déjà au fond une affirmation eckhartienne [1]. La *gelâzenheit* qui laisse tout et qui laisse « vraiment », c'est-à-dire qui laisse le soi, accomplit cette forme d'amour absolument libérateur. Eckhart l'écrit à présent de la justice : le juste n'est au service de rien ni de personne, pas même de Dieu, le juste est libre, d'une liberté dont tout ce qui est créé, précisément en tant qu'il est né, n'est pas capable. La *gelâzenheit* parvient à cette pureté que le monde ne peut souffrir, où elle n'est plus le service ni l'amour si lui-même continue de servir, fût-il l'amour de Dieu, mais liberté pure qui n'est plus dans le temps, pur « instant présent de l'unité », comme l'exprime le Sermon 15 [2]. En cette liberté s'accomplit l'unité avec l'Un, l'appropriation de l'homme humble à la noblesse de la déité, ou de la « profondeur » de l'humilité à la « hauteur » de la déité, en sorte qu'il faudra décidément dire que ce que Dieu est (« une vie, un être ») le juste qui a tout laissé l'est aussi : « Cet homme est l'être de Dieu et l'être de Dieu est cet homme » [3]. Or, lorsque vient en question cette « pureté qui n'est pas de ce monde », qui

1. *Die Anweisung zum seligen Leben*, I, *Sämtliche Werke*, *op. cit.*, V, p. 403 ; trad. M. Rouché, *Initiation à la vie bienheureuse*, *op. cit.*, Leçon 1, p. 101.

2. Le Sermon 15 joint la compréhension de la *gelâzenheit* comme sortie de soi et restitution à soi, simplification du multiple, ennoblissement et libération : « Celui qui serait ainsi sorti de lui-même serait d'autant plus proprement rendu à lui-même. Et tout ce qu'il aurait volontairement laissé dans la multiplicité lui serait tout entier rendu dans la simplicité, car il se retrouverait lui-même et toutes choses dans l'instant présent de l'unité. Et celui qui serait ainsi sorti reviendrait chez lui bien plus noble qu'à sa sortie. Car voilà que cet homme vit maintenant dans une liberté vide et un dénuement pur : il ne doit plus se soumettre à rien et il n'a plus rien à prendre, ni peu ni beaucoup, tout ce qui est le bien propre de Dieu étant devenu son bien propre » (*Predigt 15*, *Homo quidam nobilis abijt in regionem longinquam accipere regnum et reuerti*, *Werke I*, *op.cit.*, p. 172-174 ; *Traités et sermons*, *op. cit.*, p. 312).

3. *Predigt 15*, p. 174 ; Sermon 15, p. 313.

n'est ni dans le monde ni hors du monde, ni dans le temps ni dans l'éternité, c'est Platon, « le grand clerc », auquel Eckhart donne un instant la parole [1]. Laisser tout multiple, laisser un soi qui n'est jamais lui-même un avec soi, un soi toujours au contraire séparé de soi, et, en ce qui paraît être le plus haut degré de la *gelâzenheit*, au moins lorsqu'elle est pensée à partir de son objet, laisser Dieu même, voilà l'appel en sa radicalité. Si l'appel enjoint de laisser, de tout laisser, il appelle en effet aussi, en ce qui paraît être son ultime exigence, à « laisser Dieu pour Dieu » : laisser Dieu, c'est laisser le *Dieu qui donne* pour le Dieu qui est alors « étant en lui-même et non pas selon un don qu'il ferait de lui-même ou une saisie qui se ferait de lui-même, mais dans une étantité que Dieu est en lui-même (*in einer isticheit, daz got in im selber ist*) » [2]. C'est seulement lorsque je laisse le Dieu qui donne que je me laisse vraiment tout autant comme le soi qui reçoit, c'est-à-dire l'homme créé, celui qui est né : l'exigence du délaissement total ne saurait s'arrêter au Dieu qui donne, autrement dit qui crée. Je dois le quitter pour *être lui* (et non plus seulement uni à lui) là où il est lui-même en son étantité. Là seulement l'homme aussi est lui-même, un soi que rien dès lors ne saurait plus atteindre, Un pur ou pure unition où il n'y a plus d'« uni », « quelque chose qui est tellement apparenté à Dieu que c'est un et non uni ». Ainsi, l'être-un est nécessairement l'abandon, le délaissement de l'unition, car celui qui est uni n'est pas encore un. Aussi est-il possible de discerner un degré encore supérieur, peut-être, de la *gelâzenheit*, celui où elle est *gelâzenheit* qui a laissé la *gelâzenheit* elle-même. Le délaissement ne s'accomplit

1. *Predigt 28, Ego elegi vos de mundo, Werke I, op. cit.*, p. 323 ; Sermon *28, Traités et sermons, op. cit.*, p. 326.

2. *Predigt 12*, p. 146 ; Sermon 12, p. 297.

vraiment comme délaissement de soi que dans le délaissement du délaissement, là où précisément il se détachera de soi en tant qu'œuvre de la volonté : si, comme le relevait Heidegger, il faut encore un vouloir pour parvenir au non-vouloir, pour autant celui-ci aura comme la puissance de se libérer du chemin qui a conduit jusqu'à lui, de se détacher de soi-même en tant que visé, et le vouloir du non-vouloir s'élèvera à travers l'abstraction de soi-même jusqu'à cet autre acte qui n'est plus une œuvre, qui n'est plus voulu ni davantage non-voulu, ni visé, ni non-visé. À ce degré d'abstraction l'homme a tout quitté, y compris son propre départ. *Il est entré dans l'adieu pur, dans la pure séparation, Abschied.* Qui est-il désormais, celui qui se tient dans l'adieu, ou qui est-il devenu ? Il est un, ou « n'a plus rien de commun avec rien »[1], étranger à ce qui de son côté n'est rien par soi, à tout le créé, il n'est plus créé, il est l'incréé dans l'homme, l'homme selon son mode non-né, comme l'exprimera le Sermon 52[2]. L'homme est alors pris dans son *égalité* (*glîcheit*) pure avec tout ce qui est, c'est-à-dire dans le lieu pur où toutes choses sont égales : la *gelâzenheit* découvre en effet l'égalité de toutes choses entre elles pour celui qui désormais est, par-delà toutes les images, pure image une avec ce dont elle est image, unité avec l'*exemplar* qui est l'accomplissement de l'image en tant qu'image. Or la pure égalité est Dieu même (« Il est lui-même l'Égalité »[3]). Tout laisser est ainsi être-un, être-image, être-égal dans l'Égalité pure. Mais alors cet être-un du délaissement est-il encore, même lorsqu'il a quitté le domaine du soi, « à l'intérieur du

1. *Ibid.*

2. *Nâch mîner ungebornen wîse*: *Predigt 52, Beati pauperes spiritu, quoniam ipsorum est regnum caelorum, Werke I, op. cit.*, p. 560; Sermon 52, *Traités et sermons, op. cit.*, p. 354.

3. *Predigt 12*, p. 148; Sermon 12, p. 298.

domaine de la volonté » ? Il s'agit en première apparence de ne faire qu'un avec ou de « se tenir » dans la volonté de Dieu, dans le double sens du génitif : vouloir ce qu'*est* Dieu, vouloir ce que *veut* Dieu. Mais il s'agit tout autant de voir ce qu'est Dieu et de voir ce que voit Dieu : « L'œil dans lequel je vois Dieu est le même œil dans lequel Dieu me voit »[1]. Autrement dit il ne s'agit rigoureusement ni de voir ni de vouloir, ni de l'intellect ni de la volonté, plutôt de ce qui est par-delà la distinction des puissances en Dieu comme en l'homme, par-delà ainsi les *œuvres* dont elles sont capables, et qui deviennent elles-mêmes ces œuvres « détachées », ces œuvres d'un autre soi ou plutôt du Soi qui n'est plus l'autre du « toi », les œuvres accomplies sans « pourquoi », les œuvres de ce qu'il est peut-être encore possible de nommer avec le Maître – mais alors en un sens neuf, par-delà tout service – amour. Par-delà toute œuvre, l'homme à travers la *gelâzenheit* s'élève en effet tout autant au-delà de toute raison, de tout pourquoi. Dans la « percée » hors du multiple vers l'Un, lorsque Dieu « perce » en moi comme « je » perce en lui, là où il n'y a plus qu'une seule percée, là où il n'y a que « l'Un pur jaillissant en lui-même », l'esprit, dit Eckhart, est en cette liberté pure « sans pourquoi » : « S'il devait encore avoir un pourquoi, l'unité aussi devrait avoir un pourquoi »[2]. Se tenir à l'altitude de ce qui est par-delà les raisons, l'altitude de l'humilité ou celle de la noblesse, et accomplir désormais toute œuvre « sans pourquoi », ce qui veut dire par amour[3], voilà la vie de la *Gelassenheit*.

1. *Predigt 12*, p. 148 ; Sermon 12, p. 299.

2. *Predigt 29, Convescens praecepit eis, ab Ierosolymis ne discederent, Werke I, op. cit.*, p. 328 ; Sermon 29, *Traités et sermons, op. cit.*, p. 328.

3. *âne warumbe und von minne* : *Predigt 29*, p. 330 ; Sermon 29, p. 329.

C'est elle que le Sermon 52 pensera à nouveau le plus rigoureusement sous le nom de « pauvreté ». Le Maître demandera alors : qu'est-ce qu'un homme pauvre ? L'homme pauvre est celui qui *ne veut rien, ne sait rien, n'a rien*[1]. La *gelâzenheit* est anéantissement de toute œuvre, qu'elle fût de la volonté ou de l'intellect, et de tout propre qui ne serait pas le propre de Dieu, le propre, rigoureusement, de celui qui est celui qu'il est, plus haut en Dieu que Dieu même, autrement dit, une nouvelle fois, l'anéantissement de tout ce qui ne serait pas un, ou ce qu'il est lui-même. Le Maître commentera successivement les trois sens d'un tel anéantissement[2]. Selon le premier d'entre eux, *ne rien vouloir* était *ne plus vouloir*, non pas seulement vouloir ne plus vouloir, ni vouloir ce que Dieu veut, disait Eckhart comme en réponse, par avance, à Heidegger. « Car celui-là seul est un homme pauvre qui ne veut rien et ne désire rien ». En sorte qu'il faudra revenir sur ce que nous avons d'abord affirmé : « L'homme pauvre » ne veut pas Dieu, il n'a pas de désir pour l'éternité : d'un bond il s'est affranchi du domaine de la volonté. Telle est déjà la *Gelassenheit* eckhartienne, comme « pauvreté vraie » qui ne saurait être, ainsi, le vouloir du non-vouloir, mais pur non-vouloir ou pure liberté qui aura fait abstraction de toute volonté en tant qu'elle est créée pour s'unir à l'incréé, être l'Un ou s'engendrer comme Un jaillissant dans l'âme. L'abstraction est une « percée », et la percée est un retour : en lui, je redeviens celui que j'étais avant ma naissance, celui que j'étais lorsque je n'étais pas encore, n'étais pas encore créé, lorsque *je n'avais pas de Dieu*, lorsque j'étais sans vouloir et sans pourquoi : lorsque j'étais libre. *Pauvreté n'appartient plus à la volonté*. La *gelâzenheit* est

1. *Predigt* 52, p. 550 ; Sermon 52, p. 349.
2. L'étude en fut esquissée au chapitre premier de ce livre.

liberté pure comme pure non-volonté. Sans doute est-ce là l'une des affirmations eckhartiennes qui appelleraient le plus clairement une confrontation avec le bouddhisme zen.

Mais la *gelâzenheit* était tout autant, en deuxième lieu, non-savoir : l'homme qui a tout laissé, l'homme détaché, vit « sans pourquoi », il ne vit pour rien ni personne, ni pour lui-même ni pour Dieu, mais s'il est vraiment l'homme pauvre il ne le *sait* même pas ! Il est cette pure vie de l'Un en lui, lui-même est vide en tant qu'il est lui-même. L'Un ne sait rien, et l'homme pauvre ne sait pas que Dieu vit en lui, il est l'Activité pure qu'est Dieu par-delà toutes les puissances de l'âme, puissances de la connaissance et de l'amour, intellect et volonté. « Il est lui-même le même qui jouit de lui-même », écrit Eckhart[1]. Il est le même Acte qu'est Dieu, mais cet acte, cette jouissance de soi, n'est pourtant pas savoir de soi. La *gelâzenheit* est *vide pur comme pur non-savoir.*

En troisième lieu la *gelâzenheit* était pur *non-avoir*. Ce qui voulait dire : non seulement n'avoir aucune chose, aucun bien, aucun propre, mais n'avoir aucun lieu, n'être aucun lieu, être le sans lieu où Dieu vient, disparaître pour lui, rejoindre le mode non-né où je me suis voulu et ai voulu toutes choses, le mode où j'ai voulu Dieu lui-même[2], être ce moindre, ce plus petit que j'étais avant ma naissance.

Le petit traité *Von abgescheidenheit* penserait de la même façon le sens d'être du cœur détaché[3], qu'il place plus haut que toute vertu, en son immobile égalité avec Dieu, un Dieu qui est

1. *Predigt 52*, p. 556 ; Sermon 52, p. 352.

2. *Predigt 52*, p. 560-562 ; Sermon 52, p. 354.

3. *Von abegescheidenheit*, *Traktat 3*, *Werke II*, Frankfurt, Deutscher Klassiker Verlag, 2008 ; *Du Détachement et autres textes*, trad. cit. Gw. Jarczyck, P.-J. Labarrière.

lui-même, en sa limpidité ou en son unité, le Détaché, qui se tient, s'est toujours tenu, selon Eckhart, même lorsqu'il fut triste, même lorsqu'il mourut, dans le détachement. Qu'un tel détachement ou délaissement aient le sens d'une *sérénité* pour le cœur qui saurait y parvenir et s'y tenir, donne aussi le sens de son événement éternel dans l'instant de l'unité, là où l'Un même jaillit, que « je » sois entouré de calme ou d'inquiétude. Dans la tempête, dans le trouble la sérénité ne se lève pas moins que dans le repos. En une telle sérénité assurément il ne s'agit déjà plus de la subjectivité, comme il ne s'agit plus de la volonté, à moins de penser celle-ci en son unité absolue avec l'être même. Ce que « je » suis dans le détachement, comme ce que Dieu est, n'a peut-être pas reçu de nom. Je suis celui que je suis, il est celui qu'il est : *je suis lui-même, il est moi-même.* Cette pure affirmation d'être est l'affirmation eckhartienne de la sérénité.

Pour le maître d'Occident, dans le pays du soir, elle se lève, sans éclat et sans nom, dans l'adieu pur en lequel chacun s'efface et s'accomplit.

CHAPITRE III

VOLONTÉ

Tout advient d'une façon si infiniment personnelle.

Le véritable artiste se reconnaît partout à sa force de retenue et de retardement plutôt qu'à celle de production, d'impulsion, d'accélération[1].

L'œuvre de Schelling ne s'est pas rassemblée en une configuration finale qui en recueillerait l'inspiration plus clairement et décisivement que toute autre et donnerait alors à elle seule, en la justesse de son trait, la mesure du degré d'achèvement de tout ce qui l'aurait précédée. Il en va d'elle, plutôt, comme de l'œuvre entier d'un peintre dont les différentes périodes à la fois marquent sans doute un approfondissement au long de ce qui devient imprévisiblement un chemin, et ainsi se rendent l'une après l'autre possibles dans le temps, mais laissent aussi chaque œuvre se recueillir avec toutes les autres

1. Respectivement : *Die Weltalter*, 1811, hrsg. v. Manfred Schröter, Munich, Beck, 1966, p. 103 (*SW Nachlaßband*); *Les Âges du monde*, trad. fr. P. David, Paris, P.U.F., 1992, p. 125, et *Leçons d'Erlangen*, *SW*, hrsg. v. K.F. A. Schelling, Stuttgart-Augsburg, Cotta, 1856-1861, IX, p. 238; trad. fr. J.-Fr. Courtine, E. Martineau, *Œuvres métaphysiques*, Paris, Gallimard, 1980, p. 297.

dans l'espace désormais pur des tentatives qui furent un jour les siennes, où chacune est contemporaine. Le difficile et nécessaire tracé du chemin qui fut celui de Schelling dans la pensée, fait d'accélérations fulgurantes et, de plus en plus, de lente méditation retenue, n'abolit pas cette contemporanéité essentielle de toutes ses tentatives, qui advient sur un autre plan, et de même qu'il n'y aura pas d'œuvre finale, il n'y aura eu, en cet autre sens, qu'une seule œuvre. Celle-ci vient aujourd'hui au-devant de nous dans la singularité d'un inachèvement essentiel qui n'en compromet pas la perfection, dessinant comme le geste unique d'une pensée absolument fidèle à elle-même, restituée à la *recherche pure* qu'elle sera restée jusqu'à la fin.

L'œuvre entier nous apparaît alors comme une *méditation de la volonté*.

« Recherche » et « méditation » doivent cependant s'entendre le plus rigoureusement. *Untersuchungen* est le titre sous lequel Schelling aura lui-même placé la tentative la plus escarpée d'une avancée, d'une pénétration radicale dans l'essence de la volonté par laquelle il s'est engagé sur un chemin que nul peut-être n'avait jamais foulé aussi loin. De telles « recherches » se mettent en quête d'un concept, celui qui recueillerait l'essence de la liberté humaine, mais tout autant, nécessairement, du lien qui unirait celui-ci à la vue du monde qui s'appelle système. Les « recherches » conceptuelles ne sont en rien opposées au système, elles sont au contraire l'unique mode d'accomplissement de celui-ci se cherchant lui-même, devenant à cette fin tout d'abord pour lui-même, dans une concentration extrême, la question de sa propre possibilité. Seul un renversement total de la question de l'essence de la liberté humaine accomplira la recherche de celle-ci en tant que recherche du système, lorsque la liberté ne sera plus elle-même recherchée à partir de l'essence de l'homme, mais au contraire celle-ci déterminée à partir de l'essence de la liberté[1]. Si la recherche de la liberté est toujours aussi la recherche du système, cela veut dire que celle-là n'apparaîtra qu'en celui-ci, lui-même originairement système de la liberté. Mais la « recherche », dans ces conditions, ne se laisse elle-même engager qu'à partir d'un conflit essentiel dont la philosophie est moins la résolution que la scène, s'ouvrant à nouveau, infatigablement, en 1809. Ce conflit fut pour la première fois aperçu par Schelling dans les *Lettres* de 1795, où il apparaît comme le conflit de la finitude, autrement dit du partage sujet-objet, fixant à la philosophie aussi son destin de scission, celui d'une philosophie elle-même essentiellement finie. Mais le conflit demeure encore, en 1809, celui de « la philosophie même »[2]. Si en effet la philosophie doit être manifestée en son essence, le conflit pour Schelling en sera sans doute, davantage que la question, le trait caractéristique, sous lequel elle se tient dès sa naissance[3]. La « recherche » est en elle-même la tentative de clarification radicale d'un

1. Renversement ainsi marqué par Heidegger dès les premiers pas du cours de 1936 : « Car ici la liberté ne se donne pas pour une propriété de l'homme, mais à l'inverse, c'est l'homme qui serait bien plutôt le bien propre de la liberté. La liberté est l'essence qui contient et qui transit d'un bout à l'autre l'être-homme ; c'est à elle que l'homme doit être reconduit pour être véritablement homme (*Freiheit ist das umgreifende und durchgreifende Wesen, in das zurückversetzt der Mensch erst Mensch wird*) ». *Schellings Abhandlung*, Tübingen, Niemeyer, 1995, p. 11 (trad. fr. J.-Fr. Courtine, Paris, Gallimard, 1977, p. 26).

2. *Der Streit der Philosophie selbst* était l'expression des *Briefe*, Troisième Lettre, *Historisch-kritische Ausgabe*, Stuttgart, Frommann-Holzboog, 1976 *sq.*, I, 5, p. 60 ; trad. fr. J.-Fr. Courtine, *Premiers écrits*, Paris, P.U.F., 1987, p. 163.

3. En plus d'un sens, le combat selon Schelling est le trait, dans l'homme, du rapport à la vérité : « Car la vérité n'est conquise que par une lutte (*Kampf*) intérieure et sans merci, et par une scission de soi d'avec soi-même » (*Weltalter*, 1811, *SW Nbd.*, p. 102 ; trad., p. 124).

tel conflit au centre de la philosophie en sa constitution essentielle, ce qui implique de se porter jusqu'à son centre. Dans cette perspective, le tournant de 1809 est pour Schelling l'avancée jusqu'au centre de l'opposition supérieure, le *Gegensatz*, ou même plutôt le *Widerstreit* de la nécessité et de la liberté[1]. Les « recherches » ainsi engagées deviennent alors l'élément de la philosophie *en tant que systématique*. Au-delà de la percée, les *Weltalter* en recueillent les premières orientations, ne cessant de poser, en leur hésitation essentielle, la question de leur propre possibilité en tant que recherches nécessairement dialectiques. Car la dialectique est alors précisément pensée par Schelling à partir de la *Zeit des Kampfs* limitant la possibilité du devenir poétique de la pensée, qui aurait pour elle, si seulement elle pouvait être ouverte, le sens d'une libération vivifiante dans la narration[2]. Mais un tel « combat », dont la nécessité est maintenue, veut dire que nous avons d'abord à nous rendre maîtres de nos pensées, et c'est à travers la seule dimension de la « recherche » qu'une telle maîtrise devra advenir. Aussi le combat est-il alors celui par lequel le Voir doit d'abord devenir concept. Car pour Schelling la philosophie aura d'abord voulu dire un Voir dont le concept doit rester la vivante, la fidèle expression. Il y a là, assurément, l'héritage fichtéen avec lequel, de son côté, Hegel aura sans doute plus radicalement rompu : *Wir wissen nur*, écrit en ce sens Heidegger, *was wir anschauen. Wir schauen*

1. *Recherches*, *SW* VII, p. 333 ; trad. fr. J.-Fr. Courtine, E. Martineau, *Œuvres métaphysiques*, p. 121. *Cf.* Heidegger, *Schellings Abhandlung*, *op. cit.*, p. 69 ; trad., p. 106 : « La philosophie est *en elle-même* un conflit entre la liberté et la nécessité ».

2. *SW Nbd.*, p. 9 (1811). Pour les *Weltalter*, on se reportera désormais aussi, en attendant la grande édition, à la *Vorausedition* du *Nachlaß* berlinois par Klaus Grotsch, Stuttgart/Bad Cannstatt, Frommann-Holzboog, *Schellingiana*, 2002, 2 Bde.

nur an, was wir sind; wir sind nur das, dem wir zugehören[1]. Voir, c'est voir la Vie, la vie que « nous » vivons et que « nous » sommes, à laquelle « nous » appartenons et qui, selon le mot de Fichte, *lebt in uns*[2]. Mais il « nous » reste alors à dire celle-ci, à « nous » engager dans la dialectique séparatrice, ce qui est, à nouveau, donner vie à la vie, puisque la vie n'est jamais sans la différenciation, puisque, selon le mot des *Weltalter*, *wir leben nicht im Schauen*[3]. Un tel « nous », dont l'identification reste difficile, est l'unique sujet des « recherches » schellingiennes, où il s'engage à chaque fois dans la lutte dialectique pour son propre centre. Le livre des *Untersuchungen* se refermera d'ailleurs sur la portée d'une telle constitution dialectique de la philosophie, qui lui assigne le chemin nécessaire de la scission des concepts, et même celui de l'« extrême séparation », c'est-à-dire le chemin du *Verstand*, la grande puissance, pour Schelling comme pour Hegel, de toute *Vereinzelung*. Dès lors le différencier de l'entendement est aussi vivant et vivifiant que le Voir vivant de l'unité, puisqu'il est au fond ce qui « donne figure organiquement »[4]. La nécessité de la séparation est la nécessité de la vie. Si voir, c'est voir la vie, il faut, tout autant, la diviser, l'analyser, bref: la penser. La « recherche »

1. *Schellings Abhandlung*, *op. cit.*, p. 68; trad., p. 103 : « Nous ne savons que ce que nous intuitionnons. Nous n'intuitionnons que ce que nous sommes ; nous ne sommes que ce à quoi nous appartenons ».

2. Ainsi à nouveau dans la *WL* 1805 : *Es* lebt *in uns* (*Gesamtausgabe*, Stuttgart-Bad Cannstatt, Frommann, 1962 *sq.*, II, 9, p. 244, note). Un tel « nous » est cependant tout autrement compris par Schelling et par Fichte, dont le différend est, en ces années, majeur pour l'histoire de l'idéalisme allemand. Pour Schelling, *in uns* ne saurait vouloir dire, comme le traduit encore Fichte : *im Ich*.

3. *SW Nbd.*, p. 7 (1811) : « Nous ne vivons pas dans la contemplation ».

4. *SW* VII, p. 415 ; trad., p. 196.

schellingienne, en sa constitution systématique, vise à rejoindre une vie, à penser la vie.

Les *Leçons d'Erlangen* de 1821 accompliront assurément alors, pour le concept d'une telle « recherche », un pas décisif, même si celui-ci prolonge les voies déjà frayées dans les *Weltalter*. Elles s'ouvriront en effet sur une vue du système comme « pleine liberté », « au-dessus de tout système » : « une seule et même vie indivisible », écrira Schelling, d'une unité qui n'est pas seulement vivante mais qui donne la vie, vivifiant les différences[1]. En 1821 le système de la liberté est devenu le système lui-même « libre du système », *frei vom System*. Car la liberté n'est au-dessus du système qu'au sens où le système est lui-même au-dessus du système, libre alors de lui-même et de son antagonisme natif. À Erlangen, Schelling l'affirme à nouveau : le désir du système provient de l'*asystasie* originaire du savoir humain[2], et la nécessité de la dialectique émane elle-même d'une telle contradiction initiale. Le système n'est rien d'autre que le mouvement de la résolution, mais d'abord de la traversée même de cette contradiction, et le sens d'un tel mouvement est dans la *séparation* des moments de ce qui constitue, alors, un *développement* – le Mot même, alors, on le sait, du concept hégélien –, même si Schelling s'efforce de distinguer la « science libre » de ses préparatifs seulement dialectiques. Il n'y a système que pour autant qu'il y a *sujet*, vivant mais surtout donnant vie, présent à travers tous les moments du système. Le système est alors l'autodéploiement d'un sujet, comme le demandaient déjà les *Weltalter*. Un tel sujet donne un nouveau sens au Principe, qui n'est plus seulement un commencement, mais le « principe partout et

1. *SW* IX, p. 212-213 ; trad., *Œuvres métaphysiques*, *op. cit.*, p. 274-275.
2. *SW* IX, p. 209 ; trad., p. 271. Schelling traduit : *Unbestand*, *Uneinigkeit*.

toujours », le sujet qui n'est « rien de tel qu'il ne puisse aussi être autre »[1]. Le sujet se développe, autrement dit devient autre que soi, dans le système en tant que mouvement qui ne s'arrête jamais, et ne se laisse enfermer en aucune figure. *Le sujet est le sujet infini*[2]. Il est le *Durchgehen* infini qui lui-même n'est rien. L'infini est « le sujet de la philosophie », affirme Schelling, tout au moins d'« une philosophie vraiment libre »[3], dont la liberté doit d'abord s'entendre négativement, comme affranchissement radical de tout fini. Cette Négation est proprement décisive. La « recherche » schellingienne s'ouvre à partir d'un détachement radical qui est l'acte même de l'Infini, le « pas », le plus difficile à accomplir, qui s'avance dans le mouvement infini, se tournant vers le sujet infini. Entrer dans le mouvement du sujet infini, qui est la Vie infinie, et par là même s'engager dans le système au-dessus de tout système, entrer dans cette Vie : tel est l'acte inaugural de la philosophie. *Or cet acte selon Schelling est un Lassen radical et absolu*, et même un *Verlassen*, puisqu'il laisse tout, le fini, mais plutôt tout étant, celui-là même qui s'appelle *Gott*, pour un sujet absolu qui ne saurait se laisser reconduire à rien, fût-ce à un tel « Dieu ». La *Gelassenheit* ou *Verlassenheit* en laquelle la pensée schellingienne prend son commencement entre d'elle-même alors, sans doute, dans la proximité de la tradition rhénane. Mais le délaissement reste, pour elle, un commencement. Il voudra dire avant tout que la recherche elle-même reçoit comme son exigence absolue de partir de

1. *SW* IX, p. 215 ; trad., p. 277.

2. *SW* IX, p. 217 ; trad., p. 278 : « Il est l'incoercible, l'insaisissable, le véritablement infini (*das Incoercible, das Unfaßliche, das wahrhaft Unendliche*). C'est jusqu'à ce point que doit s'élever celui qui veut posséder la science parfaitement libre et s'engendrant elle-même ».

3. *SW* IX, p. 217. Cette insistance marque les *Leçons d'Erlangen* : il s'agit de « vraiment philosopher », de « philosopher librement ».

rien, puisqu'un tel *Nichts* est peut-être le nom le plus adéquat pour le sujet absolu de la philosophie. L'exigence absolument première est ainsi cet acte qui fait le Rien, l'acte du délaissement, de l'abandon. La philosophie ne commence qu'avec cet acte d'anéantissement de l'étant, en lequel Schelling voit l'acte de la liberté. Or cet acte est aussi un anéantissement du *Ich* par lequel celui-ci se laisse, se délaisse, comme il délaisse, nécessairement, Dieu lui-même. L'acte est *Entschluß*, « grande décision », écrit Schelling[1], c'est-à-dire, simplement, Commencement. Le mouvement du système est alors celui qui va de la Négation, et du péril initial de « sombrer » en elle – *ins Verneinen zu gerathen* –, à l'affirmation, « au concept affirmatif de sujet » – *den bejahenden Begriff desselben*[2]. La recherche schellingienne peut alors être considérée comme la recherche *radicale*, et par là originairement *négative* – d'une négativité absolue –, de l'*affirmation* la plus haute – de l'affirmation absolue. La radicalité, en effet, est avant tout entièrement portée par le *Nein*, le *Verneinen* qui est son départ. Depuis une telle radicalité anéantissante, elle garde cependant en vue le *Ja* qu'elle cherche à rejoindre. La recherche va du *Nein* au *Ja*. *La philosophie est l'affirmation elle-même, qui doit procéder radicalement, c'est-à-dire partir du néant.*

Il est alors possible d'apercevoir en quel sens la « recherche » est méditation de la volonté. Méditative est la pensée endurant toujours à nouveau le même chemin, par conséquent aussi, d'abord, la même absence de chemin. Car la recherche ouvre à chaque fois un chemin toujours d'abord fermé, toujours à nouveau la même absence d'issue. Seule

1. *SW* IX, p. 218 ; trad., p. 280.
2. *SW* IX, p. 219 ; trad., p. 281.

une telle méditation du même, jusqu'à l'effraction, aura conduit Schelling jusqu'à l'insolite. Le livre de 1809 est tout à fait frappant à cet égard. Il prépare la percée décisive qu'il accomplira en commençant par reprendre en lui le chemin qui fut celui de l'idéalisme. Une telle réaffirmation se porte d'emblée à la nécessaire radicalité ontologique qui ne recule pas devant la tâche de penser le sens de l'être même. Un tel sens est lui-même ce qui toujours à nouveau s'ouvre à la méditation, comme vouloir. Toute la pensée selon Schelling n'a pas d'autre horizon que celui-ci, penser le *Wollen* en son originarité ontologique[1]. Il n'est pas de mode d'être qui ne soit un mode du vouloir, et cet originaire, qui est aussi le Plus haut (*in der letzten und höchsten Instanz*), est ce que la philosophie a en charge de dire, dans le λόγος dialectique qui la constituera d'abord en « recherches ». Mais si elle fait sienne une telle question, une telle recherche du Vouloir, jusqu'à se confondre totalement avec celle-ci, c'est pour autant qu'elle demande d'abord le sens de *Sein*, en sorte que c'est lui qui donnera à Schelling le fil conducteur concernant ce qu'il conviendra de dire du Vouloir. C'est dans la mesure où la philosophie s'enquiert du sens de l'être, l'être-nature ou l'être-esprit, qu'elle s'oriente nécessairement, comme idéalisme, vers la volonté, pour attribuer à celle-ci ce qu'elle dit de l'être. Tout être est volonté, en sorte qu'à la volonté revient l'absoluité de l'être. *Grundlosigkeit*, d'abord, qui est la frappe de l'originaire, mais aussi *Ewigkeit* et *Unabhängigkeit von der Zeit*[2], qui sont les traits mêmes de l'être. Surtout, tout être a le sens

1. *SW* VII, p. 350; trad. *Œuvres métaphysiques*, p. 137. J.-Fr. Courtine et E. Martineau insistaient dès leur traduction sur la situation précise de cette thèse essentielle, p. 363 des *Œuvres métaphysiques*, n. 6 à la p. 350 des *SW* VII.

2. Plus loin, Schelling rapportera très précisément celle-ci à la liberté selon Kant (*SW* VII, p. 352 ; trad., p. 139).

d'une affirmation, et c'est elle qui retentit dans le *Wollen: Selbstbejahung*. C'est un tel *Ja* que la philosophie selon Schelling veut elle-même porter à son expression supérieure. « Être » implique déjà un tel Oui, dont l'idéalisme aura découvert le nom propre, qui est volonté. Schelling assigne alors au présent la tâche de méditer ce qui fut ainsi découvert par l'idéalisme, mais aussi de l'accomplir vraiment, peut-être au-delà de lui. Lorsqu'il revient à ce que celui-ci a pour la première fois fait valoir, c'est assurément en vue d'une tentative de dépassement, en vue d'un « réalisme supérieur », qui pour autant gardera le concept idéaliste de la liberté comme présupposition la plus fondamentale. L'idéalisme est alors le chemin d'accès au réalisme qui devra lui-même dégager un « concept réal » de la liberté[1]. C'est à ce tournant même, celui de la volonté, que l'idéalisme allemand connaît l'une de ses crises majeures, puisqu'il est celui par lequel Schelling, depuis longtemps au fond, se sépare et s'éloigne, toujours plus clairement, de Fichte, celui-ci ne cessant de son côté de poursuivre une *Auseinandersetzung* qui ne les mettra pourtant plus jamais en présence, en sorte que le dialogue fut pour eux-mêmes manqué, au fond, comme il l'aura été aussi entre Schelling et Hegel, pour n'advenir vraiment peut-être qu'au-delà d'eux-mêmes. La distance fortement accentuée par Schelling avec l'idéalisme fichtéen se comprend alors elle-même comme un élargissement de la liberté jusqu'à l'être même, et il est tout à fait remarquable que la tentative d'un concept réal de celle-ci conduise Schelling jusqu'à la nécessité d'un tout autre regard dans la question du mal. La dimension « réale » du concept est en effet immédiatement attachée par Schelling à la *Realität* qu'il faudra reconnaître au mal, dont la possibilité doit à son

1. *SW* VII, p. 352; trad., p. 139.

tour être elle-même pensée « originairement », c'est-à-dire, puisque la dimension de l'originaire vient d'être comprise comme Vouloir, « dans la volonté originaire », *Urwillen*, écrit Schelling, d'un mot qui concentre le *Wollen ist Ursein*, c'est-à-dire l'affirmation idéaliste majeure qui vient d'être dégagée[1]. Le réalisme aura donc ce sens très précis : il s'agit, à partir du concept idéaliste de la volonté absolue, qui demeure le soubassement de toute la tentative, de rejoindre radicalement la réalité du mal. La conséquence en sera le nécessaire approfondissement du concept de la volonté, et la tentative, qui apparaîtra et deviendra immédiatement centrale avec les *Weltalter*, de penser celle-ci en son lien essentiel avec la temporalité qu'elle déploie, ou plutôt dont elle est elle-même tout entière en son essence le déploiement extatique. Les *Recherches* auront en effet d'abord contribué à introduire dans la volonté la scission originaire entre la volonté qui se veut elle-même, autrement dit n'est pas encore elle-même, celle que Schelling pense, d'ores et déjà clairement au fil conducteur de l'homme, en tant que *Sehnsucht*, et la volonté *en tant que volonté*, ou « la volonté dans la volonté » qu'est en son fond le *Verstand*[2]. Une telle scission est introduite radicalement, sur la base de la distinction ontologique du *Grund* et de l'*Existenz*, très précisément en vue d'éclaircir l'auto-affirmation absolue, le *Ja* que la philosophie prend en charge, et c'est à partir d'une telle affirmation qu'elle doit être comprise : la volonté ne s'affirme elle-même qu'en tant qu'elle se veut elle-même, c'est-à-dire, nécessairement, se dédouble en soi-même. Schelling pense l'affirmation de soi comme volonté de la volonté, qu'il traduit comme « désir d'entendement », qui

1. *SW* VII, p. 353 ; trad., p. 139.
2. *SW* VII, p. 359 ; trad., p. 145.

est l'anticipation de soi de la volonté, ou, dans la volonté, le désir de soi, le désir d'être un Soi. Il est cependant impossible de rejoindre une telle couche archaïque de la volonté sans penser en celle-ci, dans le sens très exactement inverse, un *refoulement* originaire par lequel elle se repousse elle-même dans le fond. Le désir de soi ne se manifeste qu'après-coup, dans l'acte par lequel le plus haut refoule ce qui est au fond. Il y a là une découverte majeure de Schelling quant à l'essence de la volonté. Toute décision est en elle-même refoulement, scission d'un Soi dont l'acte d'advenir à soi est tout autant l'acte de se repousser soi-même de soi-même, c'est-à-dire, d'un mot que retrouvera, sur son chemin propre, Nietzsche, surpassement de soi. *Selbst-Überwindung* : voilà sans doute ce que Schelling a vu et pensé, avant Nietzsche (mais différemment aussi), comme le trait le plus propre de cette *affirmation*, de ce *Ja* qu'est en lui–même l'être en tant que volonté, présupposant, non pas seulement la transgression de soi, mais, comme il en ira aussi pour Nietzsche, le refoulement de soi, et ainsi, en son centre, comme chemin de soi à soi-même, une négativité essentielle. Un tel *Verdrängen*[1] doit servir à penser la constitution du fond même de toute « réalité », tout « réal » ne surgissant que de ce fond-là, apparaissant toujours sur l'écran, sur la base de ce fond qui lui-même n'apparaît jamais : *unergreiflich*, *nie aufgehend*, *verstandlos*, note Schelling en vue de cerner l'indiscernable de cet obscur, *das vorausgehende Dunkel*[2]. Pour rejoindre ce fond impensable, il n'est possible que d'en penser, indirectement, la nécessité pour tout ce qui est réal. Car rien n'est « réal » qui ne provienne originairement d'un tel dédoublement, d'une telle scission du

1. *SW* VII, p. 359 ; trad., p. 146.
2. *SW* VII, p. 360 ; trad., p. 146.

vouloir se refoulant lui-même loin de lui-même. La liberté idéaliste voit alors s'ouvrir en elle l'abîme d'une scission originaire, répondant à la scission ontologique majeure découverte par Schelling. Cette énergétique de la volonté ne pense pas seulement l'obscur comme l'initial, mais la Négation elle-même comme le nécessaire refoulement en toute décision. Le *Nein* est le chemin nécessaire de toute *Selbstbejahung*. Il n'est pas d'affirmation dont le commencement ne soit une opposition à soi-même. Le tournant de 1809 est dans la découverte d'une telle négativité dans le cœur désormais sombre de l'être. Mais le trait caractéristique du fond nocturne est son ambivalence, puisqu'il est en lui-même désir, qui cependant attire à soi, retient en soi : c'est une sorte de tourment en soi-même que Schelling aura vu dans le cœur de la volonté, dont l'issue est le Non radical, initial, par lequel elle se sépare de soi-même, se sacrifie soi-même. Toute volonté jaillit, en tant que volonté effective, du chaos d'un désir sans issue, qu'elle doit pour naître *elle-même, en tant qu'elle-même*, toujours à nouveau radicalement repousser, comme fond qui tente toujours de la fasciner, de l'attirer en lui. La fascination est toujours le regard en arrière de la volonté, se retournant sur son propre chemin d'accomplissement. Schelling a vu ainsi la contradiction d'une création qui doit nier énergiquement ce qui la rend possible, dans la mesure même où « cela » tente toujours aussi d'en reprendre la possibilité. Mais la fascination par laquelle le fond l'attire est précisément ce qui la rend possible, puisque le fond n'est fond que par une telle attraction. La volonté doit nier le fond, et le fond est contradictoire. La volonté ne naît qu'en niant la contradiction d'un désir qui est déjà elle, désir d'elle, mais n'est pas encore elle-même. À travers une telle négation, elle se pose comme autre que soi, se libérant de son propre chaos. *La volonté est l'autolibération du chaos*. Or une telle autolibération est pensée par Schelling comme auto*révélation* : le propre de la volonté est d'aller à la manifestation, et ce qui se libère est aussi ce qui s'ouvre, mais il n'est pas de manifestation sans résistance, sans un être-latent, une puissance de réclusion en soi-même. *La volonté s'oppose toujours à la volonté* : il n'y a de volonté qui ne soit en elle-même la contradiction de cette opposition à soi, avant de se poser comme son dénouement. Toute volonté a en quelque sorte « deux centres »[1] dont elle est l'unification, et c'est une telle unité que Schelling dès 1809 appelle *esprit*.

Ce que les *Recherches* entrevoient découvre le projet des *Weltalter* dans son caractère abyssal : suivre pas à pas les mouvements d'un tel *Urwillen*. Or l'avancée propre des notes qui commencent en 1811 consistera à penser le déploiement de la volonté comme temporalité originaire : mais si la volonté ne peut alors être pensée qu'en tant que temporalité, c'est en vérité plutôt celle-ci qui sera approchée à partir de celle-là. Le projet philosophique de Schelling est, dans les *Weltalter*, de remonter au commencement, à travers toutes les couches temporelles qui le recouvrent, jusqu'à ces « éclairs » originaires qui déchirent la fermeture nocturne initiale de l'être[2]. Lorsque l'originaire-essentiel, *Urwesen*, est d'emblée pensé à partir de la dimension de la *Vergangenheit*, cela veut dire que Schelling s'engage dans une tentative tout à fait nouvelle pour approcher l'essence même du temps, qui en considérera le déploiement à partir de la volonté. Le temps ne surgit qu'avec la séparation ou la scission, *Scheidung*, comme décision elle-même originairement négative, opposition de soi à soi[3]. Seule la négativité de la décision déchirante est l'ouverture de la dimension temporelle elle-même, c'est-à-dire d'une tridimen-

1. Cf. *SW* VII, p. 363 ; trad., p. 149.
2. *Weltalter*, 1811, *SW Nbd*, p. 10 ; trad. David, p. 21.
3. *Weltalter*, p. 11 ; trad., p. 22.

sionalité qui est désormais la structure originaire de la volonté en tant que vie. Mais une telle ouverture déchirante du tridimensionnel (qui sera aussi espace[1]) présuppose par là même au-dessus d'elle l'affirmation pure que Schelling pense sous le nom d'*Ewigkeit*. Pureté qui cependant la reconduit au Rien. Car la volonté se précède elle-même comme « volonté qui ne veut rien », *der Wille, der nichts will*, pour laquelle Schelling admettra en effet le nom de *Nichts*[2]. À nouveau la méditation schellingienne de la volonté croise celle d'un Eckhart ou d'un Silesius, et c'est encore de l'être seul qu'il s'agit, lorsqu'une telle volonté comme affirmation *pure* est dite *die höchste Wesentlichkeit*[3]. Essentialité veut dire volonté, mais volonté au-dessus de la volonté, au-dessus de la tridimensionalité qui se déploie à partir d'elle, qui est elle-même comme volonté affirmative de soi. On sait que Schelling tente de dire une telle archi-volonté comme *Lauterkeit*, « limpidité ». Mais le mot porte surtout au fond la difficulté d'en dire l'essentialité autrement que par la voie négative qui avait d'abord conduit à lui donner le nom de *Nichts*. « Limpidité » est la simplicité originairement négative de ce qui n'est rien ou « rien d'étant », *nichts Seyendes*, de ce qui n'est, surtout, pas même Dieu, et pour lequel Schelling trouve l'image du feu dévorant. Seule la négativité consumante du feu donne d'approcher *die verzehrende Schärfe der Reinheit*, comme la décrit aussi Schelling[4]. La difficulté fondamentale, en laquelle Schelling retrouve lui-même la question qui l'anime depuis le commencement, celle de l'*Übergang* de l'infini au fini, est alors celle de l'exode d'une telle volonté hors de soi-même. Schelling ne

1. *Weltalter*, p. 85-86; trad., p. 105.
2. *Weltalter*, p. 15; trad., p. 26.
3. *Weltalter*, p. 15; trad., p. 27.
4. *Weltalter*, p. 16; trad., p. 28 : « Le tranchant consumant de la pureté ».

trouve d'issue pour la penser qu'en un flottement méditatif qu'il va nommer *Sinnen*[1] : « rêverie », et dans l'engendrement du désir au centre d'un tel flottement. C'est alors l'émergence de la volonté dans la volonté que Schelling s'efforce de rejoindre, et, précisément, l'auto-engendrement de la volonté dans une volonté qu'il faudra dire être « comme si elle n'était pas ». *L'absolu* – telle était déjà la découverte de la *W.-L.* fichtéenne – *nécessairement se dédouble*, puisque le temps ne saurait procéder d'une éternité qui elle-même jamais ne sort de soi, demeurant au-dessus du temps. Le passage que le jeune Schelling avait déjà interdit n'est toujours pas ouvert, de même qu'il ne l'avait pas été par Fichte, et seul Hegel, sans doute, aura pensé la négation *par soi-même* de l'identité première. Ni l'éternité ne prend fin, ni elle ne posera le temps : il y aura par conséquent *deux* volontés dont la seconde s'oppose à la première. Autrement dit, *il faut toujours la négativité d'un second principe*[2]. La volonté, à nouveau, s'oppose toujours et seulement à elle-même : telle est la condition de tout commencement. Toute affirmation ne saurait jamais s'engager sur un chemin qui ait le sens, exodique, de l'*Existenz* sans une négation par laquelle elle se scinde, ou plutôt est séparée d'avec soi, sans une *Absonderung* qu'elle ne pose pas elle-même, mais qui s'oppose à elle comme ce qui lui résiste, et par là même la confirme. Le second, la seconde volonté,

1. *Weltalter*, p. 17; trad., p. 29.

2. *Weltalter*, p. 17; trad., p. 30: *(Aller Anfang ist erst von) dem andern Willen, der, weil ihm der erste nicht reell vorausgehen kann, in seiner Art eben so absolut seyn muss, als der Wille der nichts will.* « Tout commencement n'est que par l'autre volonté, qui, parce que la première ne peut la précéder réellement, doit nécessairement, à sa façon, être tout aussi absolue que la volonté qui ne veut rien ». Toute la réflexion qui suit concernant la co-originarité des deux volontés est absolument décisive.

comme contre-volonté, est le chemin de la première, en sorte qu'il faudra la dire non-étant par rapport à celle qui ne s'affirme que grâce à elle, et seulement, ainsi, dans le surpassement. Pas d'amour sans un tel surpassement, puisque *Liebe* est le nom de cette affirmation dont la négation est le chemin nécessaire, comme négation surmontée.

Les *Weltalter* assument et déclinent à l'envi l'affirmation idéaliste de l'être comme volonté : c'est seulement pour autant qu'il s'affirme et « s'assume » qu'un être en son essence *est* vraiment, c'est-à-dire *existe*. « Existence » veut dire activité : *Ein Wesen, das sich seiner selbst nicht annimmt, ist, als wäre es nicht. Sich selber wollen, sich seiner annehmen, sich zusammenfassen, sich in seiner Ganzheit setzen, ist alles Eins, ist allein die thätige, die wahre Existenz*[1]. Être, c'est, désormais, *se* vouloir, l'acte de soi ou l'affirmation de soi, et les *Weltalter* ne feront rien d'autre que déployer une telle activité extatique. La tridimensionalité temporelle est alors saisie comme le rythme même de l'ouverture de l'être en tant que volonté. Le temps est le rythme du surpassement de la négation, et il se recueille à chaque fois, comme temps intérieur, en un acte qui est le *Wesen* lui-même. C'est pourquoi, si le temps est pensé à partir de la volonté, il est alors, en son essence, amour. Sur le chemin de l'approfondissement des *Recherches*, les *Weltalter* orientent la tridmensionalité de la volonté sur l'avenir, autrement dit pensent le temps lui-même à partir de l'amour : *Nur der Liebe ist (die Zeit) befreundet*[2]. Cette alliance est à la fois difficile et éclairante : elle dit

1. *Weltalter*, p. 23 ; trad., p. 36 : « Un être qui ne s'accepte pas soi-même est comme s'il n'était pas. Se vouloir soi-même, s'accepter, se rassembler, se poser dans sa totalité, c'est tout un, c'est la seule existence active, la seule existence vraie ».

2. *Weltalter*, p. 85 ; trad., p. 104 : « Il n'est ami que de l'amour ».

le sens même de l'être en tant que volonté, en le tournant vers la dimension de l'avenir, *qui devient par là absolument directrice*. Le Plus haut est justement l'à-venir. Si l'être est non seulement vouloir, mais amour, l'être lui-même est, supérieurement, futur, lorsque les trois dimensions sont pourtant déployées à chaque fois d'un seul coup.

La méditation de la volonté devient par conséquent la pensée de l'ouverture extatique dont l'accomplissement le plus haut est *die Liebe*. Lorsque, quelques années plus tard, à Erlangen, Schelling se demande ce qu'est la philosophie, ou plutôt ce que veut dire *la volonté de philosopher*, il trouve devant lui la « pleine liberté », *völlige Freiheit*, comme une sorte de pleine mer[1], la radicalité d'un geste absolu qui seul sera à la mesure de cette affirmation totale qui s'appelle « amour » ou « esprit ». L'abandon initial, l'abandon en tant que commencement, place un tel geste sous le signe du sacrifice. *Wer wahrhaft philosophieren will, muß aller Hoffnung, alles Verlangens, aller Sehnsucht los seyn, er muß nichts wollen, nichts wissen, sich ganz bloß und arm fühlen, alles dahingeben, um alles zu gewinnen*[2]. La volonté de philosopher est l'abandon du domaine du vouloir, la volonté d'abandonner tout ce que le vouloir peut bien vouloir, mais aussi l'abandon du domaine du savoir. Il s'agit cependant encore d'une volonté, qui a en vue l'affirmation la plus haute. Mais celle-ci est le détachement absolu, de tout savoir et de tout vouloir, en tant que sacrifice pur faisant « place nette » (*macht er Raum*) pour le sujet absolu, dans l'acte extatique par lequel

1. *Leçons d'Erlangen*, *SW* IX, p. 212 ; trad., p. 274.

2. *Erlangen*, *SW* IX, p. 218 ; trad., p. 279 : « Qui veut véritablement philosopher doit être quitte de toute espérance, de toute exigence et de tout désir, il lui faut rien vouloir, rien savoir, se sentir entièrement nu et pauvre, tout sacrifier pour tout obtenir ».

le Moi «délaisse son *lieu*» (*Also es muß den* Ort *verlassen*)[1] pour s'engager dans ce que Schelling n'hésite pas à appeler «méditation», *Besinnung*.

La pensée selon Schelling, telle qu'il en a rejoint le sacrifice essentiel, la *Selbstaufgegebenheit* en laquelle s'accomplit, selon les *Leçons*, le sens de l'étonnement grec, rencontre là son nom le plus propre. Issue d'une extatique exposition de soi – et non, jamais, de la rentrée en soi-même, sauf à penser celle-ci, à nouveau, extatiquement (et nul doute qu'il n'y ait là encore l'écho du combat avec Fichte) –, la *Besinnung* est le chemin qui commence lorsque le Moi s'est laissé lui-même pour rejoindre son lieu, ou plutôt ce lieu qui n'est plus seulement le sien, le lieu de la liberté, le lieu absolu. Mais la méditation ne s'ouvre qu'à partir de la décision, qui aura mis fin à l'inquiétude[2] en ouvrant le Non-savoir et le Non-vouloir, comme tels, au sujet absolu, au devenir de son lent accomplissement, tel qu'il advient tout « au fond des choses », « au-dedans de ce qui nous est le plus propre »[3], et ainsi dans la personne même.

Il n'y a jamais d'autre commencement que la décision. Décision pour la pensée, volonté de philosopher, elle est, en son essence, *Gelassenheit*. Alors seulement, dans la liberté pure qu'aura ouverte un tel *Lassen*, un tel *Verlassen*, commence la *Besinnung*, la méditation: à chaque fois seulement ainsi, d'une façon si infiniment personnelle.

1. *Erlangen*, *SW* IX, p. 229; trad., p. 289.
2. *Erlangen*, *SW* IX, p. 231; trad., p. 291.
3. *Erlangen*, *SW* IX, p. 234; trad., p. 294.

CHAPITRE IV

NUIT

Dans le grand cours de 1936 Heidegger remarque : « Schelling ne pense pas en termes de « concepts », il pense forces, il pense en vue de positions de volonté, il pense au sein du conflit des puissances, pour lesquelles aucune possibilité de compromis ne peut jamais être trouvée grâce à un quelconque procédé conceptuel »[1]. Que veut dire au juste : *penser en vue de positions de volonté* ? En quelle sorte d'épreuve est conduit le concept, autrement dit le recueillement dans l'unité de la pensée, autrement dit la réconciliation, lorsque ce dont il s'agit à chaque fois en eux, ce qui est à chaque fois visé, est *Kraft*, *Macht*, *Wille* ? Ce qui veut dire aussi, dès avant Nietzsche : *Überwindung* et *Selbst-Überwindung*. Il est impossible de lire Schelling sans se trouver interdit, au moins et dès l'abord, devant la constitution essentielle d'un penser qui se livre entièrement à la radicalité d'expériences en lesquelles et pour lesquelles il doit se métamorphoser. *Erfahren*, le *Denken* est alors à chaque fois le chemin par lequel une destination est, non pas rejointe, mais, dans une déstabilisation essentielle

1. *Schellings Abhandlung über das Wesen der menschlichen Freiheit*, *op.cit.*, p. 133 ; trad. J.-Fr. Courtine, *op. cit.*, p. 192.

et concertée, pour la première fois ouverte. En 1809, l'expérience du *Denken* est conduite sur le mode de l'*Untersuchung* parmi les positions de volonté, « recherche » en laquelle Schelling, à nouveau, part en quête de la tenue du système, autrement dit de la raison elle-même en son accomplissement le plus haut, c'est-à-dire en sa tension la plus grande, puisque ce qu'elle devra tenir dans l'unité d'une seule « vue », une vue cosmique, *Weltansicht*[1] – en laquelle résonne, obstinément tenue depuis les premières années, l'Idée de la philosophie – est aussi le plus éloigné de son accord, le plus fortement résistant au λόγος lui-même. Dans cette mesure, les « recherches » schellingiennes autour de l'esprit – accomplissant le « concept de la partie idéelle de la philosophie »[2] – veulent être la science d'une *autre* expérience, dont la conscience n'est elle-même que le lointain avatar, recueillant en elle, sous elle, l'intensité encore non apaisée d'un devenir plus ancien qu'elle-même, mais dont elle est à chaque fois elle-même l'écho, parce qu'elle lui appartient. L'expérience de la conscience est pour Schelling essentiellement l'expérience d'un passé qu'elle porte en elle comme le sens d'être immémorial, désormais, de tout *Bewußtsein*. *Bewußt*-sein renvoie ainsi le *Wissen* à l'ambiguïté originaire – initiale et irréductible – du *Wesen*. Si la *Phénoménologie* hégélienne, deux ans avant les *Recherches*, accomplissait l'*Erinnerung*, l'anamnèse par laquelle la conscience récapitulait en elle, dans le miroir accueillant du concept la laissant librement aller son cours, tout le chemin du Sens qu'elle avait elle-même parcouru et dont elle était la condensation simple, la concentration dans

1. *Philosophische Untersuchungen* (désormais cité *PU*), *SW* VII, p. 336; trad. J.-Fr. Courtine, E. Martineau, *Œuvres métaphysiques*, *op. cit.*, p. 124.

2. *PU*, p. 334; trad., p. 122.

une Présence pure (elle-même venant au concept selon la loi, la nécessité à chaque fois librement affirmée par la conscience qui veut se penser elle-même, d'une expérience qui fût de part en part la sienne : le mot capital, à cet égard, était presque le premier du livre : *Wir haben... von dem Auffassen das Begreifen abzuhalten*[1]), les *Recherches* schellingiennes lui répondent – autant, sur un autre front, qu'à l'*Anweisung* fichtéenne, et quelles que soient ici les « intentions » – en tentant de dégager et peut-être d'escalader le chemin qui remonte plus haut encore que le commencement conscientiel, au-delà même de l'*Es ist etwas* für dasselbe avec lequel s'ouvrait le livre de 1807[2]. L'archéologie schellingienne de la conscience sera elle aussi la justification de la vue absolue du monde, mais elle recueillera, pour s'établir en celle-ci, le déploiement archaïque d'abord muet, presque impensable, de tout ce qui *existe*. La philosophie de l'esprit n'est pas d'abord une philosophie de la conscience, mais une philosophie des puissances, qui doit regarder dans la scission des forces et les mouvements de la puissance, dans une sorte d'architectonique des positions de volonté. Il s'agit aussi d'une phénoménologie, et même d'une phénoménologie de l'esprit, ou – plus exactement peut-être encore – d'une phénoménologie de l'amour, en laquelle pourtant l'*Erscheinung* du Savoir, celle du *für* de cet *es ist*, celle du « Rapport », va requérir d'en transgresser par tous les moyens la forme et la visée, et, à la faveur d'une telle transgression, de remonter jusqu'au *Es ist* lui-même, précisément à ce neutre-là : par conséquent jusqu'à *découvrir un tout*

1. *Phänomenologie des Geistes*, Hamburg, Meiner, rééd. 1988, p. 69 ; trad. fr. B. Bourgeois, Paris, Vrin, 2006, p. 131 : « Nous avons ... à tenir à l'écart de l'appréhension le concevoir ».

2. *Ph. G.*, *Einleitung*, p. 64 ; trad. fr., p. 125 : « Il y a quelque chose *pour elle* ».

autre rapport, celui, qui ne sera plus jamais recouvert, que Heidegger dans son cours nommera la *Seynsfüge*[1]. Le rapport de conscience doit être lui-même pensé à la mesure d'un tout autre Rapport, dont la visée qu'elle est elle-même, et ainsi son sens d'être, portera l'empreinte. La phénoménologie schellingienne de l'esprit, en la radicalité du regard qu'elle ose, aura entrevu là ce qui la contraindra désormais elle-même à une tout autre constitution : elle aura vu ceci, qu'*être est plus originaire que penser*[2]. Et pourtant : faudra-t-il même s'en tenir là ? Mais que voudra dire « être », si la conscience, écrit Schelling, « n'est jamais première », si « elle présuppose déjà, comme tout simple connaître, l'être proprement dit (*das eigentliche Seyn)* » : si être, par conséquent, n'est pas originairement ce qui est visé dans la position de la conscience ? Comment le penser, cet être qui serait en propre l'être, s'il n'est pas l'être pour une conscience, l'être pour un autre ? Être en ce sens initial ne voudra dire qu'une seule chose : *Wollen*, comme *Ur- und Grundwollen*[3]. La tentative de se joindre dans la pensée à ce Commencement, à ce Surgissement plus originaire que l'ἰδέα, n'est pas seulement dans l'obligation de réformer radicalement les concepts que lui aura transmis, tout d'abord, l'idéalisme lui-même, ou de les « rectifier ». Elle doit avant tout mesurer en quelle profondeur de *réalité* le regard a à s'abîmer, s'il veut *voir* dans la mobilité de l'être. La pensée de

1. *Schellings Abhandlung*, p. 130 ; trad., p. 188.

2. La *Philosophie der Offenbarung* le redira, lorsqu'elle avancera un « premier dans l'être », « au-delà de toute pensée et comme la débordant » : « Ce n'est pas parce qu'il y a une pensée qu'il y a un être, mais parce qu'un être est, il y a une pensée », *Philosophie de la Révélation*, Leçon VIII, *SW* XIII, p. 161 ; trad. fr. J.-Fr. Courtine, J.-Fr. Marquet (dir.), Paris, P.U.F., t. I (1989), p. 187.

3. *PU*, p. 385 ; trad., p. 169.

l'*Erscheinung* exigera par conséquent de tout voir selon la réalité de ce qui vient à nous, et dont « nous » venons. Elle est, en ce sens, la « réalisation » de l'idéalisme. Mais que veut dire « réalité » ? *Réalité veut dire volonté.* La conscience, ou plutôt celui qui désormais s'appelle « l'homme » (celui-là ne paraissait pas en personne dans la phénoménologie hégélienne, et les *Recherches* elles-mêmes le visent peut-être davantage qu'elles ne l'appellent et ne le montrent : ce qui n'empêche pas, comme le relèvera Heidegger, qu'il ne s'agisse à chaque instant que de lui, non qu'il donnât sa mesure à l'être, mais parce qu'une telle mesure lui est justement, à lui en personne, envoyée[1]) – *Mensch* n'entre en présence qu'en tant que lieu intense de la combativité des principes, théâtre de ce qu'il arrive à Schelling d'appeler « la puissance du centre qu'il a en lui »[2], et même du centre *double* qui l'établit en sa mobilité propre. Le « rapport » originaire n'est pas celui du savoir, mais celui des principes, celui des puissances, dont le savoir est la résolution, et en ce sens il faudra dire, à la fin, que la conscience originaire est la conscience « religieuse », si du moins, précise Schelling, le mot est entendu lui-même au sens originaire de *Religiösität* : comme cet Être-décidé pour le juste (*Entschiedenheit für das Rechte*), qui, en sa *Gewissenhaftigkeit*, a de toujours décidé du rapport, *ohne alle Wahl*[3]. Or ce rapport originaire n'est lui-même rien d'autre que le rapport de la volonté, le rapport des positions de volonté, et le théâtre des puissances sera alors le théâtre de la *décision.* Penser sera nécessairement se porter à l'altitude de ces positions de volonté par où il est mis fin à l'irréalité des concepts, et,

1. *Schellings Abhandlung*, p. 196 ; trad., p. 280.
2. *PU*, p. 390 ; trad., p. 173.
3. *PU*, p. 392 ; trad., p. 175.

par là, à la frivolité de la philosophie. Tâche transmise par l'idéalisme, placée par Schelling au seuil des *Recherches*, qui se proposent par conséquent encore d'accomplir celui-ci : « Il n'y a, en dernière et plus haute instance, absolument aucun être que le vouloir. Vouloir est l'être originaire »[1]. *La question de l'être est la question de la volonté* : tel est l'enseignement de l'idéalisme. Celui qui s'enquiert de l'être voit nécessairement la pensée s'orienter vers le vouloir, s'il pose la question avec la radicalité dont l'*Ursein* est le nom le plus propre : l'idéalisme nous aura tournés vers l'être en son affirmation originaire, la *Selbstbejahung*, le Oui de tout commencement. Il nous aura par conséquent placés devant l'obligation de porter le λόγος jusqu'à ce jeu originaire de la volonté, nous laissant cependant lui-même, à un autre égard, sans ressources pour penser ce qu'il avait découvert, et qu'en un sens il n'a pourtant pas vu.

Ce que Schelling en 1809 a *vu* – commence justement là. L'unique question sera de savoir si nous pouvons encore le voir, si nous pouvons le rejoindre, si ce lieu est encore en quelque mesure le nôtre. À nouveau, n'est-ce pas le mot de Heidegger qui demeure ? *Wir wissen nur, was wir anschauen. Wir schauen nur an, was wir sind; wir sind nur das, dem wir zugehören*[2]. Appartenons-nous encore à ce que Schelling a vu, donnant son sens d'être à *Mensch*, et de cette appartenance pouvons-nous encore, en tant que *Dasein*, « témoigner » ? Mais qu'aura-t-il vu ? Ce qu'il a vu est le Non que tout Oui, toute *Bejahung*, gardait en lui lorsqu'il ne cessait lui-même de s'y abriter. Ce qu'il a vu, au même moment que Hegel mais tout autrement que lui, est la Négation à laquelle toute volonté, toute position de volonté, continuait peut-être d'appartenir

1. *PU*, p. 350; trad., p. 137.
2. *Schellings Abhandlung*, p. 68; trad., p. 103.

lorsqu'elle se levait pourtant contre elle. *Il a vu dans la nuit de la volonté.* Les *Recherches* viennent à nous, montrant cette nuit, peut-être «jusqu'à faire sortir de lui-même l'idéalisme allemand, en l'entraînant au-delà de sa propre position fondamentale»[1]. Une telle position demeure ici non décidée. Mais ses recherches sur la volonté conduisirent Schelling jusqu'à ce regard dans la différence originaire où le Deux ne se laisse peut-être jamais dépasser – pas même sans doute dans ce qui, à la fin, apparaîtra sous le nom d'*Ungrund.* Non seulement, s'il en est ainsi, la phénoménologie schellingienne de l'esprit recueille une expérience qui n'est plus celle de la conscience en tant que telle, ou qui est son archi-expérience, en tant que proto-expérience des puissances, mais la négativité n'est plus le chemin d'un commencement en lui-même affirmatif, qu'il s'agisse du *Es ist etwas* für dasselbe, l'être pour un autre de la *Phénoménologie de l'esprit*, ou du *Sein, sonst nichts* de la prochaine *Wissenschaft der Logik.* La négativité n'est plus ce dans quoi s'engage nécessairement l'identité en tant qu'elle est elle-même, mais plutôt ce qui ne cesse d'en entourer l'affirmation. Il y a une négation originaire, ce qui veut dire, dans la langue de Heidegger, que l'identité est originairement tournée contre elle-même, *widerwendig*[2]. Regardons un instant de plus près dans cette *Wende.* Comment la différence originaire apparaît-elle ? En tant que préséance, *Vorhergehen*[3], traversant le *Wesen* en son déploiement essentiel. *Wesen* ne se dit pas seulement en deux sens, mais *Wesen* est lui-même originairement double, différant de soi : l'*Unterscheidung* est la différence réelle, comme Schelling ne cessera plus d'y

1. *Schellings Abhandlung*, p. 5 ; trad., p. 18.
2. *Schellings Abhandlung*, p. 165 ; trad., p. 236.
3. *PU*, p. 358 ; trad., p. 144.

insister, d'un tel *Wesen* avec lui-même, ou : la différence est celle de la réalité même, du fond en tant que base de toute *Realität*. Or un tel fond est pensé en tant que « nuit » : *ewig dunkler Grund, dies vorausgehende Dunkel, Finsternis, tiefe Nacht*[1]. Mais en quel sens au juste ce fond est-il nocturne ? Qu'est-ce que la nuit pour que le fond en reçoive l'obscurité en partage ? Avant tout : la nuit est ce qui précède tout commencement, ce que le commencement présuppose en tant que commencement. Rien ne commence jamais qu'à partir d'une telle nuit : commencer est sortir de la nuit, ce qui se dit justement : *Existenz*. La nuit schellingienne est ainsi moins originaire qu'elle n'est la présupposition de toute *origo*, de tout lever. Pas d'origine sans une telle nuit dont elle ne cesse de provenir en tant que naissance[2]. Ce que voit Schelling est par conséquent la nuit à laquelle appartient, comme à sa provenance, toute origine en tant qu'origine, si du moins nous pouvons ainsi nous approcher de la langue que retrouvera, lorsqu'il tentera justement de penser la Négation originaire, Reiner Schürmann. (Qu'une telle tentative prenne alors l'une de ses plus décisives impulsions dans les *Beiträge*, contemporains du cours sur Schelling, n'aura rien de contingent[3]). Nuit

1. Entourant la première apparition de la différenciation : *PU*, p. 359-360; trad., p. 146.

2. *Alle Geburt ist Geburt aus Dunkel ans Licht*. « Toute naissance est naissance à la lumière à partir de l'obscur ». *PU*, p. 360; trad., p. 146.

3. Reiner Schürmann méditera le concept de « fissurations » (*Zerklüftungen*) par lequel Heidegger alors déploie, entre les « existentiaux » de *Sein und Zeit* et les « traits » de « Zeit und Sein », la recherche des catégories de l'être. Elles sont l'un des lieux qui, dans les *Beiträge*, justifieraient la tentative d'un rapprochement avec la *Disjunktion* de Schelling. Schürmann traduit ce passage, qui pourrait être déplacé en direction de Schelling : « La fissuration de l'être ne doit pas être submergée sous l'illusion inventée des ajustements » (*Des Hégémonies brisées*, (désormais cité *DHB*), Mauvezin, TER, 1996, p. 722; *Beiträge*, *Gesamtausgabe*, 65, p. 406 : *weil ... die Zerklüftung des Seyns nicht*

qui ne précède l'origine qu'au sens où elle l'accompagne, se lève avec elle en tant que *Vorausgehendes* ou *Vorhergehendes Dunkel*. La naissance est nocturne au sens de cet accompagnement originaire du commencement : la nuit est le commencement qui redouble tout ce qui commence en tant que tel. *Pour cette raison une telle nuit ne se dissipera jamais.* La nuit schellingienne ne cessera pas, et son règne s'étend aussi loin que l'existence. Le sceau ne sera jamais entièrement brisé [1], et dans toute éclosion demeure un reste qui n'éclôt pas [2], *ne doit pas éclore*, pour que le déploiement de l'éclosion soit possible. La naissance elle-même présuppose ce qui ne verra jamais le jour. La nuit est ainsi non pas rigoureusement ce qui précède un lever qui mettrait lui-même fin à la dimension du nocturne, mais ce qui abrite toute naissance, ne cessera de l'abriter, avec tout ce qui grandit. En sorte que ce qui apparaît se lève à jamais dans une nuit dont il ne sort qu'en y demeurant foncièrement. Sortir d'une telle nuit est alors continuer d'en provenir et continuer de s'y tenir. C'est cette nuit-là qui ne cesse de

verschüttet werden darf durch den erdachten Schein der Ausgleiche). Sur le « Non » originaire, Schürmann commente cet autre texte des *Beiträge* (nous donnons sa traduction) : « L'être même doit se déployer en tournant contre lui-même, et cela pour l'appropriation en tant que dénégation qui est une injonction. Alors, le Ne-pas et le Non seraient même ce qui dans l'être est le plus originaire » (*DHB*, p. 739 ; *Beiträge*, p. 247 : *Das Gegenwendige muß in der Wesung des Seyns selbst liegen, und der Grund ist die Er-eignung als Verweigerung, die eine Zuweisung ist. Dann wäre sogar das Nicht und Nein das Ur-sprünglichere im Seyn*). Il demeure que le traité de Schelling laisse pour l'essentiel hors de son regard le Non qui selon les *Beiträge* est « le plus haut, l'extrême témoignage de l'être », autrement dit la mort (*der Tod das höchste und äußerste Zeugnis des Seyns*, *Beiträge*, p. 284).

1. *PU*, p. 358 ; trad., p. 144.
2. *PU*, p. 360 ; trad., p. 146.

s'étendre dans l'homme, qui l'aura reçue en partage[1] : le concept schellingien de personnalité va lui-même requérir la décision, et la décision requérir à son tour les deux principes, dont elle est l'ordre, toute décision n'étant elle-même rien d'autre qu'une figure radicale du surpassement. Dans la phénoménologie schellingienne toute *Erscheinung* se détache d'une nuit à laquelle elle continue d'appartenir, tout apparaître est apparaître dans la nuit : autrement dit tout apparaître repose sur un *ne pas apparaître* auquel il appartient. Le *fond n'est rien d'autre que la négation de l'apparaître*. Non pas cela qui n'apparaît pas, mais le « Non » dit à l'apparaître lui-même. Tourné vers lui en tant que désir, il est pourtant le nécessaire « revenir à lui-même » : il est la contradiction d'un désir qui ne cesse de dire non à ce qu'il veut. Faudra-t-il dire alors qu'un tel *ne pas*, un tel Non est plus grand que le Oui ? « Esprit », et jusqu'à la plus haute affirmation, *Liebe*, ne sera pas, du moins, ce qui devrait lui-même rester indemne d'un tel fond nocturne : il continuera de porter en lui la négation, fût-elle par lui reconduite à la potentialité, et seule une telle obscurité radicale, en tant que surmontée, demeurera la base de ce que Schelling appellera « la personnalité absolue »[2].

Mais une telle négation de l'apparaître resterait inintelligible sans le second trait du fond. Selon un tel trait, *la nuit du Grund est déjà en elle-même volonté*. La dissociation des deux commencements est déjà la dissociation de deux

1. *Finsternis ist ihr (der Kreatur) notwendiges Erbteil.* « Les ténèbres sont son héritage nécessaire » (*PU*, p. 360 ; trad., p. 146).

2. *Auch in Gott wäre ein Grund der Dunkelheit, wenn er die Bedingung nicht zu* sich *machte, sich mit ihr als eins und zur absoluten Persönlichkeit verbände.* « Il y aurait en Dieu aussi un fond d'obscurité, s'il ne réduisait à *soi* cette condition, s'il ne se conjuguait à elle pour ne plus former avec elle qu'une personnalité absolue » *PU*, p. 399 ; trad., p. 181.

volontés. Mais alors il faudra descendre plus profondément dans l'essence de la volonté, si l'on veut pouvoir accéder au sens de la différence en elle. Le fond est désir, *Sehnsucht*, et même désir originaire, *ursprüngliche Sehnsucht*[1]. Pour restituer cette position schellingienne à son étrangeté, il faut la renverser, et se demander comment le désir pourrait bien être fond, de quelle sorte de base avec lui il pourrait bien s'agir. Le *Grund* n'est une base qu'en tant que déploiement de puissance, en tant que *Mögen*. Mais une telle puissance est immédiatement dans Schelling pensée à partir de la volonté – et non, et *jamais* l'inverse : comment dans ces conditions penser la volonté elle-même ? Volonté ne dit pas seulement la visée d'un regard, même si c'est elle, en tant que *Verstand*, que Schelling va dire « volonté au cœur de la volonté » (*eigentlich der Wille in dem Willen*[2]), mais tout autant et d'abord le désir, par où est à nouveau pensée, selon la même loi de radicalité, l'antériorité dans la volonté, et, au fond, *le désir qui va à la volonté elle-même*[3]. La volonté est originairement désir de soi. Mais en ce sens elle n'est justement pas affirmation simple de soi, tout au contraire elle diffère de soi, car un tel désir renferme en lui-même, en son déploiement essentiel, la négation de ce qu'il désire, il veut être cet autre que nie son propre sens d'être, il en est le passé destiné à être refoulé, surpassé par l'avènement de ce qu'il désire : le désir d'entendement est lui-même

1. *PU*, p. 360 ; trad., p. 146.

2. *PU*, p. 359 ; trad., p. 145.

3. *Dennoch ist sie ein Willen des Verstandes, nämlich Sehnsucht und Begierde desselben; nicht ein bewußter, sondern ein ahnender Wille, dessen Ahndung der Verstand ist.* « Cependant, il s'agit d'une volonté qui veut l'entendement, c'est-à-dire d'un appétit et d'un désir de l'entendement ; une volonté qui n'est pas consciente mais qui pressent, et dont le pressentiment est l'entendement » (*PU*, p. 359 ; trad., p. 145).

verstandlos. Le désir d'apparaître est lui-même la négation de l'apparaître : non seulement le *Wesen* en sa disjonction, mais le fond lui-même, en ce sens, doit être dit *widerwendig*, tourné contre lui-même. Ce qui abrite en vue d'une éclosion est toujours aussi ce qui retient de naître. Ce qui est premier dans la volonté est la négation de son essence, de son accomplissement essentiel en tant que lumière, ou, dans la langue de Schelling, Dieu en tant qu'il n'est pas lui-même, *Er Selbst*[1]. Il faudra dire : ce qui est premier *dans toute personne* est la négation d'elle-même, elle n'*existe* elle-même qu'à partir d'une telle négation qui en tant que telle la désire, avènement libérateur qui mettra fin à son tourment. Toute personne apparaît dans ce cercle, le cercle de la volonté[2], provient d'un désir qui ne la désirait que pour autant qu'*il ne l'était pas*. La personne selon Schelling est la volonté qui continue de porter en elle cela ou celui qui n'était pas elle, existant à partir d'un tel désir d'être elle. La provenance de la personne n'est autre qu'un tel désir, le désir d'être une personne, de devenir personnel, c'est-à-dire : volonté de volonté. Le premier mouvement n'est pas seulement mouvement en soi-même, mais mouvement vers soi-même, dans la disjonction pourtant inguérissable de soi d'avec soi. Volonté cependant, en ce sens initial, veut dire chaos, nécessité sans loi, et l'image océanique est celle qui reviendra lorsqu'il s'agira pour Nietzsche de penser le *Wille zur Macht*[3]. Tout le procès qui s'engage alors est celui de *la volonté contre la volonté* : une volonté agit toujours

1. *PU*, p. 359 ; trad., p. 145.

2. *PU*, p. 358 ; trad., p. 144 : *In dem Zirkel, daraus alles wird, ist es kein Widerspruch* … « Dans le cercle dont tout provient, il n'y a pas de contradiction … ».

3. *PU*, p. 360 ; trad., p. 147 ; Nietzsche, éd. Colli-Montinari, notation de juin-juillet 1885, 38 (12) : « Une mer de forces en tempête et flux perpétuel ».

seulement sur une volonté, et le désir originaire reçoit une réponse venant de la volonté *même*, c'est-à-dire l'entendement, dans le jeu, qui est une ouverture, un dénouement, de la « volonté aveugle » et de la « volonté universelle »[1], autrement dit d'une pousséc, *Drang*, qu'il faudrait dire *Begierde* ou *Lust*, et de l'amour comme volonté de la révélation, allant à ce que Schelling appelle alors *Handlung und Tat*[2]. *De part en part il n'y a que de la volonté*, la volonté désirant la volonté, la volonté répondant à la volonté. L'Universel est alors lui-même pris en vue comme la réponse à un désir qui, au fond de sa nuit native, *ne sait pas ce qu'il veut* : le sens selon Schelling est l'éclaircissement du désir, sa libération dans la clarté de l'ἰδέα. La réponse de la volonté à la volonté est cependant à la juste mesure d'un tel désir, qu'elle ne délivre qu'en s'y abritant, continuant d'en provenir. La radicalisation schellingienne de l'idéalisme accomplit ainsi l'identité de l'être et de la volonté jusque dans ses ultimes conséquences : non seulement tout principe est en tant que tel puissance, mais tout ce qui en provient est le déploiement, c'est-à-dire le dénouement du jeu du vouloir, de la mobilité de la volonté. Mais le dénouement du vouloir appartient encore à l'aire de la volonté : volonté contre volonté, le dénouement de ce dédoublement originaire, la simplification (*Einfalt* qui n'est pas reconduite à l'unité, mais plutôt le pli unique de la disjonction) de ce Deux, apparaît comme décision, dont les *Recherches* sont alors la description. La phénoménologie schellingienne de l'esprit est nécessairement *phénoménologie de la décision*, car, si l'esprit est manifestation, la manifestation est, de son côté, nécessairement décision. La volonté va à la

1. *PU*, p. 363 ; trad., p. 149.
2. *PU*, p. 395 ; trad., p. 178.

manifestation, son dénouement est son ouverture[1]. Mais l'ouverture n'advient qu'avec la séparation, la scission. De là l'obligation où se trouvent les recherches engagées dans le domaine de la liberté de se tourner vers la décision, et plus précisément l'être-décidé, *Entschiedenheit*. Car c'est bien tout d'abord le lieu de l'homme qui vient d'être conquis en tant que *Scheidepunkt* : le lieu de l'essence de l'homme est celui de la volonté, c'est elle qui donne à celui-ci sa mesure. Ce qui veut dire que l'autoposition du Moi ou de la conscience (le Moi n'est rien d'autre que l'autoposition *même*, écrit Schelling[2]) a sa vérité en ce qui a préséance sur lui, l'autoposition réale (*reales Selbstsetzen*) que Schelling appelle alors précisément *Ur- und Grundwollen*, ou encore : l'homme même, en tant que *Wesen*, reçoit sa mesure de ce qui est *die Basis aller Wesenheit*[3]. *Unentschiedenes Wesen*, cela veut dire seulement qu'il est, en tout et pour tout, décision de soi[4]. Il est cet *acte réal* par lequel il se constitue originairement comme conscience – et pour cette raison la conscience de soi ne sera pas, une nouvelle fois, ce qui lui donnera sa mesure, bien qu'elle rencontre les traces, dans le domaine qu'elle éclaire, d'une telle décision radicale. La personne est elle-même, en vertu de la nécessité de cet acte, *immuable* : elle ne change que dans la mesure où elle a toujours déjà changé, c'est-à-dire n'a justement jamais changé. *Personne ne change*. Aussi la décision selon Schelling est-elle bien en son essence

1. « Il (*der Mensch*) ne peut pas rester dans l'indécision (*Unentschiedenheit*), car Dieu doit nécessairement se manifester, et dans la création absolument rien d'équivoque (*nichts Zweideutiges*) ne doit subsister » (*PU*, p. 374 ; trad., p. 159).

2. *PU*, p. 385 ; trad., p. 169.

3. *PU*, p. 385 ; trad., p. 169.

4. *PU*, p. 385 ; trad., p. 169.

Entschiedenheit, être-décidé, car seul un tel être-décidé laisse entendre la nécessité et la rigueur d'une *Gesinnung* qui ne connaît pas d'inflexion. La décision n'atteint son accomplissement essentiel que là où il n'y a pas le moindre choix, le lieu, déjà aperçu par Kant, où la personne se fonde en tant que personne.

La question que nous adressent les *Recherches* schellingiennes est celle de l'*Entzweiung*, telle qu'elle fut aussi l'unique question philosophique de Hegel[1]. La tentative schellingienne est en ceci radicale qu'elle s'avance vers une dualité immémoriale, *anfängliche Dualität*[2], dont la conscience n'est elle-même que l'écho lointain. Même l'esprit, ainsi, *surtout lui*, continuera d'en porter la cicatrice. À partir de là, l'unification qui s'appelle *Liebe* n'est pas le surmontement de la séparation, mais d'abord son intensification, la *Scheidung* totale par laquelle le mal est reconduit à la potentialité pure. « Le Plus haut » lui-même, s'il devait vouloir dire ce qui se tient *avant* la séparation, n'aurait alors peut-être pas de nom qui lui fût propre, et Schelling, on s'en souvient, a hésité un instant[3]. Lorsque *Ungrund* se présente, en tant que *Nichtsein* des oppositions, il n'est assurément pas négation de la dualité elle-même, tout au contraire : le Non-fond est la position de la *wirkliche Zweiheit*[4]. En sorte que le Plus haut sera pensé seulement à partir de la *Disjunktion* originaire des deux commencements. N'est-ce pas alors devant une telle disjonction que nous place en dernière instance la phénoméno-

1. Dès la *Differenzschrift* de 1801. *Cf.* le séminaire du Thor de l'été 1968, *Questions IV*, Paris, Gallimard, 1976, p. 213 *sq.* (*GA* 15, *Seminare 1951-1973*).
2. *PU*, p. 405 ; trad., p. 187.
3. *PU*, p. 406 ; trad., p. 187.
4. *PU*, p. 407 ; trad., p. 188-189.

logie schellingienne ? N'appartenons-nous pas encore à ce qu'elle a vu lorsqu'elle a regardé dans la nuit de la volonté ? Elle a vu le déploiement initial, inguérissable, de l'*Entzweiung*, la scission, « l'éclatement en deux »[1], en tant que l'Initial même, selon le déploiement essentiel de la volonté différant de soi, se voulant contradictoirement elle-même, et ne laissant jamais éclore qu'en retenant d'apparaître, à partir de son fond nocturne. Elle a vu qu'une telle nuit antérieure ne cesserait jamais autour de la volonté, parce que tout commencement lui appartenait pour toujours, et que toute décision se déployait seulement sur la base désirante d'une telle puissance de nuit. Un tel *Grund* était le désir de l'apparaître, mais seulement pour autant qu'il en était lui-même la négation. Si la volonté prend naissance dans la nuit, c'est que la nuit elle-même était déjà volonté, désir d'entendement – *mais toujours aussi : volonté de nuit.* Le mal ne sera par conséquent lui-même pensé qu'en tant que négation de la révélation : peut-être faudrait-il dire dé-création, si le mot n'avait d'abord voulu dire, pour Simone Weil, le chemin, contraire, d'une guérison. La phénoménologie schellingienne de l'esprit, pensant la mobilité de la volonté comme chemin de la manifestation, par conséquent aussi chemin de la décision, aura dû en venir à penser le Deux essentiel d'une disjonction qui ne se laisse pas refermer. Mais alors le Plus haut, quel qu'en soit le nom, esprit ou amour, ou ne recevrait-il même aucun nom, ne voit-il pas s'ouvrir, *à partir de lui-même, comme son propre déploiement essentiel*, ce que, dans cette mesure, il ne saurait lui-même guérir, la fissuration de l'être mortel ?

1. *Séminaire du Thor*, 1968, *op. cit.*, p. 216.

CHAPITRE V

LAISSER LA MÉTAPHYSIQUE

Partons de quelques mots allemands, un verbe et ses compléments, qui, dans les années soixante, donnaient à celui qui les avait méditativement considérés et choisis l'orientation d'une tâche, l'indication d'une nécessité qui commençait à apparaître. Tâche ou nécessité crépusculaires, propres à un temps où la lumière changeait, fût-ce imperceptiblement, fût-ce à l'insu de tous ceux qu'elle baignait pourtant déjà : dans la *Dämmerung* qui enveloppait le présent, ces mots indiquaient la tâche d'un départ, la nécessité d'un adieu. Il est possible de lire aujourd'hui ces mots difficiles, qu'il nous appartient surtout de ne *jamais* neutraliser, à la fin de la conférence « Zeit und Sein » prononcée le 31 janvier 1962 par Heidegger à Fribourg-en-Brisgau, et recueillie en 1969 dans *Zur Sache des Denkens*. Le verbe était alors devenu le plus décisif et le plus difficile de cette pensée. Le verbe était : *lassen*. Une particule lui servait de préfixe, *über : überlassen*. Mais ses compléments dans le passage indiqué le rendaient encore plus difficile. Le premier complément était : *die Metaphysik*. Le second était seulement, non moins énigmatique : *sich selbst*. Le texte est exactement celui-ci : *Darum gilt es, vom Überwinden abzulassen und die Metaphysik sich selbst zu überlassen.*

« C'est pourquoi il vaut la peine de laisser tomber le Surmonter et de laisser la métaphysique abandonnée à elle-même »[1]. À nous qui demandons ce qu'il en est aujourd'hui d'une tâche (si du moins il en est une) de la pensée, autrement dit aussi de la nécessité en laquelle nous nous tenons, ces mots dans leur simplicité énigmatique pourraient encore transmettre l'orientation essentielle d'un inaccompli. Qu'un tel inaccompli ne se découvre lui-même qu'à partir de l'adieu à tout ce que nous avons fait jusqu'à présent, il n'est pas difficile de le voir, même si nous n'en mesurons pas le sens ni n'en comprenons le sacrifice. Mais concernant alors la question que nous pouvons un instant faire nôtre, celle de la « destruction » ou de la « déconstruction », il n'est pas sûr que celle-ci ne s'en trouve pas radicalement outrepassée, comme si elle devait, avec l'émergence d'une nécessité aussi terminale, se révéler, peut-être, par un tel dépassement, déjà inaccessible, nous-mêmes, que nous le voulions ou non, nous tenant plus loin qu'elle avec tout ce qu'elle pourrait accomplir, comme si la déconstruction n'était déjà plus à la mesure de ce temps. Mais c'est aller trop vite. Heidegger avant tout n'aura pas seulement lui-même médité le *Bauen* et l'*Abbauen*. Le second fut avec lui pour la première fois un chemin, avant qu'il ne revienne sur le premier pour le penser comme ce qui fut par nous oublié dans son sens essentiel, cet oubli lui-même se joignant, dans une conjonction difficile, à l'absence de pensée dont le présent à ses yeux portait partout l'empreinte. Commençons par rappeler, en quelques mots seulement, de quelle sorte de chemin il s'agissait sous le nom de la « destruction », de la « déconstruction ». Dans le livre inachevé auquel répond la conférence de 1962, la *Destruktion* apparaît comme le titre d'une tâche elle-même

1. *Zur Sache des Denkens*, Tübingen, Niemeyer, rééd. 1993, p. 25.

pensée à partir de la *Geschichtlichkeit* du *Dasein*, c'est-à-dire d'un mode d'être de celui-ci. Un tel mode d'être le tourne vers ce qui s'appelle *Tradition.* Tradition qui n'appartient pas au passé, ou plutôt celui-ci, le passé, en tant que tradition marche alors non pas en arrière mais devant lui, *geht ihm je schon vorweg*[1]. « Tradition » est le chemin qui s'ouvre à chaque fois devant nous, et que le *Dasein* en cette mesure suivra. Elle nous précède, se tient plus loin que nous. Mais si la tradition elle-même peut être cachée, et appeler, dans cette mesure, à une découverte, *Entdeckung*, elle est toujours aussi, en tant que dominante, recouvrante : elle recouvre, non pas ce qu'elle bloquerait en sa transmission dominatrice, opprimante, non pas ce qui serait en ce sens historiquement vaincu, jusqu'à demander, du fond du passé, à être *sauvé*, jusqu'à implorer peut-être un tel salut (Walter Benjamin fut le penseur d'un tel appel, d'une telle demande provenant d'un passé irrésolu, nous visant depuis sa détresse). Non : *elle recouvre cela même qu'elle transmet.* Le transmettant elle éloigne en effet la nécessité du retour jusqu'à lui en son sens inaugural, initial, le retour à sa provenance, à son aube. *La tradition est en son essence déracinement*[2]. L'oubli ainsi n'est pas accidentel en elle, il appartient essentiellement à la tradition : transmettre veut dire recouvrir. Dans la langue de *Sein und Zeit*, la tradition est un visage du *Verfallen* du *Dasein.* À partir de là deviennent peut-être plus clairs le sens et la portée de la *Destruktion* en tant que tâche. La *Destruktion* est orientée vers les « expériences originaires », *auf die ursprünglichen*

1. *Sein und Zeit* (désormais cité *SZ*), Tübingen, Niemeyer, rééd. 1984, § 6, p. 20.

2. *Die Tradition entwurzelt die Geschichtlichkeit des Daseins*, écrit Heidegger (*SZ*, p. 21 : « La tradition déracine l'historialité de l'être-là »).

Erfahrungen[1]. Elle est destruction de la tradition, ou plutôt « du fonds transmis par la tradition », *des überlieferten Bestandes*. *Bestand* assurément n'a pas encore en 1927 le sens de l'étant lorsqu'il tombe sous la domination exclusive du Dispositif, mais il est déjà l'obscurcissement de l'initial dans la transmission même qui le livre. Heidegger cependant écartera d'abord le sens unilatéralement négatif d'un tel regard « destructeur », pour lui donner la portée, nécessairement ambiguë, de cette vue qui tentera de « tracer », « jalonner », « arpenter », *abstecken*, la tradition, la marquer « dans ses possibilités positives », c'est-à-dire « dans ses limites ». Le regard « destructeur » va établir un tracé délimitant dans un passé qui apparaît alors, lui qui fut un jour source, comme ressource. Heidegger *ne dit pas* qu'il n'y a pas de négation dans la destruction. Mais la négation destructrice n'est pas accomplie sur le passé. C'est sur l'aujourd'hui que la destruction exerce la négativité que son nom, Heidegger le sait, emporte en lui. Négative, autrement dit, la destruction l'est en second lieu, obliquement, détruisant le présent recouvrant les expériences originairement directrices. En son rapport au passé elle ne sera donc pas funèbre, il ne s'agit pas d'en finir avec lui, mais la négation en elle s'accomplira, silencieusement, sur l'aujourd'hui : *Die Destruktion will aber nicht die Vergangenheit in Nichtigkeit begraben, sie hat* positive *Absicht; ihre negative Funktion bleibt unausdrücklich und indirekt*[2]. Silencieusement négative, la destruction n'en sera pas moins radicale et foudroyante, car elle reçoit vocation à manifester la nécessité, *die Unumgänglichkeit*, écrira plus loin

1. *SZ*, p. 22.

2. *SZ*, p. 23 : « La destruction cependant ne veut pas enterrer le passé dans la nullité, elle a une visée *positive* ; sa fonction négative reste non-explicite et indirecte ».

Heidegger, d'une tâche, *notre* tâche en 1927, la « répétition » de la question du sens de l'être[1]. La destruction fut alors pour Heidegger essentiellement le dégagement d'un lieu, d'un champ, *Feld : ein Feld kontrollierbarer Auseinandersetzungen*, « un champ d'explications contrôlables »[2]. Mais ce champ était-il vraiment au fond celui du contrôle ? Même s'il s'agissait bien d'y réaccomplir les expériences originaires et d'en rejoindre le phénomène, comme s'en expliquait le § 7 faisant la clarté sur la rigueur et la nécessité du chemin phénoménologique, pour autant ce qui en ce lieu pouvait bien alors advenir – quelle sorte d'ouverture, *Erschließung* – devait en 1927 être lui-même laissé dans l'imprévisible. C'est de la question à venir que la destruction recevait sa nécessité, non l'inverse, et la question elle-même, non encore rejointe, demeurait, elle, *entièrement incontrôlable*. La destruction n'est pas la tâche elle-même, mais le chemin – le seul chemin même si elle ne l'est pas *à elle seule* – qui conduit au site où celle-ci s'entr'ouvrira, et à ce titre seulement elle devient elle-même une tâche. Or, si Heidegger écrit ici *Destruktion*, il avait, ailleurs, choisi *Abbau*, ou plutôt les deux, indifféremment, pour nommer la tâche, presque alors militairement décrite, de « progresser », *vordringen*, « dans un retour déconstructeur (*im abbauenden Rückgang*) jusqu'aux sources motivantes originaires de l'explication » aujourd'hui dominante et recouvrante[3].

Mais tout ceci n'est-il pas, désormais, loin, hors de portée peut-être ? Si la phénoménologie heideggerienne dès les

1. *SZ*, p. 26.
2. *SZ*, p. 27.
3. *Interprétations phénoménologiques d'Aristote*, trad. fr. J.-Fr. Courtine avec texte allemand en regard, Mauvezin, TER, 1992, p. 31 (*GA* 62, p. 368).

années vingt pouvait déjà ou encore penser en elle la nécessité d'une construction appelant d'ailleurs la destruction[1], le retour déconstructeur traversant, détruisant la tradition ou plus rigoureusement l'aujourd'hui en lequel le recouvrement de celle-ci s'accomplit, aura aussi conduit Heidegger, beaucoup plus loin, jusqu'à – ou au moins ne l'aura pas détourné de – la méditation du *Bauen* en son étrange proximité avec le *Denken*, là où ils sont ou deviennent deux modes du *Wohnen*. La configuration a si radicalement changé lors de la conférence du 6 août 1951, lorsque Heidegger prononce à Darmstadt la conférence « Bauen Wohnen Denken », qu'un tel saut dans cette pensée devra peut-être nécessairement désorienter. Il s'agit, à présent, de tout *Bauen*, non plus seulement de la tâche de la pensée. Et pourtant. Ce qui se nommait déjà « oubli » en 1927, sans qu'il fût alors mesuré, ni en sa profondeur, ni en ses conséquences, porte encore ce nom lorsqu'à présent, après la guerre, toute figure du *Bauen* y a sombré, conjointement avec le *Denken*, tous deux se trouvant alors, par là même, encore devant nous, comme deux traits, issus du même « atelier », *Werkstatt*, écrit Heidegger, qui appartiennent au *Wohnen*, lui-même alors aperçu comme un trait, et même le *Grundzug* de l'être des mortels en tant que mortels[2]. Regardons un instant, selon la désorientation nécessaire, dans cette constellation, avant de tenter de nous approcher du *Lassen*. Dans la

1. La destruction comme déconstruction, *Abbau*, était en 1927 impliquée dans la « construction » (*Konstruktion*) à travers laquelle Heidegger visait la réduction de l'étant à l'être pour autant qu'elle n'est pas et ne saurait être seulement négative, mais vise l'être à partir du projet de l'étant donné par avance (on se reportera au cours sur *Die Grundprobleme der Phänomenologie*, *Gesamtausgabe*, Bd. 24, p. 29-30).

2. *Vorträge und Aufsätze* (désormais cité *VuA*), Pfullingen, Neske, 1954; rééd. 1959, p. 161.

conférence de Darmstadt, qui dans le recueil de 1954 suit la conférence radiodiffusée *Was heißt Denken ?* (Munich, 1952) et précède la conférence *Das Ding* (Munich, 1950, deuxième version de la conférence de Brême, 1949), Heidegger montre, à partir de la langue elle-même – de ce qu'il n'hésite pas à penser comme *le silence de la langue qui se tait*, *Schweigen* (car la langue se tait essentiellement en son *Sprechen*), ou son « secret » non encore médité, en lequel la langue elle-même retire l'originaire d'elle-même[1] –, l'appartenance du *Bauen* au *Wohnen.* En cette mesure, *Bauen* est un trait de l'habiter, est lui-même *Wohnen*, et *Bauen* est le sens d'être des mortels en tant que mortels sur la terre. « Nous sommes *en tant que les habitants* », écrit Heidegger[2]. Autrement dit aussi : en tant que ceux qui édifient. Or un tel être habitant, un tel être mortel, car il s'agit bien d'un sens d'être, Heidegger le déploie alors à chaque fois selon la dimension du *Geviert*, et son « trait fondamental », à nouveau, apparaît comme le *Schonen*, l'« avoir égard à », qui s'accomplit dans la simplicité de l'*Aufenthalt bei den Dingen.* Or ce séjour est lui-même un *Lassen*, un *laisser* les choses être elles-mêmes. Alors seulement se découvrira le double sens plus précis du *Bauen*, en tant que *Pflegen*, en tant qu'*Errichten*[3]. Mais ce que la langue dit dans son silence, et que dans cette mesure elle retire elle-même, est ce que nous avons oublié, oubliant le sens de l'être mortel, de l'habiter, et en lui du prendre soin comme de l'édifier, des choses elles-

1. Exactement : « *das Ursprüngliche dieser Bedeutungen* » (*VuA*, p. 148). Et plus loin : « *Die Sprache entzieht dem Menschen ihr einfaches und hohes Sprechen* » (*ibid.*). « La langue retire à l'homme son parler simple et haut ».

2. « ...als die Wohnenden *sind* » (*VuA*, p. 149).

3. *VuA*, p. 152. Jacob et Wilhelm Grimm traduisaient d'emblée : *colere, aedificare.* Eux-mêmes établissaient plus loin la connexion avec *Ich bin* de *sein*, comme avec *wohnen.*

mêmes. Or si nous avons perdu l'être essentiel du *Bauen*, c'est en un sens plus profond encore que celui qui pouvait être entendu historiquement, de façon pourtant déjà assourdissante, en 1951. La détresse est plus ancienne et radicale que celle que donnent à voir *die Weltkriege und die Zerstörungen*, qui cependant appartiennent à cette détresse, *la* détresse, *die Not*, non encore méditée.

En 1951, quel est le *Bauen* dont la nécessité s'avance au devant et tout autour des mortels, quel est l'« édifier » – et l'« habiter » auquel celui-ci appartient – dont la détresse se fait si instante, dans l'*Abendland* qu'est devenue la terre entière, sur laquelle séjournent ou peut-être ne séjournent plus les mortels, qu'ils soient d'Orient ou d'Occident ?

De l'un à l'autre, du retour déconstructeur dans la tradition à l'appel que nous adresse, à condition d'être recueillie dans un *Bedenken*, précisément la détresse, celle que, sans pouvoir la penser, nous savons déjà nommer *Heimatlosigkeit*, autrement dit l'appel à un *Bauen* qui fût *aus dem Wohnen* et *für das Wohnen*[1], la parenté, secrète et lointaine, peut-être insaisissable, n'est–elle pas la même, toutes choses égales d'ailleurs, que celle que la conférence de 1951 entrevoyait entre *Bauen* et *Denken* ? *Denken* se tenait dans la proximité de *Bauen*, l'un et l'autre renvoyant au foyer d'un même « habiter ». Et, lue ainsi depuis la fin, la déconstruction n'était-elle pas déjà, d'une façon qui nous demeure sans doute difficilement accessible, lorsqu'elle était au service de la question et de la répétition phénoménologique de l'expérience originaire, sur la voie, alors indissolublement négative et affirmative, d'un *Wohnen*, du moins d'un sens d'être, se comprenant alors assurément tout autrement lui-même, mais déjà, dans le *Dasein*, à partir de

1. *VuA*, p. 162.

son plus propre ? Mais le *Rückgang*, le « retour », de plus en plus clairement, doit se radicaliser dans l'adieu. La déconstruction pouvait encore se tenir sous le signe du regard *zurück*, et même d'un aller-retour traversant la tradition jusqu'à ce qui s'appelait *das Ursprüngliche*. Un tel retour aux expériences grecques de la question n'était cependant lui-même déjà rien moins que simple : il tenait sa nécessité de la question future dont il s'agissait de nous rendre capables. Mais ne nous était-il pas alors encore possible d'être, de *devenir Grecs* ? N'étions-nous pas alors ces Grecs qui avaient devant eux la tâche de le devenir, et peut-être de le redevenir, sur un mode qui en effet, Heidegger le savait, ne pouvait déjà plus être simple ? Nous n'étions pas encore ceux-là qui ont désormais devant eux, peut-être, la tentative de *ne plus être Grecs*. Il n'y aura sans doute jamais eu, qui fût issue d'une *Destruktion*, de « reconstruction » heideggerienne, mais la radicalité finale de l'abandon de la métaphysique, l'irréversible d'un tel *Lassen*, bien qu'il ne soit lui-même accessible et ne s'ouvre pour la première fois à nous qu'à travers un regard en arrière, ne nous laissent aujourd'hui plus aucune possibilité de demeurer les mêmes, de devenir les mêmes. C'est la radicalité d'un tel *Lassen*, d'un tel *Überlassen*, qu'il faut à présent considérer. Que veut dire, dans cette mesure : « laisser », « abandonner la métaphysique » ? C'est là le plus difficile, le plus éloigné aussi sans doute de la déconstruction comme de toute reconstruction, celle-ci du moins à jamais inaccessible, si le préfixe devait indiquer la restauration de ce qui fut irréversiblement ébranlé, de ce qui est, une fois pour toutes, ruiné – reconstruction qui n'est ni ne fut ni ne sera jamais en notre puissance –, bien qu'il s'agisse à nouveau pour nous du *Bauen* et du *Denken*. Regardons de plus près la fin si dense de la conférence de 1962.

Le *Lassen* qui est devant nous n'est pas simplement destiné à ouvrir un nouveau passage. Car d'abord le regard dans ce qui advient ne discernera pas les contours d'une nouvelle « époque », ni même l'étrange, malaisé *no man's land* qui aura séparé les époques d'une seule et même « histoire ». Nous ne vivons rien qui fût « nouveau » en ce sens. Reiner Schürmann en son regard si clair n'aura cessé d'y insister : si le présent porte la marque d'une fin, il s'agit de celle, absolument terminale, des « figures époquales de l'être », ainsi que le *Protokoll* qui suit « Zeit und Sein » le consigne[1]. Nous nous tenons dans un intervalle, *zwischen*, mais ce qui finit et ce qui commence, ou dont le commencement en signes encore lointains s'annonce, n'appartiennent pas à la même histoire, si dans l'histoire il faut entendre aussi l'appartenance de ce qui est à chaque fois le domaine d'une économie époquale à une même constellation se déployant, s'infléchissant, tournant. De part et d'autre du *Zwischen* où nous nous tenons les deux ne vont pas ensemble, et dans cette mesure ne se recueillent pas en une seule « histoire ». Le nom que Heidegger donna à un tel *Zwischen* est *Ge-stell*. Dispositif marquant de son empreinte un temps lui-même double, le *Ge-stell* requiert au moins un double regard : *Dieses*, poursuivait le *Protocole*, *ist gleichsam eine Zwischenstation, bietet einen doppelten Anblick, ist – so könnte man sagen – ein Januskopf*[2]. Ce qui vient demeure incalculable, l'incalculable lui-même. Mais le *Ge-stell* est l'accomplissement de ce qui prend fin, son exacerbation – tel est son premier visage : *Es kann nämlich noch gleichsam*

1. *Zur Sache des Denkens*, p. 56. On se reportera au *Principe d'anarchie*, Paris, Seuil, 1981, et aux *Hégémonies brisées*, *op. cit.* Reiner Schürmann viendra plus loin au centre de ce livre.

2. *Ibid.*, p. 57 : « Celui-ci est comme une station entre deux, il présente un double aspect, il est – pourrait-on dire – une tête de Janus ».

als eine Fortführung des Willens zum Willen, mithin als eine äußerste Ausprägung des Seins verstanden werden[1]. Dans cette mesure alors, nous nous tenons encore sous le nom de l'être, sous son empreinte : autrement dit aussi dans la philosophie elle-même, appartenant à elle, à ce qu'elle a pensé, ou sous la volonté ne voulant plus rien d'autre qu'elle-même. « Prolongement » de la volonté qui va à la volonté, l'époque est terminale, mais une telle fin est aussi une « station » qui dure. Le Dispositif en ce sens, en sa furie, en ses « ravages », comme Schürmann traduisit une fois *Entrückungen*[2], a déjà l'immobilité de la fin. Mais cette fin est elle-même ambiguë. Plus son emprise exclusive sur tout ce qui est se renforce, plus son assombrissement étreint et éteint toute autre possibilité de dévoilement, unique visage lui-même sans visage – lui-même s'avançant sous un masque qui en retourne le sens – de l'ἀλήθεια, plus, ainsi, s'accomplit ce qui est destin – et plus aussi commence, ou s'approche du commencement, une autre possibilité. Cet autre *Anblick* ne se laisse qu'à peine entrevoir : *Zugleich ist es (das Ge-stell) aber eine Vorform des Ereignisses selbst*[3]. Dans cette autre mesure, si difficile à entrevoir, nous nous tenons déjà plus loin, sans la quitter pourtant, que cette fin-là, un lointain qui ne se laisse

1. « Il peut, autrement dit, être encore compris en quelque sorte en tant que continuation de la volonté de volonté, par conséquent en tant que frappe extrême de l'être ».

2. *DHB*, p. 726. Mais les « ravages » ou « dégagements » des *Beiträge* y ont à vrai dire un autre sens : ils sont à penser à partir de l'instant, de la temporalisation et du Non que Heidegger en eux cherche à rejoindre. Que le *Ge-stell* n'y soit pas en un autre sens étranger n'enlève rien à ceci qu'en lui la mort avec ses « ravages » est au contraire essentiellement inaccessible, se dérobe en tant que mort.

3. *Zur Sache des Denkens*, p. 57. « En même temps, il est pourtant une préfiguration de l'événement appropriant lui-même ».

qu'indiquer, dont les préfigurations ou les signes se tiennent encore dans l'énigmatique. Son nom même, *Ereignis*, n'aura pas été choisi sans hésitation, c'est-à-dire sans méditation (puisque *Besinnen* ou *Bedenken* veulent toujours aussi dire désormais : *Zögern*[1]; en ce sens il *nous* appartient, aujourd'hui, essentiellement, d'« hésiter », le plus difficile pour nous est de ne jamais dépasser une telle hésitation). La conférence « Zeit und Sein » donnait au moins l'indication de ce qui *ne devait pas* être pensé sous le nom de l'*Ereignis*[2]. La fin de l'Époqual était avant tout la fin des visages ou des noms de *Sein* : *Ereignis* n'est pas un nouveau nom pour *Sein*. Ἐποχή, commentait Heidegger dans la conférence, veut dire : *an sich halten*, se tenir ou s'en tenir à soi. Les « époques » forment en leur « suite » autant de haltes dans ce qui n'est histoire qu'au sens d'un destin adressé, Heidegger reconduisant la *Geschichte* à ce dont le nom le plus propre est *Geschick*[3]. Or une telle reconduite est encore, en 1962, une « destruction » ou déconstruction. Celle-ci est même l'unique chemin. « Histoire » en effet demeure en 1962 une suite de « recouvrements », *Verdeckungen* : dans l'histoire ne s'accomplit que le même *Überdecken*. Ce qui est recouvert, *mehr und mehr*, est l'initial, en tant qu'il est envoi, *Schickung : die anfängliche Schickung von Sein als Anwesenheit*. Nous découvrons alors une indication qui retrouve elle-même ce qui fut notre première question. Le seul chemin à travers tout ce qui recouvre le commencement est encore de déconstruction, *Abbau*, et Heidegger traduit alors à nouveau : *dies meint die « Destruktion »*, traduction où la négativité n'est plus nuancée

1. *Unterwegs zur Sprache* (désormais cité *UzS*), en 1959 commentera précisément le sens du verbe *zögern* (*Gesamtausgabe*, Bd. 12, p. 113).

2. *Zur Sache des Denkens*, p. 21.

3. *Ibid.*, p. 9.

d'aucune façon, sauf peut-être par les guillemets entre lesquels Heidegger l'a placée. Quelle est alors la portée d'une telle destruction ? La destruction est ce qui ouvre un regard, un « regard dans » ce qui s'avance, mais ne s'avance que pour autant que la destruction aura accompli un tel laisser venir, un laisser se dévoiler ce qui vaut destin (*Geschick*). La « destruction » n'est rien de moins que la destruction de l'histoire (*Geschichte*), et s'il le faut elle sera aussi destructrice de l'historialité (*Geschichtlichkeit*) du *Dasein : s'il le faut*, autrement dit si le livre de 1927 devait ne pas être lu à partir de ce qui vient *après lui* –, la destruction s'accomplirait sur *Sein und Zeit* lui-même, à partir de lui-même. En 1962, elle reste « le seul chemin possible », *der einzig mögliche Weg*[1]. La destruction est le chemin qui accomplit le retournement d'une telle histoire en envoi, de la *Geschichte* en *Geschick*, lui-même pensé à partir du *Es gibt, Es gibt Sein.* En ce sens, pour répondre à une première perplexité, la destruction n'est pas dépassée, demeurant l'unique issue hors de l'histoire, et peut-être hors de la fin de celle-ci, la station terminale où nous nous tenons. Mais alors qu'en est-il de l'*Überwinden*, et, au-delà même de celui-ci, de l'*Überlassen* ? Appartiennent-ils encore à la destruction ? Et que demeure-t-il, dans le *Denken*, du *Bauen* ?

Revenons au second des visages du *Ge-stell*. Deux traits peut-être – mais *Zug* était jusqu'à présent le nom pour ce qui était une catégorie de *Sein* – se laissent discerner à la fin de la conférence de 1962, traits qu'il faudra garder présents pour commencer à apercevoir, alors seulement, le sens de l'*Überlassen*. La méditation sur *Zeit* et *Sein* a montré dans l'*Ereignis* un « propre », selon lequel il abrite en lui, en son

1. *Ibid.*

intimité c'est-à-dire son « plus propre », un Non, le refus ou la réserve en vertu desquels il ne s'avance pas lui-même, en son cœur ou son plus propre, dans l'ἀλήθεια. Autrement dit, comme Schürmann l'avait vu et lu dès les *Beiträge* des années 30 pour en élire et en élever la dualité au rang du trait même de l'essence tragique des mortels, indiquant leur être tourné contre lui-même : pas d'*Ereignis* sans *Enteignis*. *Zum Ereignis als solchem gehört die Enteignis*[1]. L'*Ereignis* ne se donne pas lui-même, il est ce qui se refuse. Un tel refus dans les *Beiträge* s'appelait déjà, ou encore : *der Tod*, qui en est, du moins, le témoignage à chaque fois donné. Tout donner, tout « il y a », le « *Es gibt* » ici médité, abrite un retrait ou un refus, un Non, ou s'abrite lui-même, quant à ce qui est son cœur, en celui-ci. Un tel Non est un « garder », un « préserver », un « protéger » : *bewahren*. La mort est ce qui se montre en tant que secret lui-même gardé. Le second trait, le second « propre » de l'*Ereignen* est un second *Gehören*, une seconde appartenance. Elle apparaît dans l'*Ereignis* comme l'appartenance de l'homme à celui-ci, ou plutôt : l'appartenance de l'homme *dans* l'*Ereignis*. Mais qu'est-ce qui est alors au juste montré par Heidegger ? Le plus décisif sans doute est le *in* : *in das Ereignis*[2]. En vertu de cette appartenance, de cet « engagement » dans lui – *durch sie (die Vereignung) ist der Mensch* in das Ereignis *eingelassen*–, en lequel l'homme reçoit son être-homme, son plus propre trait, autrement dit son sens d'être et son sens dans l'être (*als den, der Sein vernimmt* : « en tant que celui qui comprend l'être »), « homme » n'est plus celui qui

1. *Zur Sache des Denkens*, p. 23. « À l'événement appropriant en tant que tel appartient la désappropriation ».

2. *Ibid.*, p. 24. Ce point et quelques autres, de première importance, qu'il me soit permis de remercier Didier Franck et Alexandre Lowit de me les avoir montrés.

peut voir l'*Ereignis*, celui qui peut le considérer, se le représenter. « Nous » ne pouvons pas penser l'*Ereignis* métaphysiquement, « nous » ne pouvons pas penser l'*Ereignis philosophiquement*, « nous » ne pouvons pas penser l'*Ereignis en grec*. Ce qui ne nous est plus accessible, lorsqu'une telle appartenance elle-même commence à apparaître, est ce qui jusqu'à présent s'est déployé en tant que *Vorstellen, Begründen*, et même : *das nur aussagende Sagen*[1]. *Nous ne pouvons plus parler la même langue, nous ne pouvons plus parler grec*. « Nous » ne peut plus être ni devenir grec[2]. Notre langue ne saurait jamais énoncer l'*Ereignis*, dire ce qu'il est, comme nous ne pouvons pas le poser « en face de nous », *ein Gegenüber*, ni même autour de nous, comme « cela qui comprend tout » (*noch als das alles Umfassende*) L'engagement dans l'*Ereignis* rend la métaphysique impraticable, ou plutôt : la voie de la métaphysique accomplit, aujourd'hui seulement, l'expérience de l'impraticable. Nous ne pouvons dire ni ce qu'est ni qu'il y a l'*Ereignis*, pas davantage que l'*Ereignis* est : ce serait, écrit Heidegger avec la plus grande précision dans la métaphore, *gleich als wollten wir den Quell aus dem Strom herleiten*[3]. L'*Ereignis* est la source à laquelle la langue ne peut remonter que si elle n'est plus la langue du fleuve qui en provient, la langue de l'être, c'est-à-dire la langue grecque. Telle est la tentative d'*Unterwegs zur Sprache*

1. *Ibid.*, p. 24. « Le dire qui ne fait qu'énoncer ».

2. L'un des textes majeurs, et des plus difficiles, est ici celui du *Gespräch* d'*Unterwegs zur Sprache*, *GA* 12, p. 127, où notre « tâche » est ainsi, laconiquement, décrite : *das griechisch Gedachte noch griechischer zu denken*. Penser dont le regard demeure grec, aura même à devenir « plus grec », considérant « plus originairement » ce qui fut pensé en grec, mais qui aperçoit ce qui « n'est pourtant plus grec, plus jamais grec ».

3. *Zur Sache des Denkens*, p. 24. « … Comme si nous voulions dériver la source à partir du fleuve ».

en 1959. À travers la destruction de la langue grecque, le dépassement du λόγος, la tâche est d'entendre en elle la source, et ainsi, dans le silence de *Sprache* – par exemple dans le retournement étrange et concerté du λόγος qui va redoubler le sujet par son verbe, ou établir le verbe comme sujet de lui-même (*das Ereignis ereignet, das Ding dingt, die Welt weltet*) –, d'en rester au même (*vom Selben her auf das Selbe zu das Selbe*, indique « Zeit und Sein »). Le *Bedenken* ou *Besinnen* à cet égard se laisse caractériser comme tentative de penser le Même, et son hésitation ne va pas sans la lenteur radicalement déconcertante de la pensée. Répondant par-delà les années au livre de 1927, le regard dans l'*Ereignis*, le regard non grec (ou bien le demeure-t-il ?) qui parlera ou du moins cherchera à entendre une langue qui n'est plus le grec, ou qui dit elle-même ce qui n'est plus grec, conduira alors jusqu'à un tel *Lassen*, celui de l'*Ablassen* et celui de l'*Überlassen*. Que veut dire alors : laisser le dépassement lui-même ? Il est possible de traduire, très rigoureusement, quoique abyssalement : penser *Sein aus dem Ereignis*, ou : *ohne Rücksicht auf die Beziehung des Seins zum Seienden*[1], ou simplement, comme Heidegger le clarifie immédiatement : *Sein ohne das Seiende denken*. Penser « être » par-delà la différence ontologique elle-même, sans regarder en arrière, sans le moindre égard pour l'étant, *ni par conséquent pour la métaphysique*, qui a reçu de celui-ci sa loi : *ohne Rücksicht auf die Metaphysik*[2]. Cela veut dire, puisqu'*il faut* aller jusque-là : penser l'être autrement que philosophiquement, ou : « sans égard pour la philosophie ». Il ne s'agira alors même plus d'une *Überwindung*. La différence est à cet égard majeure entre *Überwinden* et *Überlassen*. Dans

1. « … Sans regard en arrière vers la relation de l'être à l'étant ».
2. *Zur Sache des Denkens*, p. 25.

le dépassement ou le surpassement règne encore la *Rücksicht* sur ou vers la métaphysique. Lorsqu'un tel regard est tourné vers l'arrière, il ne dépasse jamais sans garder égard pour cela au-delà de quoi il tourne. Mais laisser est un tout autre départ. Laisser est déjà entré dans l'adieu, un adieu qui ne regarde plus en arrière, un adieu qui est un départ, où celui qui s'en va ne se retourne pas. Aussi est-il possible que la « déconstruction » ou la « destruction » soit elle-même en ce sens, c'est-à-dire dans cette sorte-là d'adieu, laissée. La destruction n'en a peut-être pas encore fini avec la *Rücksicht*, avec les égards de toutes sortes qu'elle prodigue à ce qu'elle détruit. Elle est peut-être elle-même l'adieu infini à une tradition qu'à travers ses égards elle « regarde » encore. Comment faudra-t-il alors comprendre qu'elle demeure peut-être, cependant, « l'unique chemin » ? Il est possible que ce chemin, le nôtre et même le seul qui s'ouvre encore devant nous, conduise jusqu'à un domaine où lui-même cesse en tant que chemin. Le chemin de la *Destruktion* ouvre l'accès à un domaine où lui-même n'est plus une ressource. Là il y a vraiment abandon, *Überlassen*. Mais abandonner ou « laisser abandonnée » la métaphysique ne veut pas dire seulement s'en détourner, en avoir fini avec elle et comme si de rien n'était, ou n'avait été, commencer autre chose, comme si cela était tout simplement à notre portée. *Die Metaphysik sich selbst zu überlassen* est, irréversiblement, laisser la philosophie, mais aussi la remettre, la donner à elle-même, *aus dem Ereignis*, c'est-à-dire à partir d'un lieu et d'un regard qui ne lui appartiennent pas, qui ne sont plus grecs – ou d'un regard grec jeté depuis un lieu qui, lui, ne l'est plus –, mais auxquels elle-même sans jamais pouvoir les penser appartient depuis le commencement. *Dans* l'*Ereignis* un autre regard apparaît, qui n'a ou n'aura plus d'égard pour elle, pas d'autre égard que de la donner à elle-même à partir d'un plus vaste domaine. *Es gilt*, écrit Heidegger : « Il vaut la peine ». Mais immédiatement il consigne la nécessité qui demeure notre tâche d'une *Überwindung* : celle qui va « concerner » (*angehen*) le *Denken* engagé dans l'*Ereignis*, le *Sagen* qui va dire l'*Ereignis*, *aus ihm her auf Es zu*[1]. Le dépassement toujours à accomplir est celui de la langue, dans la langue, qui remontera à son secret, non pas assurément en vue de briser celui-ci, mais pour la laisser établir elle-même son silence le plus propre, le *Schweigen* pur en tout *Sprechen*.

C'est en ce lieu seulement, celui de la langue, qu'apparaîtra, difficilement, le sens préservé du *Bauen*, au-delà de la *Destruktion*, le seul *Bauen* qui demeure à notre portée – et peut-être en guise de « tâche », si le mot du moins atteint encore ce qui dans son essence ne relève pourtant plus de la volonté. La conférence « Der Satz der Identität », prononcée le 27 juin 1957 à Fribourg-en-Brisgau[2], placera encore le *Denken*, s'agissant, désormais, de l'*Ereignis*, sous le signe du *Bauen*, tout autrement entendu cependant que la *Konstruktion* de 1927. Que se passe-t-il dans la conférence de 1957 ? Le *Ge-Stell* (ainsi écrit désormais) a conduit Heidegger à la méditation du propre, et de l'*Ereignis* comme *Vereignen* (appropriation de l'homme à l'être) et *Zueignen* (appropriation de l'être adressé à, tourné vers l'essence de l'homme). Alors Heidegger marque le caractère absolument unique de l'*Ereignis*. Ce nom reçoit la vocation de « parler en tant que mot conducteur au service du Penser »[3]. Le « traduire » ou le « transposer », *übersetzen*, indique Heidegger, est aussi impossible que de traduire le grec λόγος ou le Tao chinois. Le

1. *Ibid.*, p. 25. « … À partir de lui, tourné vers lui ».

2. *Gesamtausgabe*, Bd. 11, p. 46. Je dois à Didier Franck l'indication, pour le sens ultime du *Bauen*, de ce texte fondamental.

3. *Ibid.*, p. 45.

Ge-Stell ne se donne qu'en tant que « prélude », *Vorspiel*, à l'*Ereignis* pensé comme *Er-eignis*, pensé à partir de ce propre et de cette appropriation de l'un à l'autre. Mais le « prélude » pourrait déjà nous engager au cœur de la tâche reçue en même temps que lui, ou plutôt de ce qui se donne comme une possibilité, la possibilité d'un « tournant » ou d'une « distorsion », qui n'est plus à présent *Überwindung*, mais, dans la conférence, *Verwindung*. Tournant ou distorsion ou détournement du règne du Dispositif, qui advient *aus dem Er-eignis in dieses*[1]. Alors s'ouvre ou s'ouvrirait ou s'ouvrira un nouveau domaine, *Bereich*. *In* marque l'entrée dans un nouveau domaine. Que veut dire « domaine » ? Quels sont les traits d'un tel « domaine » ? Là est le plus difficile. À chaque instant les notes marginales de Heidegger tentent de le dire autrement. Mais là commence aussi la tâche d'un nouveau *Bauen*. Un tel domaine est *der in sich schwingende Bereich*, le domaine oscillant en soi. Une note précise : *schwingen und schweben – noch ungemäß*[2]. Ce domaine est étrange, oscillant ou flottant il ne s'ouvre nulle part comme s'il nous attendait, mais il ne cesse de s'ouvrir et de se refermer ; il ne s'ouvre pas sans que le domaine de la métaphysique, à chaque fois, ne se referme : « être » et « homme » en ce domaine « perdent » les déterminations qui leur venaient de la métaphysique. Comment s'accomplit une telle perte, un tel dépouillement ? Perdre, ici, est quitter, laisser la métaphysique à chaque fois vers un autre sens d'« être » et d'« homme », si du moins ces noms-là peuvent encore parler du fond de leur silence. Libres de la métaphysique, « être » et « homme » en ce domaine prennent un autre visage. Or penser ce domaine, c'est encore,

1. *Ibid.*, p. 46.
2. « … Osciller et flotter – encore inadéquats ».

en 1957, le « bâtir » ou le « construire », *Bauen*, exactement : *am Bau dieses in sich schwingenden Bereiches bauen*[1]. Mais que veut dire alors *Bauen*, *am Bau bauen*, « travailler à construire », « travailler à l'édification » du domaine ? Le « construire » n'est plus lui-même métaphysique, il ne peut plus recevoir son sens d'un « fonder » qu'il présupposerait. Sans doute l'oscillation ou le flottement sont-ils la marque de cette fragilité nouvelle du domaine, qui n'est plus établissement sur une assise elle-même assurée. « Construire » en ce sens n'est plus à notre portée. Heidegger s'explique alors sur le *Bauen* qui pour la première fois apparaît, celui du domaine oscillant ou flottant : *Das Bauzeug zu diesem in sich schwebenden Bau empfängt das Denken aus der Sprache*[2]. C'est la langue qui est source, donne « de quoi » et « avec quoi » construire : la pensée s'en remettra à son silence pour le recevoir d'elle. Construire désormais n'aura lieu qu'à partir de la langue et dans la langue elle-même. Mais en quel sens la langue est-elle source ? Heidegger va tenter de l'éclaircir : « Car la langue est l'oscillation la plus délicate, mais aussi la plus fragile, retenant tout, dans la construction flottante de l'*Ereignis* »[3]. Rien ne rattache une telle construction à ce qu'elle fut sous la métaphysique. Rien ne la lie encore à ce que fut la construction « philosophique », sinon peut-être la destruction, unique chemin qui aura conduit jusqu'à elle sans elle-même en inaugurer le domaine, menant à ce qu'elle ne connaît pas. Un tel *Bauen* encore si indécis, si fragile, comme

1. *Ibid.*, p. 46.

2. *Gesamtausgabe*, Bd. 11, p. 46-47. « L'outil de construction pour cette construction flottante en soi, la pensée le reçoit de la langue ».

3. *Denn die Sprache ist die zarteste, aber auch die anfälligste, alles verhaltende Schwingung im schwebenden Bau des Ereignisses.* Nos traductions n'ont ici la valeur que d'expériences fragmentaires.

l'est la langue elle-même en son silence, rejoint alors le *Wohnen* : « construire » ou « travailler à construire » est déjà « habiter » dans la langue, pour un « homme » qui n'est plus celui de la métaphysique, un homme qui n'est plus grec, ou le demeure dans un domaine qui, lui, ne l'est plus, « plus jamais » : « Dans la mesure où notre essence est appropriée dans la langue, nous habitons dans l'*Ereignis* ». Mais sommes-nous déjà entrés dans ce domaine flottant ? Nous tenons-nous déjà dans le domaine oscillant ? Oui sans doute, mais la question demeure : *qui* est ce « nous », *qui* se tient là et sur quel mode au juste, grec ou non-grec ? Sommes-nous déjà, en quel sens, les « habitants » ?

La question de 1957 ne demeure-t-elle pas en suspens ? Sommes-nous déjà, sommes-nous encore en mesure d'apercevoir le domaine flottant ? Et pouvons-nous encore nous rendre attentifs à la vibration, à l'oscillation de la langue ? Le chemin vers le domaine flottant – s'est-il déjà ouvert pour nous ?

CHAPITRE VI

GELASSENHEIT

À la fin de la guerre, Heidegger a noté dans le premier des *Feldweg-Gespräche*, 'Αγχιβασίη[1], – noté, puis gardé – quelques-unes des pensées peut-être, en leur réserve, les plus discrètement décisives de son œuvre. Ces pensées du chemin, qui s'ouvrent sur la méditation de la physique moderne, puis de la *Zerstörung* et de la *Vernichtung*[2], furent alors placées

1. Dont la fin porte la date : 7 avril 1945 ('Αγχιβασίη. *Ein Gespräch selbsdritt auf einem Feldweg zwischen einem Forscher, einem Gelehrten und einem Weisen, Gesamtausgabe*, Bd. 77, p. 157). Heidegger traduit : *herangehen* (*GA* 77, p. 152 ; trad., p. 223).

2. Concernant la différence entre la *Zerstörung* et la *Vernichtung*, cf. *GA* 77, p. 19 : *Bei der Vernichtung bleibt nicht nur nicht, wie bei der Zerstörung, « noch » etwas übrig, sondern in der Vernichtung entsteht etwas Eigenes und nur ihr Eigenes.* (« Avec l'anéantissement, non seulement il ne reste « plus » de « quelque chose », comme dans la destruction, mais dans l'anéantissement surgit quelque chose de propre, et de propre à lui seulement »). La *Vernichtung* apparaîtra comme *Vernichtung des Menschen : Für den Augenblick sei ausdrücklich zugestanden, daß der angerührte Gedanke der Gegenwehr der Natur gegen den Angriff der Technik auf sie, daß insgleichen der Gedanke der in solcher Gegenwehr waltenden Vernichtung des Menschen schwer zu denken ist ; vielleicht ist es, wenn ein Mensch hier überhaupt schätzen darf, gerade der für den heutigen Menschen am schwersten zu denkende Gedanke* (« Qu'il soit pour l'instant expressément accordé que la pensée à laquelle nous touchons d'une résistance de la nature à l'attaque de la

sous le signe du *Lassen der Dinge* d'Eckhart[1]. Dans la tentative des trois protagonistes en vue d'« éclaircir l'essence du connaître et surtout du penser »[2], l'entretien prend un assez soudain (*unmittelbar, unzureichend*) virage, qui le tourne abruptement vers le non-vouloir : *Was ich bei unserer Besinnung auf das Denken eigentlich will, ist das Nicht-Wollen*[3]. C'est autour du *Wollen* dans le *Denken* qu'il s'engagera alors. C'est par cette voie, aussi détournée, aussi « hésitante », selon le sens même de la *Besinnung*, que le sera le *Gespräch* avec le Japonais dans *Unterwegs zur Sprache*[4], que l'entretien s'achemine jusqu'à la *Gelassenheit*. En 1959, cette méditation finale viendra en guise d'*Erörterung* accompagner en un petit recueil séparé le discours de 1955 sur la *Gelassenheit*[5]. Mais dans l'intervalle, cette pensée, qu'est-elle devenue ? Est-elle restée vraiment centrale dans le recueil

technique contre elle, que pareillement la pensée de l'anéantissement de l'homme qui règne en une telle défense, sont difficiles à penser ; peut-être est-ce là, si un homme a d'une façon générale ici le droit de porter un jugement, précisément la pensée la plus difficile à penser pour l'homme d'aujourd'hui », p. 20).

1. *Vom Lassen der Dinge*, « Du laisser des choses », est l'un des titres des *Beilagen* placés à la fin du manuscrit, *GA* 77, p. 158.

2. *GA* 77, p. 51.

3. « Ce que je veux proprement dans notre méditation tournée vers le penser, c'est le non-vouloir ».

4. Concernant l'« hésitation », on se reportera précisément au *Gespräch* d'*Unterwegs zur Sprache* : « Q. : Les indications ont besoin du plus large champ vibratoire … J. : … où les mortels ne vont et viennent que lentement. Q. : C'est ce que notre langue appelle « hésiter » (*zögern*). Ce qui arrive vraiment lorsque ce qui est lent est porté par la pudeur » (*UzS*, *GA* 12, p. 113 ; trad. fr. J. Beaufret, W. Brokmeier, F. Fédier, Paris, Gallimard, rééd. 1981, p. 113).

5. *GA* 13, p. 37-74 pour le texte *Zur Erörterung der Gelassenheit* (qui reprend l'entretien à partir de la page 105 de *GA* 77, non sans modifications et coupes) ; *GA* 16, p. 517-529 pour le discours du 30 octobre 1955. Rappelons qu'André Préau a traduit ces deux textes dans le recueil des *Questions III* (Paris, Gallimard, 1966).

si concerté des *Vorträge und Aufsätze*, en 1954, où elle est pourtant, assurément, si discrète ? Mais décisive, elle l'est presque toujours à la mesure de sa discrétion. Car elle apparaîtra là sous les traits les plus simples, ceux d'un verbe qui, comme il en va toujours, présente le phénomène pur, l'apparaître radical. *Lassen* sera ici le mot décisif, mais il entrera lui-même, au long du livre de 1954, dans une constellation et un jeu dont il n'est pas impossible de noter quelques-uns des lieux qui l'orientent : décisif, le mot le sera tout autant en effet, selon les trois vagues du recueil, lorsqu'il s'agira de penser, d'abord, le *Gestell* (ou, dans le Dispositif, ce qui n'appartient pas au *Stellen*, à son *Herausfordern*, à son « provoquer », justement cela dont le règne impartagé du Dispositif pourrait bien être l'anéantissement), puis, de façon toujours plus centrale, le sens de l'habiter et la simplicité du *Geviert* (ou ce que veut dire *Schonen*, « épargner », « préserver », puisqu'il apparaîtra alors en tant que tel), et, pour finir, lorsque le λέγειν lui-même ou la φάσις, à nouveau en tant que *Lassen*, viendront refermer le livre. *Lassen* accomplit dans ce qu'il montre à chaque fois l'unité du livre de 1954, selon le chemin, l'expérience accomplie par le recueil, du *Stellen* au *Schonen* et au λέγειν : expérience qui tente ainsi de rejoindre d'abord l'ébranlement du danger, de délivrer peut-être alors l'indication d'un salut dans l'habitation poétique et, à la fin, d'atteindre le Simple (*jenem Einfachen*), ce que fut le commencement simple qui est aussi l'extrême auquel conduit tout le chemin, « ce qui reste à penser sous le nom de λόγος », aussi intraduisible, relèvera ailleurs Heidegger, que le Tao ou l'*Ereignis*[1]. Triade, qui n'a rien

1. *VuA*, « Λόγος », p. 207 (*GA* 7) ; trad. fr. A. Préau, *Essais et conférences*, Paris, Gallimard, rééd. 1980 (1958[1]), p. 249. Sur l'intraduisible, *cf.* la conférence « Der Satz der Identität », prononcée le 27 juin 1957 à Fribourg-

d'arbitraire, du grec, de l'extrême-oriental (ou de ce qui ne fut jamais grec), et de ce qui n'est plus grec « plus jamais grec »[1]. La difficulté sera pourtant de mesurer ce qui se montre en un tel *Lassen*, qui n'est pas un « faire » – et en un sens est justement le nom de tout ce qui n'est pas *Machen*, tout ce qui ne se laisse pas reconduire à la *Machenschaft*, mais, comme Reiner Schürmann y aura le premier insisté, doit indiquer le déplacement de tout faire et de tout agir –, lorsque domine et nous tient de part en part, dans le moindre de nos gestes et la moindre de nos pensées, la volonté de volonté, lorsque fait rage, par conséquent, ce que les *Beiträge* avaient déjà appelé la *Machenschaft*. Déplacement ou « souplesse », peut-être, qui ne deviennent cependant eux-mêmes possibles que si *Lassen* répond à un autre, plus originaire *Lassen*, si « laisser », autrement dit, indique plus originairement ce qui s'accomplit dans un événement qui ne saurait lui-même – en aucune façon – être reconduit au seul plan des hommes mortels, appartenant plutôt au Plan, à la Dimension dans laquelle seulement eux-mêmes s'avancent en tant que mortels. « Ce qui se montre » : la simplicité – voilée, peut-être inaccessible – d'un tel « laisser » qu'il faudra dire, comme la chose, *unscheinbar*, « sans apparence », c'est elle que Heidegger sous de multiples noms tente de rejoindre dans toutes ces années. Car ce simple geste, et ce simple regard, lui-même assurément apparaîtra – pour autant qu'il apparaisse – avec la discrétion, la réserve du Moindre qui est le souple, *das Gering* : et ainsi, nécessairement, dans la même pauvreté que la chose. C'est une telle Simplicité que le livre de 1954 cherche à recueillir, Simplicité de qui veille à se

en-Brisgau (*GA* 11, p. 45; trad. fr. A. Préau, *Questions I*, Paris, Gallimard, rééd. 1990, p. 270).

1. *UzS*, *GA* 12, p. 127; trad., p. 125.

tenir loin de toute ἀδικία, loin de toute injustice. Laisser, qui devait aussi servir à traduire le διδόναι d'Anaximandre[1], est le nom d'un agir sans « injustice », *Un-Fuge*, et ainsi en quelque façon le nom d'un autre agir, qui n'appartiendrait plus au domaine de la volonté.

Mais la difficulté sera plus grande encore. Car, en regard de cette constellation du *Lassen* dans le livre de 1954, il faudra penser un tout autre *Lassen*, celui, peut-être plus énigmatique encore, du *Verlassen.* Il apparaît seulement dans les notes les plus anciennes du livre, celles d'*Überwindung der Metaphysik*, qui furent écrites de 1936 à 1946. Comment tenir ensemble la *Gelassenheit* de 1945 en son ascendance eckhartienne, la présence retenue mais obsédante qui habite encore le recueil de 1954, et la *Seinsverlassenheit*, en provenance des *Beiträge* de 1936-1938, le livre sophocléen qui allait donner à Reiner Schürmann l'inspiration de son œuvre ultime? Comment penser le « laisser », qui ne sera jamais seulement ni originairement le nôtre, devant répondre au règne de la volonté en se dérobant lui-même, dans un effacement du vouloir, au *Willensbereich* tenu comme en suspens, dans sa conjonction avec « l'abandon de l'être » dont le livre de 1954 porte partout l'empreinte, mais qui fut d'abord clairement le centre de la deuxième partie des *Contributions*, « abandon » vers lequel se pressaient déjà, puisque le *Gestell* y était en vue, les notes recueillies sous le titre *der Anklang*? Dans les notes du livre de 1954 sur le dépassement, qui sont aussi, d'après l'indication de Heidegger, des « notations » (*Aufzeichnungen*) sur ou pour le « surmontement », l'« appropriation » c'est-à-dire la

1. *Cf.* « Der Spruch des Anaximander » (1946), *Holzwege*, Klostermann, 1950, p. 329; trad. W. Brokmeier, *Chemins qui ne mènent nulle part*, Paris, Gallimard, rééd. 1980, p. 430. Διδόναι veut dire exactement : *Gehörenlassen.*

« distorsion » (*Verwindung*) de la métaphysique[1], le *Lassen* s'avance avec l'intransigeance ou plutôt la dureté d'un *Verlassen* qui, dès les *Beiträge*, ne pouvait pas ne pas entrer, que l'on s'en défende ou non, dans une déroutante résonance avec le christianisme, et où celui-ci sera en effet, dès les notations d'*Anklang*, manifestement engagé dans son sens. La question sera alors : la *Gelassenheit* est-elle une réponse qui se tienne à la mesure de la *Seinsverlassenheit*? « Laisser », écho lui-même d'un autre « laisser », plus originaire, ne reçoit-il pas alors la charge de dépasser, en commençant par se tenir à lui, par le voir, par en accomplir toute l'expérience, l'« abandon » troublant dans lequel *Sein* nous a, lui d'abord, mystérieusement, laissés ?

Mais il faudra pour commencer se souvenir de ce qu'avait d'abord porté ce mot. *Lassen* était décisif en vérité depuis le commencement, dès la pensée de la résolution, lorsque celle-ci avait d'abord été rejointe comme un mode de l'ouverture, et à vrai dire le plus originaire : autrement dit, comme la *vérité* originaire du *Dasein*. En quel sens alors s'agissait-il déjà de « laisser » ? Ouverture, la résolution n'est rien d'autre que l'*In-der-Welt-Sein* lui-même[2]. À ce titre, l'*Entschlossenheit* ouvre dans le *Dasein* conjointement le *besorgendes Sein*, l'être préoccupé, et le *fürsorgendes Mitsein* de la sollicitude. Concernant un tel *Mitsein*, Heidegger traduit une première

1. *Cf.* l'hommage à Jünger des *Wegmarken*, « Zur Seinsfrage » (1955), *Wegmarken*, Francfort, Klostermann, rééd. 1996, p. 416 (trad. fr. G. Granel, *Questions I*, p. 239) : *die Verwindung der Metaphysik ist Verwindung der Seinsvergessenheit. Die Verwindung wendet sich dem Wesen der Metaphysik zu.* « Le surmontement (la « distorsion ») de la métaphysique est surmontement de l'oubli de l'être. Le surmontement se dirige sur l'essence de la métaphysique ». *Verwindung* est une réponse à : *Aufhebung*.

2. *SZ*, p. 298.

fois : cela veut dire : « laisser être », *die mitseienden Anderen « sein » zu lassen in ihrem eigensten Seinkönnen*[1]. Mais il ne s'agit pas seulement de la sollicitude et de l'être-avec. Il s'agit d'abord d'un « se laisser appeler », *Sich-aufrufen-lassen aus der Verlorenheit in das Man*[2]. Ouverture ainsi le plus originairement à l'appel lui-même, dans laquelle seulement il y a appel. « Laisser » dans la résolution est ainsi un *se laisser* qui *laisse être* : tel était déjà, *loin de toute volonté*, le sens de la vérité du *Dasein*.

Puis, surtout, lorsque *Lassen* devient, en 1945, sur le chemin de campagne, dans la nuit qui « contraint sans violence au recueillement », *Sammlung*, le verbe de la *Gelassenheit*, c'est pour approcher le « Non » du non-vouloir, le non-vouloir qui, partant en un sens nécessairement du vouloir, nous conduirait pourtant dans un domaine entièrement étranger au vouloir (*was überhaupt nicht etwas Willenshaftes ist*)[3]. Trouver l'accès à ce domaine, « s'engager » (*sich einlassen*) en lui, à partir du domaine, qui l'interdit, de la volonté de volonté, présuppose qu'il s'ouvre à partir de lui-même, autrement dit : que la *Gelassenheit* soit elle-même *zugelassen*, qu'elle nous soit « laissée » ou accordée, par-delà la différence de l'activité et de la passivité, par-delà la volonté et la langue de la volonté. Aussi la *Gelassenheit* tient-elle d'abord en un certain sens de l'attente, un « attendre » cependant qui n'attend rien ni personne, un « attendre » où celui qui attend se trouve lui-même essentiellement désorienté : « *Der Gelehrte* : – Que

1. « … Les autres, étant-avec, les laisser « être » dans leur pouvoir-être le plus propre ».

2. *SZ*, p. 299. « Se laisser appeler à partir de la perte dans le On ».

3. *GA* 77, p. 106 ; trad. A. Préau, *Questions III*, « Pour servir de commentaire à *Sérénité* », p. 184. Pour le « recueillement », *cf.* p. 107 (trad., p. 185).

devons-nous donc attendre? Et où devons-nous attendre? Bientôt je ne saurai plus où je suis ni qui je suis. *Der Weise*: – Cela, tous nous ne le savons plus, dès que nous cessons de nous leurrer »[1]. Attente *de rien et de celui qui ne sait plus qui il est*, car il s'agit de quitter la représentation, attente qui dans cette mesure est la pure ouverture, le pur *laisser ouvert* (*Im Warten lassen wir das, worauf wir warten, offen*), l'*engagement dans l'ouvert* (*Weil das Warten in das Offene selbst sich einläßt*)[2]. Une telle ouverture, c'est elle que Heidegger pensera plus loin en tant que « contrée » ou « libre étendue », qui sera alors le nom du domaine de la *Gelassenheit* – le domaine qui n'est pas le domaine de la volonté –, le domaine auquel la « sérénité » appartient, celui où l'homme « reste serein », *gelassen bleibt*[3]. La pensée qui serait une telle attente, l'attente de ou plutôt l'attente « tournée vers » la contrée et la libre étendue, *das Warten auf die Gegnet*, voilà le sens d'être de la *Gelassenheit* et de sa mystérieuse attente, son essence tournée vers la libre étendue. *Vergegnis* est le mot difficile qui devait alors dire le « rapport » de la contrée à la *Gelassenheit* et à la pensée que celle-ci recueille en elle (*daß die Gegnet die*

1. *GA* 77, p. 110; trad., p. 188-189.

2. *GA* 77, p. 116; trad., p. 196.

3. *GA* 77, p. 122; trad., p. 203: *Die Gelassenheit kommt aus der Gegnet, weil die Gelassenheit eigentlich darin besteht, daß der Mensch der Gegnet durch diese selbst gelassen bleibt. Er ist in seinem Wesen gelassen, insofern er der Gegnet ursprünglich gehört. Er gehört ihr, insofern er der Gegnet anfänglich ge-eignet ist, und zwar durch die Gegnet selbst.* « Le détachement vient de la contrée, parce que le détachement consiste proprement en ceci que l'homme de la contrée reste par celle-ci même détaché. Il est détaché dans son essence, dans la mesure où il appartient originairement à la contrée. Il lui appartient, dans la mesure où il est initialement approprié à elle, et à vrai dire par la contrée même ».

Gelassenheit in sich ... vergegnet)[1], comme plus loin *Bedingnis* devra dire le déploiement de la contrée tournée vers les choses, en lieu et place d'une « constitution », après que Heidegger aura donné, dans l'entretien, la première version de la description de la cruche[2] : le « rapport » de la contrée à la chose est pensé comme le « rapport » de la contrée à la *Gelassenheit*. Dans l'un et l'autre cas, il ne s'agit pas d'un *Machen*, comme Heidegger y insiste : « Les choses sont choses, manifestement, par le déploiement de l'encontre de la contrée (*das Gegnen der Gegnet*), comme il est apparu dans le demeurer (*Verweilen*) de la cruche dans l'étendue de la contrée. Seulement, le déploiement de l'encontre de la contrée ne cause (*verursacht*) ni ne produit effectivement (*bewirkt*) les choses, pas plus que la contrée ne produit effectivement la sérénité. La contrée n'est pas non plus, dans le déploiement de l'encontre (*im Vergegnen*), l'horizon pour la sérénité ; elle n'est pas non plus l'horizon pour les choses, dans la mesure où nous n'en accomplissons pas l'expérience en tant qu'objets pour nous ; mais pas non plus en tant que « choses en soi », mais en tant que choses pour soi-même »[3]. S'il faut suivre jusque-là au moins l'entretien de 1945, c'est que l'unité du livre de 1954 autour du *Lassen* commence à y apparaître. Car l'entretien

1. Mot peut-être intraduisible : « assimilation à la libre étendue » ne convient peut-être pas. Il doit indiquer l'extension de la contrée ou de la libre étendue, l'ouverture, le déploiement et la venue de la contrée, c'est-à-dire : *das Wesen der Gegnet*.

2. Le passage est supprimé de la version publiée à la suite de « Sérénité ». Cf. *GA* 77, p. 126 *sq*. Le texte publié reprendra à la p. 138 de *GA* 77.

3. *GA* 77, p. 138-139 ; trad. (de la version modifiée) p. 206-207. P. 140 (trad., p. 208) : *Aber das Bedingen ist kein Machen und Bewirken; auch kein Ermöglichen im Sinne des Transzendentalen.* « Mais la condition des choses n'est pas un faire ni un produire : pas davantage un rendre possible au sens du transcendantal ».

devra alors s'orienter vers le *Verhältnis* de l'homme à la chose tel qu'il s'ouvre dans la contrée, le *Lassen der Dinge*, et la pensée libre de la volonté, où la « trace » encore requise du vouloir (dans le vouloir du non-vouloir) doit s'effacer en chemin[1]. Loin de la volonté, mais non pas de la résolution, comme Heidegger lui-même alors le rappelle, autrement dit de l'ouverture, autrement dit de la vérité, puisque la contrée n'est autre que l'ἀλήθεια, ou plutôt son déploiement essentiel, *die Wesung der Wahrheit* : la *Gelassenheit* est le nom désormais atteint pour penser la résolution tournée vers le déploiement de la vérité[2].

Alors, ces indications sous les yeux, et venant au livre qui nous retient, regardons à partir d'elles se déployer en lui le lieu et l'extension du *Lassen*. Celui-ci apparaît d'abord, sur le chemin vers le *Gestell*, dès qu'il s'agit de penser la ποίησις, dans la traduction de l'αἰτία platonicienne. *Lassen* appartient déjà à l'essence de la ποίησις grecque, en tant que *Ver-an-lassen*, un « donner lieu » qui déjà laissait venir, *aus dem Nicht-Anwesenden... in das Anwesen*[3]. Mais cela voulait dire d'emblée : *Lassen*, qui porte l'essence du *Hervorbringen*, du ποιεῖν, accomplit l'ἀλήθεια. Dès l'approche initiale du *Gestell*, et lorsque l'ἀλήθεια lentement en devient le centre, le laisser est le verbe par lequel s'accomplit un tel non-retrait. *Qui* l'accomplit, en quel sens de l'accomplissement ? Cet accomplissement est un événement, celui à chaque fois de l'histoire selon laquelle l'ἀλήθεια a lieu, *geschieht*[4], et a lieu, non « dans » l'homme et non « par » un homme qui donnerait

1. *GA* 77, p. 142-143 ; trad., p. 212.
2. *GA* 77, p. 144 ; trad., p. 213.
3. *VuA*, p. 19 ; trad., p. 16 (trad. du *Banquet*, 205b).
4. *VuA*, p. 21 ; trad., p. 19.

ici la mesure[1]. À partir de là, le *Herausfordern* du *Gestell* se déploie entièrement comme la négation de la ποίησις, et le tournant de la technique moderne est celui par lequel le *Lassen* est supprimé en *Fördern* et *Stellen*. Laisser est renversé par l'activation, l'accélération, la mobilisation. L'essence de la technique moderne est *de ne pas laisser, de ne rien laisser, de détruire tout laisser* : le *Bestand* est justement le visage de la présence entièrement mobilisée, enlevée à tout laisser par la dureté exclusive du *Bestellen*, là où il n'est plus de chose, là où la présence de *Ding* ne peut plus avoir lieu. Lorsque l'ἀλήθεια se déploie en tant que *Gestell*, le *Lassen* de la ποίησις est déjà interdit, autrement dit le laisser venir dans le paraître (*das im Sinne der* ποίησις *das Anwesende ins Erscheinen her-vorkommen läßt*, écrit à présent Heidegger)[2] est déjà occulté. Mais avec le laisser c'est la vérité elle-même, dont le Dispositif est le mode le plus durement excluant, qui est en retrait, « dissimulée » en tant que telle : elle n'apparaît plus en tant qu'ἀλήθεια. *Das Ge-stell verstellt das Scheinen und Walten der Wahrheit*[3]. « Le Dispositif dissimule le paraître et le règne de la vérité ». Plus décisivement encore, s'il y a deux « destins de non-retrait », le *Hervorbringen* de la ποίησις et le *Herausfordern* du Dispositif, dont le second est la « dissimulation » ou le « dérangement », *Verstellen*, du premier (*Verstellung* était le mot des « déplacements », des « travestissements » de la conscience morale dans la *Phénoménologie de l'esprit*)[4],

1. *VuA*, p. 31 ; trad., p. 32.

2. *VuA*, p. 35 ; trad., p. 37. « … Qui laisse s'avancer dans l'apparaître, au sens de la ποίησις, ce qui se déploie en présence ».

3. *Ibid.*

4. *VuA*, p. 37-38 ; trad., p. 40. *Aber zugleich verstellt das Ge-stell geschickhaft die* ποίησις. Cf. *Ph. G.*, Hambourg, Meiner, 1988, p. 405 (trad. B. Bourgeois, Paris, Vrin, 2006, p. 518).

pourtant lui aussi à sa façon « laisse », en tant que destin, qui toujours advient, *sich ereignet*, à partir d'un *Gewähren*, un accorder. Car si sauver veut dire accorder, cet accorder ne fait rien d'autre que laisser, « laisser l'homme regarder (*schauen*) et tourner dans (*einkehren*) la plus haute dignité de son essence », « laisser l'homme durer (*währen*) en cela : être celui dont il est besoin (*der Gebrauchte zu sein*) pour la garde de l'essence de la vérité » (*zur Wahrnis des Wesens der Wahrheit*)[1]. La ressource du *Lassen* allemand préludant à un verbe dont il dégage la possibilité[2] ouvre à Heidegger le moyen d'indiquer dans le donner l'effacement de cela ou de celui qui donne, c'est-à-dire précisément de penser l'ouverture qui elle-même n'apparaît pas. Ce qui laisse – et il en ira de même de celui qui laisse, si du moins il en est un qui pourrait reprendre sur lui, en son propre sens d'être, un tel laisser – toujours entre dans son propre effacement, se retire en tant qu'il donne. Donner n'a pas de sens sans une telle réserve, sans un tel effacement. Ainsi dans le Dispositif la violence du *Bestellen*, de la « commande », entre-t-elle dans une mystérieuse constellation avec un laisser qui est un sauver, et celui-ci se réserve pour ainsi dire derrière elle. Telle est l'image stellaire que trouve Heidegger : *die Konstellation, den Sternengang des Geheimnisses*, « la constellation, le cours stellaire du secret »[3]. Deux étoiles dont l'une passe devant l'autre : voilà *das Wesende der Wahrheit*, le déploiement essentiel de la vérité, où laisser est l'événement discret, sans apparence, qui advient silencieusement toujours avec l'autre,

1. *VuA*, p. 41 ; trad. 45.

2. L'entretien sur la *Gelassenheit* portait déjà sur le transcendantal et l'horizon, cherchant à atteindre un penser autre que la représentation : cf. *GA* 77, p. 111 ; trad., p. 189 *sq*.

3. *VuA*, p. 41 ; trad. 45.

c'est-à-dire avec le danger, sous le danger, derrière le danger. Tout le livre de 1954, dans le cours qu'il suivra lui-même, tentera de rejoindre ce laisser dans le danger qui le tient presque dans l'inaccessible, autrement dit de répondre à son événement secret, inapparent et sans éclat. Le rejoindre, autrement dit le voir, autrement dit le voir dans la langue, qui est le lieu insigne de la phénoménalité. La méditation du *Bauen* et du *Wohnen* qu'il porte toujours en lui, qu'il est toujours dans son essence, retrouvera alors ce que l'entretien de 1945 avait déjà dégagé sur le chemin de la *Gelassenheit* comme le domaine propre de celle-ci. Ce que le *Gespräch* avait approché sous le nom difficile de *die freie Weite*, « la libre étendue » est à présent nommé « le Libre », *das Freie*. Mais à nouveau c'est le verbe qui montre le plus manifestement : *Freien*, écrit Heidegger, « libérer », c'est, proprement, *Schonen*[1]. Mais nous voyons alors que *Schonen* ne veut rien dire d'autre que *Lassen. Ce mot, le plus difficile à traduire, est aussi le cœur battant du livre : Schonen* est le verbe de la *Gelassenheit.* Il est le mot qui doit montrer l'unique chemin qui tournerait peut-être, non pas au-delà du *Gestell*, mais, dans le Dispositif même, vers le lieu qui en resterait en quelque sorte indemne, le lieu intact, s'il en est un. Cette indication donnée par le *Schonen*, ce qui se montre en lui, Heidegger tente de le décrire avec la plus grande précision : *Das Schonen selbst besteht nicht nur darin, daß wir dem Geschonten nichts antun.* « Le *Schonen* ne consiste pas seulement en ceci que nous ne faisons rien à cela qui est *Geschontes* ». « Ne rien faire à », c'est ne faire aucune violence, ne rien forcer et ne rien contraindre en lui, ne lui porter aucune atteinte. *Antun* dit l'attaque ou l'assaut, *Angriff*, du Dispositif. Et ainsi il faudra

1. *VuA*, « Bauen Wohnen Denken », p. 149 ; trad., p. 175.

dire que la *Gelassenheit* n'est pas seulement le « Non » dit au Dispositif, la retenue qui s'abstient ou s'absente de son agression, bien qu'elle porte aussi en elle, nécessairement, ce trait de retenue, cette sorte-là de négativité. Il y a et il y aura un « Non » en elle. Mais *Schonen* emporte encore autre chose, de plus décisif parce que plus originaire. Il y a un Oui en lui : *Das eigentliche Schonen ist etwas* Positives *und geschieht dann, wenn wir etwas zum voraus in seinem Wesen belassen, wenn wir etwas eigens in sein Wesen zuruckbergen, es entsprechet dem Wort freien : einfrieden.* « Le *Schonen* proprement dit est quelque chose de *positif* et advient lorsque nous laissons d'avance quelque chose dans son essence, lorsque nous abritons en retour quelque chose en propre dans son essence, lorsque, en correspondance avec le mot « libérer » (*freien*), nous l'enclosons dans la paix (*einfrieden*) ». *Schonen* est laisser, laisser être ou laisser à et dans son essence, à et dans son déploiement d'être propre, et l'un et l'autre sont : enclore dans la paix, enclore dans la tranquillité. La mesure du laisser qui s'ouvre alors est incalculable. Le domaine sans violence qui se découvre ici est le même que la « libre étendue », il est « le Libre », en lequel seulement quelque chose peut être *eingefriedet*, enclos dans la paix. *Wohnen* et *Bauen* (qui s'y laisse reconduire) sont l'un et l'autre « rester enclos dans la paix », rigoureusement : *eingefriedet bleiben in das Frye, d. h. in das Freie, das jegliches in sein Wesen schont*[1], « rester enclos dans la paix de ce qui est Parent, c'est-à-dire de ce qui est Libre, qui préserve chacun dans son essence ». Autrement dit : le Libre « nous » accueille et « nous » ouvre lui-même la possibilité de l'habitation, le Libre « nous » laisse être, c'est-à-dire « nous » enclôt dans la paix. Mais qui est « nous », ou *qui*

1. *VuA*, p. 149 ; trad., p. 176.

devons-nous être pour entrer dans une telle « paix » ? Habiter est entrer dans ce domaine : mais entrer dans ce domaine, c'est se laisser soi-même atteindre par le *Schonen. Schonen* n'est assurément pas notre agir, parce que *Schonen* n'est pas du tout un *Tun*, n'est l'acte d'aucune volonté, d'aucune subjectivité, n'étant pas du tout un acte. Mais *Schonen* peut devenir le sens d'être de *Mensch*, lui-même enclos dans la paix qui s'étend : celui qui est entouré entoure de la même paix. *Il n'y a qu'un seul accomplissement, une seule extension, un seul événement. Er* (c'est-à-dire ce « trait fondamental » de l'habiter qu'est le *Schonen*) *durchzieht das Wohnen in seiner ganzen Weite.* « Il (le *Schonen*) s'étend à travers l'habiter dans toute son étendue ». Nous nous tenons alors dans son attraction et son extension sans violence, *ohne Gewalt* : comme si nous entrions dans une sorte d'orbite, de zone, d'irradiation. Mais à présent : comment traduire un tel *Schonen* ? « Épargner » ou « ménager », il est aussi un « préserver » : en aucun cas la protection d'une volonté seigneuriale, mais la préservation qui, ne portant d'abord aucune atteinte, entoure et accueille dans son étendue calme. Le plus difficile pourtant est de parvenir au chemin par lequel s'ouvrirait une telle « paix » dans le règne du Dispositif, le règne de la volonté qui fait rage. Où et comment s'ouvrirait un tel chemin, celui du *Feldweg* de 1945 ? Comment passer de l'autre côté de la constellation du Dispositif, accéder à l'étoile « dissimulée » par lui ? Et, puisque *Schonen* sera le mot portant et montrant tout le déploiement du Quadriparti, la simplicité des Quatre, comment un tel *Schonen* serait-il accessible aux « mortels », ce qui est demander : comment « devenir les mortels » ? La question est la même que celle de l'essence du sauver et de son événement dans le danger, puisque dans la préservation du *Schonen* il ne s'agit de rien d'autre que de « sauver la terre ». *Retten bedeutet eigentlich : etwas in sein eigenes Wesen freilassen*[1] : « Sauver veut dire proprement : laisser quelque chose libre en son essence ». Mais *Freilassen*, libérer en tant que laisser libre, n'est pas l'acte d'une volonté révoltée, tournée contre le Dispositif. *Freilassen* ne devient lui-même accessible qu'à partir du Libre nous laissant être, le Libre qui nous enclôt dans la paix. Or cet événement n'advient pas non plus autrement que selon l'éclosion des mortels à eux-mêmes, n'advient par conséquent jamais non plus sans eux. Dans un unique événement ils enclosent et sont enclos dans la paix, et par là le *Schonen* advient entre eux et les choses. *Ainsi, à chaque fois, c'est la chose qui est dans le regard des mortels laissée dans son essence.* L'accomplissement, la *Vollbringung* du séjour est le laisser unique qui porte, c'est-à-dire laisse les choses jusqu'à et dans leur essence. Heidegger traduit alors à nouveau le *Lassen* : laisser veut dire *hegen und pflegen*, « entourer et soigner » ce qui croît, *eigens errichten*, « en propre édifier » ce qui ne croît pas[2]. Comment « accomplir » un tel séjour qui laisserait, et lui-même d'abord serait *gelassen*, « détaché » et « serein », sinon en pensant aux choses, en « pensant aux choses en tant que choses », comme ne cesse de l'écrire Heidegger ? Penser à la chose *en tant que* chose, c'est la laisser être chose, c'est-à-dire « se laisser approcher par l'être de la chose » (*Dergestalt andenkend lassen wir uns vom weltenden Wesen des Dinges angehen* : « Pensant ainsi à elle, nous nous laissons approcher par l'essence de la chose, essence déployant le monde »)[3]. Et se laisser approcher, c'est répondre à un appel en provenance de la chose, laisser éclore le domaine

1. *VuA*, p. 150 ; trad., p. 177-178.

2. *VuA*, p. 152 ; trad., p. 179.

3. *VuA*, p. 179 ; trad., p. 216. *Herangehen*, on s'en souvient, était en 1945 la traduction d'᾽Αγχιβασίη.

de la chose, le domaine à partir duquel elle déploie son essence, un déploiement que l'entretien avait osé appeler *Bedingnis* et qui répond de très loin à toute constitution. La question revient pourtant, parce qu'elle demeure, de savoir où et quand s'ouvrira ce domaine : non *par* les hommes, mais non pas *sans* les mortels. Sur ce chemin, *Andenken, das andenkende Denken*, « la pensée qui se souvient », note la fin de *Das Ding*, est le premier pas, méditant et hésitant. Le chemin de la *Gelassenheit* est le même que celui de la pensée, et penser ne veut dire que : laisser. Penser n'advient que selon la retenue du laisser qui hésite, comme l'éclaircira à nouveau l'entretien avec un Japonais. Penser est entrer dans le domaine du délaissement, où celui qui laisse être est aussi laissé à et dans son essence, dans un unique accomplissement, qui n'est pas le sien, mais n'est jamais sans lui. Or cet accomplissement ne nous arrive pas, nous n'y accédons jamais, sans que l'être-mortel ne s'ouvre mystérieusement pour nous. La question demeure alors de savoir en quel sens la mort porte en elle, avec le secret de *Sein*, la possibilité de toute *Gelassenheit*, du laisser et de la sérénité du délaissement, la possibilité de toute pensée. Depuis 1927, et à nouveau dans les *Beiträge* de 1936-38, le « mystère » de la mort est en chacun le centre d'où la *Gelassenheit* vient jusqu'à lui. La mort, *Geheimnis des Seins*, est ce qui donne à chacun de laisser[1].

Sans pouvoir aller jusqu'à cette question, la plus difficile peut-être, en laquelle la pensée de Reiner Schürmann trouvera son propre centre, il faudra, de quelques mots au moins, discerner le dernier visage du *Lassen* dans le livre de 1954, au moment où celui-ci se referme sur le commencement grec, « ce

1. *Der Tod das höchste und äußerste Zeugnis des Seyns* : *Beiträge*, *GA* 65, p. 284. « La mort le plus haut, l'extrême témoignage de l'être ».

qui reste à penser sous le nom de λόγος »[1]. Comme il s'était ouvert avec le *Lassen* « poïétique », il se clôt ou du moins commence à se refermer avec le *Lassen* « logique », c'est-à-dire encore une fois avec l'ἀλήθεια. Mais lorsque λέγειν nous conduit à *Legen* et à *Lesen*, c'est à nouveau, au plus loin de tout *Stellen*, pour accéder à *Lassen*, accéder à nouveau, par le chemin grec, à l'unique *Lassen*. Se demandant ce que veut dire *Legen*, « étendre », Heidegger retrouve la langue du *Lassen* pour penser avec lui ce qui laisse être étendu-ensemble-devant (*beisammen-vor-liegen lassen*)[2]. Cependant à nouveau dans le livre il faudra accomplir l'expérience de la résonance du mot « laisser » (expérience qui ne cesse d'être reconduite dans le recueil), ce qui veut dire le rejoindre en son Oui. Heidegger écrit : « Par trop volontiers nous prenons le « laisser » dans le sens de laisser aller, laisser partir (*weg- und fahren-lassen*) ». C'est le contraire qui est à penser dans le laisser du λόγος : ce qui est laissé étendu ensemble devant est étendu tourné vers nous, il nous « approche » (*daß uns das Vorliegende anliegt und deshalb angeht*)[3]. Ce qui est recueilli en tel *Lassen*, commente Heidegger, est étendu, abrité, gardé dans l'*Unverborgenheit*. « Laisser » accomplit par conséquent ceci, qui reste difficile à entendre : *Geborgenheit in die Ungeborgenheit*, l'être-caché dans le non-caché, le retrait dans le non-retrait. *Laisser, en tant qu'Anwesenlassen, laisser venir en présence, laisser se déployer la présence, est l'accomplissement de l'*ἀλήθεια, dans la mesure même où, comme Heidegger l'écrira plus loin, l'ἀλήθεια et le λόγος

1. *VuA*, p. 207 ; trad., p. 249.
2. *VuA*, p. 210 ; trad., p. 254.
3. *VuA*, p. 211 ; trad., p. 254.

« sont le même »[1]. Mais alors : il est lui-même l'« approche », Ἀγχιβασίη.

Qu'il s'agisse par conséquent de « garder », de « sauver », d'« habiter », de « préserver », qu'il s'agisse du λέγειν ou de la φάσις : à chaque fois il ne s'agit que de l'ἀλήθεια – mais à chaque fois *il ne s'agit que de laisser.* « Accomplissement » est peut-être le mot qui donnerait quelque accès à un événement ou à une expérience qui n'advient pas sans nous mais n'advient jamais non plus par nous, et concerne toujours la dimension du *Wesen*, la dimension essentielle. Non pas sans nous, du moins si, seulement avec lui, nous devenons les mortels. Jamais par nous, car « nous » n'a de sens au contraire que par lui. Une question cependant revient, elle est la même au fond que celle déjà indiquée du chemin s'ouvrant quelque part vers le Laisser : comment, où un tel chemin s'ouvrirait-il dans un domaine où règne un tout autre « laisser », celui d'un oubli, le *Verlassen* de la *Seinsverlassenheit* et de la *Seinsvergessenheit*? Si nous sommes « abandonnés », comment serions-nous « laissés », « sereins » ou « détachés », « enclos dans la paix » ? Comment les « abandonnés » pourraient-ils laisser être, entrer dans le délaissement? Pour accéder à cette question, il faut revenir à *Überwindung der Metaphysik*, autrement dit revenir aux *Beiträge*. Mais s'il faut au moins rejoindre cette dernière question, il faut aussi se souvenir que nous sommes loin encore

1. *VuA*, p. 220, trad., p. 267. *Das Entbergen aber ist die* Ἀλήθεια. *Diese und der* Λόγος *sind das Selbe. Das* λέγειν *läßt* ἀληθέα, *Unverborgenes als solches vorliegen (B 112).* « Le déceler cependant est l'Ἀλήθεια. Celle-ci et le Λόγος sont le même. Le λέγειν laisse ἀληθέα, le décelé être-étendu-devant en tant que tel ». Sur le laisser venir en présence, *cf.* p. 223 : *Denn das* Ἓν Πάντα *ist als der* Λόγος *das Anwesenlassen alles Anwesenden* (trad., p. 271. « Car le Ἓν Πάντα est en tant que Λόγος le laisser se déployer en présence de tout ce qui se déploie en présence »).

d'accéder à la dimension du laisser être, au mystère de ce que veut dire : laisser les choses dans et à leur essence, cet *Einfrieden* et la non moins « mystérieuse » conjonction du *Lassen der Dinge* avec la mort et son étrange « témoignage ». Seul le Dispositif nous donne peut-être d'apercevoir un « laisser » qui pourrait ne pas lui appartenir, seul son danger extrême indique un chemin d'accès insolite en lui-même, puisqu'il ne lui appartient pas.

Les notes de l'*Überwindung* appartiennent au *seinsgeschichtliches Denken* des *Beiträge*, et tentent d'accéder à ou d'approcher du moins l'expérience de « l'*Er-eignis* », « dans lequel », écrit Heidegger, « l'être même est dépassé et surmonté (*verwunden*) »[1]. Ce qui se prépare est ainsi, selon les premières et difficiles indications, une *Ereignung*, « encore en retrait et cependant insigne », de l'oubli de l'être. C'est au paragraphe XXIV que le livre de 1954 nommera un tel oubli, dont l'appropriation ou le surmontement sont ainsi engagés, « abandon ». *Vergessenheit des Seins* et *Seinsverlassenheit* ont-ils alors le même sens ? L'« abandon » – qui fut aussi, il est difficile de ne pas penser à ce qui demeure un tout autre horizon, le mot pour traduire la détresse finale du Christ, le mot ultime de la Passion : le tout dernier mot dans Matthieu et dans Marc – n'apparaîtra, d'abord, que lorsque viendra à être décrit le règne de la volonté de volonté et l'uniformité, *Einförmigkeit*, qui est la négation et la destruction de la Simplicité, *Einfachheit*, mais aussi la défiguration de la « mission » (*Auftrag*) et du « destin » (*Schicksal*), autant de mots que Heidegger écrit, en de sombres années, entre guillemets. L'« abandon » n'apparaît que lorsqu'est déjà venue la description du combat autour de la puissance, *Kampf um die Macht*,

1. *VuA*, p. 71 ; trad., p. 80.

autrement dit la « domination », *Herrschaft*, de la puissance. Or la domination de la puissance veut dire, d'un mot décisif : *Enteignis*, désappropriation ou expropriation de l'homme : *daß sie (die Macht) den Menschen der Möglichkeit enteignet, auf solchen Wegen aus der Vergessenheit des Seins je herauszukommen*[1]. « La puissance exproprie l'homme de la possibilité de sortir, sur de telles voies, de l'oubli de l'être ». Un tel combat planétaire pour la puissance est lui-même exclu de l'ἀλήθεια, et par là même il est « sans destin », « refoulé dans ce qui n'a pas de destin », écrit Heidegger. Le sans destin ou le non destinal, *das Ungeschickliche* : tel est – alors seulement – « l'abandon de l'être ». Sans destin, l'abandon est désappropriation d'un homme qui est par conséquent entré dans la douleur de l'absence de détresse, *Notlosigkeit*. L'abandon est celui dans lequel l'homme reste fermé à l'expérience de la douleur, *Schmerz*, et tout autant, d'une seule et unique fermeture, à l'essence de la vérité. L'abandon de l'être donnera par conséquent le sens du nihilisme, comme Heidegger n'hésite pas à l'écrire (plus loin il évoquera aussi, avant que le recueil ne se tourne vers Zarathoustra, *die Leere der Seinsverlassenheit*), lorsqu'un tel nihilisme du moins est pensé comme celui en lequel l'être se laisse aller (*sich losläßt*) à la *Machenschaft*. *Seinsverlassenheit* est ainsi elle-même immédiatement pensée à partir du *Machen* et de son règne. Un tel « abandon » aura par conséquent ses « signes », les plus manifestes, et les notes de l'*Überwindung* sont aussi à cet égard les plus claires : « valeurs », « idées », « action », « esprit » (à nouveau entre guillemets). Il aura aussi ses « suites », non moins évidentes : les guerres mondiales, *und ihre Totalität*, écrit Heidegger. Plus loin il sera question

1. *VuA*, p. 90 ; trad., p. 104.

des *Führer*[1]. L'« abandon » ne va pas sans une telle description. Cependant de tels signes n'en dissipent assurément pas l'énigme, au contraire. Qui est au juste abandonné dans la *Seinsverlassenheit*? L'homme, ou plutôt et d'abord l'étant lui-même : l'abandon est *Verlassenheit des Seienden von einer Wahrheit des Seins*, « abandon de l'étant loin de toute vérité de l'être »[2]. Un tel abandon de l'étant prend le visage de ce que Heidegger appelle *Verbrauch* ou *Vernutzung* de l'étant, la consommation de son épuisement : à nouveau celle-ci n'arrivera pas « par » nous, mais pas non plus « sans » nous. L'abandon n'arrive pas aux abandonnés sans qu'eux-mêmes n'entrent dans l'abandon. Mais que leur arrive-t-il au juste, s'il ne s'agit pas d'un événement comme un autre ? Ces quelques indications montrent au moins ceci : l'abandon est à penser à partir du règne d'une sorte de négation, celle qui prévaut dans l'*Ungeschickliches*, dans l'*Unwesen*, dans l'*Unwelt*. « Non-destin », « non-essence » ou « désessence », « non-monde » : ces trois visages de la négation se rassemblent dans l'*Enteignis*, l'expropriation de la vérité de l'être. Dans cet *Un-* et dans cet *Ent-* l'homme est « abandonné », hors de la vérité de l'être, dans la mesure où son propre sens d'être, l'appropriation ou la transpropriation essentielle à l'être, lui est refusé[3]. Un tel *Un-* est ce qui prévaut inconditionnellement dans le combat pour la puissance, c'est-à-dire dans l'*Enteignis* qui advient en tant qu'oubli et absence de détresse. Cet être-abandonné,

1. *VuA*, p. 92 ; trad., p. 106.
2. *VuA*, p. 92 ; trad., p. 106.
3. C'est-à-dire le monde, autrement dit *die ungegenständliche Wesung der Wahrheit des Seyns für den Menschen, sofern dieser dem Seyn wesenhaft übereignet ist* (p. 92 ; trad., p. 106-107 : « le déploiement essentiel, non objectal, de la vérité de l'être pour l'homme, pour autant que celui-ci est essentiellement transproprié à l'être »).

Heidegger tente de le décrire en tant qu'*Irren* ou *Irrnis*. Les *Beiträge* s'y arrêtaient en des pages qui viennent comme se recueillir dans l'*Überwindung*. Ce qui venait en question dans ces notes difficiles était l'*Anklang*, l'écho venant à nous du déploiement de l'être dans l'abandon de l'être : *Der Anklang für wen ? wohin ?*, demandait Heidegger, qui répondait : *der Anklang der Wesung des Seyns in der Seinsverlassenheit*[1]. Or un tel abandon était lui-même *immédiatement* rapporté à la négation dans l'*Unwesen* et au *Ver-* de ce que Heidegger va appeler *Ver-wesung*. Mais les *Contributions* précisaient alors qu'un tel « Ne pas » n'était justement pas celui de la *Nichthaftigkeit des Seyns* qu'elles cherchaient d'autre part à chaque instant à penser. Le « Ne pas » de la non-essence ou de la « désessence » n'est pas celui dont les mortels en tant que mortels accomplissent l'expérience, l'expérience du « témoignage » de la mort pour l'être, qui est le cœur tragique, selon Schürmann, de ce livre singulier. *Im Gegenteil!* relevait-il fermement. « Au contraire » – dans la mesure où c'est précisément cette expérience de la mort, ce sens d'être mortel, qui ne nous est plus accessible dans le règne aveugle de la *Machenschaft*, l'empire et les ravages de la désessence. Plus loin, c'est à partir de la vérité et de sa « désagrégation », de son *Zerfall*, que la *Seinsverlassenheit* sera à nouveau pensée, et en elle – identique à elle en son essence et qui doit lui être rapportée pour pouvoir être radicalement pensée – la *Seinsvergessenheit*, qui en est l'« affermissement »[2] et dont la première est le « fond » ou le « sol ». L'abandon en lequel l'étant est laissé est le fond de tout oubli : une *Anwesung*

1. *Beiträge zur Philosophie*, *GA* 65, p. 107. « La résonance du déploiement essentiel de l'être dans l'oubli de l'être ». Notre traduction ne laisse pas apparaître la différence entre *Seyn* et *Sein*.

2. *GA* 65, p. 113 (et déjà p. 107).

de l'étant où celui-ci est fermé sur lui-même, autrement dit aussi fermé à lui-même[1]. La Note 55 distinguait alors la *Seinsverlassenheit des Seienden* ainsi comprise et la *Seynsverlassenheit* qui en est comme le revers, l'autre côté, lorsqu'elle est pensée à partir de l'*Ereignis*. Elle est alors : *Ausgeschlossenheit und Verwehrung des Ereignisses*, « exclusion et empêchement de l'*Ereignis* »[2]. Mais dès lors qu'elle est ou serait ainsi pensée, commencerait à résonner l'*Anklang : aus ihr*, à partir d'elle et pour en sortir. Le nihilisme que Nietzsche avait vu, poursuit Heidegger, n'est que la face la plus visible d'un oubli de l'être « plus profond », et celui-ci n'est lui-même pensable qu'à partir de l'abandon, qui est seul « le destin le plus originaire du premier commencement ». Or : ce qui aura plus que tout contribué à voiler et à dénier un tel « abandon » n'est autre que le christianisme, qui apparaît dans les notes d'*Anklang* sous le signe d'une telle *Verhüllung* et *Verneinung*[3]. Le christianisme tient entièrement dans un tel *ver-*, le même que le *un-* de la non essence et du non monde, et qui se laisse lui-même reconduire entièrement à la *Ver-wesung des Seyns*. Le christianisme apparaît en conjonction avec la *Verwesung* de l'être en ἰδέα et la *Flucht der Götter*. Mais il faudra noter aussi que de lui-même en tant que tel l'expérience n'est pas non plus radicalement accomplie, en sorte que lui-même se trouve neutralisé par le *Betrieb*, les « affaires », le *Kultur-betrieb*[4]. L'une des questions les plus difficiles

1. *GA* 65, p. 114.
2. *GA* 65, p. 114.
3. *GA* 65, p. 115.
4. *GA* 65, p. 117. *Demzufolge wird alles eingebaut in einen « Kultur »-betrieb, dis großen Entscheidungen, Christentum, werden nicht aus der Wurzel aufgestellt, sondern umgangen.* « Par conséquent tout est encastré dans les

demeure alors celle de la place du christianisme dans une telle « histoire » et dans son événement central (*Doch welches Geschehnis welcher Geschichte ist diese Verlassenheit?* demande Heidegger[1]). Qu'advient-il du Dieu chrétien devant ce que Heidegger appelle parfois « la divinité de l'autre dieu »[2] telle qu'elle requiert et « a besoin » de l'homme ? À plusieurs reprises Heidegger renvoie aux indications de Nietzsche. Mais celles-ci, si elles donnent à entendre la mort du « Dieu chrétien moral »[3], épuisent-elles le sens de *das Christentum* dans la *Seinsverlassenheit*? Rien n'est moins sûr, si « l'abandon », qui n'est pas seulement peut-être la « fuite », fut lui-même originairement chrétien.

Ces indications nous conduisent au seuil d'une question finale : comment rejoindre cette conjonction de la *Verlassenheit* et de la *Gelassenheit* qui lui répond? L'une et l'autre appartiennent à un « Non », à un « Ne pas », tout autrement cependant, et même *de façon opposée*. L'abandonné en tant que tel n'accomplit justement pas l'expérience du « Non » propre aux mortels, lorsque l'être, abandonnant l'étant, se livre lui-même à la *Machenschaft*, à la désessence. Pour que le *Dasein* mortel ait accès à une telle expérience, l'abandon doit s'ouvrir à lui-même, autrement dit à la dimension du destin. Mais s'ouvrir à la dimension du destin, veut dire s'ouvrir à l'ἀλήθεια. Et s'ouvrir à l'ἀλήθεια veut dire : *Lassen*, se tenir dans le *Seinlassen des Seins als Ereignis*, comme le notaient

affaires « culturelles », les grandes décisions, le christianisme, ne sont pas mis en place à partir de leur racine, mais esquivés ».

1. *GA* 65, p. 116. « Mais quel événement de quelle histoire est cet oubli ? »

2. *GA* 65, p. 140.

3. Apparaissant dans le texte des *Beiträge*: *der Tod des moralisch christlichen Gottes; seine Umdeutung (vgl. die Hinweise Nietzsches)* (*GA* 65, p. 118).

les *Beiträge*[1]. *Lassen* ne commence que lorsque l'expérience de la *Verlassenheit* est accomplie en tant que telle, et que le sens d'être des mortels s'ouvre à eux-mêmes. *Depuis la mort seulement ils laissent, et seule la mort, ce qu'ils « voient » dans son « témoignage », leur donne de laisser.* Dans l'abandon, mais aussi *aus ihr*, le détachement s'ouvre dans le témoignage de la mort. Il restera une difficulté. Un tel témoignage, ne fut-il pas celui qui s'avançait aussi dans un autre, un *tout autre* abandon, dans les mots de Marc et de Mathieu : Ὁ Θεός μου ὁ Θεός μου, εἰς τί ἐγκατέλιπές με; (Mc 15, 34); Θεέ μου Θεέ μου, ἱνατί με ἐγκατέλιπες; (Mt 27, 46). « Quelque chose » s'est montré là, dans le témoignage de la mort, qui ne fut peut-être pas recouvert par ce qui suivit, la résurrection. Ce seul mot, ἐγκαταλείπω, que montre-t-il ? Il veut dire, très exactement : *Verlassen*. Le Dieu de l'Évangile fut déjà celui qui aban-donna, et fut abandonné. Un tel abandon fut alors abandon à la mort. Or la *Seinsverlassenheit*, assurément, sera tout autre, puisqu'elle ferme aux mortels surtout la possibilité de la mort, la possibilité la plus haute, la possibilité du plus haut témoignage. Mais lorsque la *Verlassenheit* commence à se montrer comme telle, lorsque commence l'expérience de l'abandon en tant qu'abandon, autrement dit l'expérience de la détresse, lorsque s'ouvre par conséquent à nouveau pour les hommes le *Zeugnis des Seyns*, le témoignage de la mort ne livrant jamais son secret : alors s'est déjà ouvert, dans la *Verlassenheit*, le chemin sans apparence, le chemin sans éclat de l'adieu, le chemin de la *Gelassenheit*.

1. *GA* 65, p. 118. Se tenir, ou plutôt accomplir le « saut » jusqu'à lui.

CHAPITRE VII

L'AUTRE MAISON

Avec l'entretien *Zwischen einem Japaner und einem Fragenden* recueilli dans le livre *Unterwegs zur Sprache*, Heidegger se sera lui-même avancé sur le chemin de la rencontre devenue « inéluctable », *unausweichlich*. Tout le livre de 1959, s'élevant dans le règne encore énigmatique de cet Inéluctable, n'est rien d'autre que l'ouverture d'un chemin, autrement dit, comme Heidegger ne cesse d'y revenir, la tentative, inouïe, radicale et comme à découvert, d'une *expérience*[1]. *Unterwegs*, être sur un chemin, qui correspond à l'essence de l'*Erfahren*, est le trait de toute pensée. Qu'un tel chemin soit alors tourné *zur Sprache* voudra dire que la langue nous demeure encore fermée en son sens, que nous ne l'avons

1. *Mit der Sprache eine Erfahrung zu machen*, telle sera, dans les trois conférences formant « Das Wesen der Sprache », la tentative de Heidegger, qui livrera aussi, alors, le sens d'une telle « expérience » : « Nous laisser aborder en propre par la requête de la langue, dans la mesure où nous consentons à cette requête, nous joignons à elle » (*UzS, GA*, 12, p. 149; trad. J. Beaufret, W. Brokmeier, F. Fédier, Paris, Gallimard, rééd. 1981, ici p. 143. Tout en indiquant les références à celle-ci, nous donnons nos propres traductions, qui ne peuvent être ici que provisoires : tout autre chose est en effet de se mesurer à la traduction d'un livre).

pas encore atteinte en son essence[1], quand bien même le chemin serait-il, en tant que *Gespräch*, « entretien dans la langue », frayé dans le domaine même de ce dont il s'enquiert, cherchant à atteindre le pays qu'il traverse pourtant déjà, chemin, ouvert dans la langue même, conduisant vers la langue. Le *Gespräch* en tant qu'expérience est alors la concentration essentielle, l'intensification de la langue en méditation, pensée qui s'arrête, considère et même hésite[2], *Bedenken* ou *Besinnen* où, comme y aura insisté Reiner Schürmann, il s'agit toujours, dans Heidegger, d'un *sens*, mais d'un sens *directionnel*[3]. Sur ce chemin ou chemin faisant, *unterwegs*, advient ainsi dans la langue le dédoublement singulier d'une rencontre, *Begegnung*, qui pourrait bien être décisive, mais dont un fragment seulement, comme prélevé sur un autre entretien[4], sera restitué : *Aus einem Gespräch von der*

1. Heidegger l'écrira dans l'Entretien lui-même : « La perspective pour la pensée qui se donne la peine de correspondre au déploiement essentiel de la langue demeure encore voilée en toute son étendue » (*UzS*, p. 89 ; trad., p. 93).

2. « Hésitation » qui reviendra dans l'Entretien, avec la lenteur, lorsqu'il s'agira de donner le mot japonais pour le *Wesen* de la langue, mot qui est lui-même une indication, *Wink*, et non un signe, *Zeichen* : « Q. : Les indications ont besoin du plus large champ vibratoire… J. : … où les mortels ne vont et viennent que lentement. Q. : C'est ce que notre langue appelle « hésiter » (*zögern*). Ce qui arrive vraiment lorsque ce qui est lent est porté par la pudeur » (*UzS*, p. 113 ; trad., p. 113).

3. Pour la portée de la question « où » (*Wo* et *Wohin*), on se reportera à nouveau aux deux livres majeurs de Reiner Schürmann, *Le Principe d'anarchie*, Paris, Seuil, 1982, et *Des Hégémonies brisées*, *op. cit.*, 1996.

4. Entretien qui eut effectivement lieu, avec le Professeur Tezuka, de l'université impériale de Tôkyô. Mais l'effectivité ici est d'abord celle de l'expérience avec la langue, et de son engagement résolu dans une sorte d'*Entfremdung*. *Cf.* T. Tezuka, « Eine Stunde mit Heidegger », in *Japan und Heidegger*, hrsg. v. Hartmut Buchner, Sigmaringen, Thorbecke, 1989, p. 173 *sq.* Tomio Tezuka sera d'ailleurs le traducteur de l'Entretien, sous le titre « Kotoba ni tsuite no taiwa », Tôkyô, Risôsha, 1968.

Sprache. Le Deux ainsi advenant dans la langue, dans un éloignement qui ne sera jamais aboli, le *Gespräch* qui les rassemble devient alors seulement possible. Mais qui sont ces deux-là qui se tiennent dans la rencontre, comment se rejoindraient-ils, et d'abord : qu'est-ce qui se tient, se tenait et ne cesse peut-être de se tenir entre eux pour les séparer ? Si le personnage de « celui qui questionne » apparaît en quelque sorte sans masque, mais aussi sans nom, sur la scène de l'entretien, laissant peut-être entrevoir, mais aussi – mais surtout – s'effacer le visage de celui qui écrit, l'autre, le Japonais, qui est-il au juste ? Est-il celui auprès de qui le questionnant s'enquiert, ou bien peut-être celui-là même dont il s'enquiert, lui-même, qui questionne, se retirant ? [1] Le Japonais n'est-il pas lui aussi un autre *Fragender*, ou celui du moins par qui seul « celui qui questionne » accèdera à ses propres questions, n'est-il pas le questionnant du questionnant, la source de la question ? Mais il faudra le maintenir : le Japonais est absent, en un sens, dans la langue allemande du *Gespräch*, ou du moins il restera lointain, il ne peut pas être là, pas au même sens que « celui qui questionne ». Il est là comme celui qui vient de loin, s'approche, mais son approche même, pour des raisons essentielles, ne pourra jamais supprimer

1. Le Japonais aura appris de ses maîtres ce qu'ils vinrent eux-mêmes autrefois chercher en Allemagne auprès de celui qui aujourd'hui questionne, Heidegger – et d'abord auprès du maître de celui-ci, Husserl. Ainsi, le Japonais lui pose à nouveau les questions qu'il posa d'abord à ses propres maîtres. Mais à présent c'est lui, Heidegger, tout autant qui questionne. Le *Gespräch* est aussi, de part et d'autre, entretien avec les maîtres disparus : il y sera question, presque à chaque instant, de la phénoménologie. Mais il est tout autant, en son ambiguïté essentielle, *et même plus décisivement*, entretien avec *ceux qui viendront après* : « Chacun à chaque fois s'entretient avec ses devanciers, plus encore peut-être, et de façon plus cachée, avec ceux qui viendront après lui » (*UzS*, p. 117 ; trad., p. 116).

cette distance. La rencontre qui a lieu ne dépassera jamais ce lointain, cette absence dans la présence, elle n'aura lieu, tout au contraire, que pour autant qu'une telle absence reste indépassée, gardée dans le lointain. Mais alors le sens même de *Gespräch*, d'abord et jusqu'à la fin[1], reste indécis. Que veut dire « entretien », et s'agit-il bien même de ce que nous appelons ainsi ? Si le *Gespräch* appartient entièrement à la *Sprache* en laquelle il se lève, celle-ci ne saurait être en aucune façon son objet, en sorte que *von der Sprache* veut dire à nouveau : *zur Sprache*, vers la langue, et d'abord venant d'elle. Mais surtout l'entretien, ou plutôt la rencontre à laquelle il appartient lui-même, s'élève dans le règne de l'inéluctable. Quel est le sens de cet *unausweichlich* ? Non pas que le *Gespräch*, et la rencontre entendue au sens d'un accomplissement essentiel, cernés comme ils le sont par le nécessaire, en recevraient la moindre sécurité, la moindre certitude. *Tout au contraire*. La nécessité de l'inéluctable pourrait bien aller contre la possibilité même de l'expérience qui s'appelle *Begegnung*, contre l'accomplissement du *Gespräch* en tant qu'expérience essentielle, toute la rencontre tombant ainsi dans le futile. Dans le sens inverse, toutefois, la rencontre advenant « inéluctablement » ou dans l'inéluctable pourrait bien, si du moins elle était possible, découvrir le chemin d'une réponse à ce qui vient à nous sous le visage de cet inéluctable. Appartenant à l'inéluctable elle serait alors le chemin qui conduit peut-être, en un sens difficile, hors de lui. Mais cet inéluctable est encore obscur. Inéluctable, la rencontre n'est

1. Telles seront encore les dernières questions : « Un entretien de la langue (*von der Sprache*) doit être appelé par son déploiement essentiel (*von ihrem Wesen*) » (*UzS*, p. 142 ; trad., p. 136). La traduction de *von* dans tout l'Entretien est particulièrement délicate : dans la question qui précède, il est devenu *von ... her*.

jamais choisie. L'inéluctable appartient à la nécessité que Heidegger pense à partir du destin, de ce qui nous est envoyé et même adressé, l'avènement du Dispositif. L'entretien a lieu dans le règne du Dispositif, dans la rencontre devenue inéluctable en vertu de ce règne, et il pourrait bien être, en cette mesure même, une réponse, dans le Dispositif et même, en un sens, *venant de lui*, au Dispositif. Ce que Heidegger appelle encore l'Est et l'Ouest (mais quel est le sens désormais d'un tel partage ? Et sera-t-il possible de maintenir, dans le règne se déployant de part en part, cette autre différence, d'un Orient et d'un Occident ?) se tient pourtant sous l'unique domination, planétaire ou plutôt mondiale, du Dispositif. Lorsqu'il s'agira des « systèmes de concepts européens », le Japonais de l'entretien avancera la nécessité pour l'Est de s'en enquérir : « Tout se passe comme si, apparemment, face à la technicisation et à l'industrialisation modernes de toutes les parties de la terre, il n'y avait plus ici de dérobade »[1]. *Kein Ausweichen* : il n'y a plus d'issue, aucun recul n'est plus possible devant *das Europäische* s'avançant dans la figure de la *Technisierung* et de l'*Industrialisierung*, sous les deux visages, ainsi, de ce qui règne, en un contrôle exclusif, en tant que Dispositif. *Unausweichlich*, cela veut bien dire qu'il n'est plus possible de se dérober, mais *nullement* que la rencontre doive s'accomplir en tant que *Gespräch*, sur le plan essentiel. Car cet inéluctable provenant de la domination sans partage, exclusive, du Dispositif, c'est-à-dire d'un mode de l'ἀλήθεια[2], rend justement

1. *UzS*, p. 83 ; trad., p. 88.

2. Telle était l'affirmation fondamentale de la conférence de 1953 : « La technique est un mode du déceler. La technique déploie son essence dans le champ où le déceler et le décelé, où l'ἀλήθεια, où la vérité advient » (« Die Frage nach der Technik », *VuA*, p. 21 ; trad. A. Préau, *Essais et conférences*, *op. cit.*, p. 19. Nous retraduisons).

d'autant plus difficile, lointaine et périlleuse la possibilité d'une expérience telle que le *Gespräch*. C'est plutôt *l'autre possibilité* dont l'imminence est frappante. Considérons-la. Elle est ainsi aperçue par le Japonais: «Car toujours reste encore la possibilité que, vu à partir de notre *Dasein* est-asiatique, le monde technique qui nous emporte doive se limiter au premier plan et … que …». La conséquence d'une telle possibilité, qui reste ainsi elle-même en attente, est donnée par celui qui questionne: «… Que par là une vraie rencontre avec le *Dasein* européen, en dépit de toutes les assimilations et de tous les mélanges, n'ait cependant pas lieu»[1]. Ce qui ainsi risque de ne jamais avoir lieu, c'est la rencontre de deux *Dasein* en mode authentique, rencontre dont le *Gespräch* est lui-même assurément un visage, et peut-être le seul, si une telle rencontre advient, par excellence, dans la *Sprache*. Impossibilité qui elle-même, non sans une ambiguïté qui ne se laisse pas dissiper, serait liée à une limite (*sich beschränken*, écrit bien Heidegger) dont le monde technique pourrait faire l'épreuve à l'approfondissement oriental de son règne. Le *mitreißen* presque torrentiel du Dispositif, comme règne qui *emporte tout*, a pour provenance l'Europe, en sorte qu'il va jusqu'à recouvrir le sens d'être du *Dasein* européen lui-même, *et à ses propres yeux*. La difficulté est alors de discerner ce que veut dire au juste la limitation de son règne asiatique à la surface. Ou bien son règne se heurte dans le *Dasein* est-asiatique à ce qui intimement lui résiste, n'«emportant» celui-ci qu'en apparence ou en surface, ou bien un tel empire technique s'étend lui-même sans limites, *sans que pour autant jamais son sens ne soit pensé en sa profondeur*. Autrement dit l'Orient ne rencontrerait jamais

1. *UzS*, p. 83; trad., p. 88.

l'Europe, quelle que soit l'extension du règne technique européen, tout autant parce que l'Europe ne se rencontre jamais elle-même : *parce que le Dispositif ne se rencontre jamais lui-même – parce qu'il appartient au Dispositif de ne jamais atteindre la profondeur*. Mais alors il ne s'agirait pas au fond d'une « limite » à son règne, ni à la dévastation : il s'agit au contraire du mode même de son règne, la destruction de la profondeur en tant que telle, tout passant alors sur le même plan, le *Vordergrund* d'une exposition totale qui est arrachement au secret[1]. Quelle que soit la réponse à ces difficultés, un tel règne a pour provenance, mais aussi pour domaine d'extension, l'*Abendland*, la terre en laquelle le commencement grec vient à sa fin. En ce sens l'extension du Dispositif veut dire l'extension de l'*Abendland* à la terre tout entière. C'est la terre elle-même qui est entrée dans le soir dont elle est désormais en tout et pour tout le domaine. L'Orient en ce sens, le *Morgenland*, a-t-il disparu de la surface de la terre ? Ne demeure-t-il rien d'oriental, de matinal sur cette terre où nous nous tenons désormais dans un soir qui assombrit toute possibilité d'un autre matin, s'étendant sur le *Morgenland* lui-même ? Il n'y aura de rencontre, selon le mode authentique de l'expérience qui s'appelle *Gespräch*, que pour autant que l'Orient, le lever ou le matin sont encore eux-mêmes possibles, et ainsi, comme nous le pressentions, pour autant que celui qui

1. C'est à un tel secret, à la « constellation », au « cours stellaire du secret », autrement dit à « la constellation de la vérité », que conduit en retour la méditation sur l'essence de la technique : « Le déploiement essentiel de la technique est ambigu en un sens élevé. Une telle ambiguïté indique le secret de tout décèlement, c'est-à-dire de la vérité » (« Die Frage nach der Technik », *op. cit.*, p. 41 ; trad., p. 44). Mais l'Entretien du livre de 1959 prendra fin lui aussi avec le secret, *das Geheimnis der Sage*, « le secret du Dire », et la retenue, *Zurückhaltung*, que le Japonais, en tant que Japonais, reconnaît alors comme nativement sienne (*ein angeborenes Verständnis* : *UzS*, p. 140 ; trad., p. 134).

s'appelle « le Japonais » demeure dans le lointain, l'absence où l'*Abendland* ne saurait l'atteindre en son être – ou plutôt, *puisqu'il l'a déjà atteint*, ne l'atteindra jamais d'un recouvrement, d'un décèlement exclusif. Mais là n'est pas la condition unique, car le *Gespräch* présupposerait tout autant, si la possibilité ne doit pas en être définitivement refermée entre les deux *Dasein*, que le *Dasein* européen ne fût pas entièrement enfermé au-dehors de *son propre* sens d'être, que lui-même, ainsi, ait encore la possibilité d'être *chez lui-même*. Être enfermé au-dehors de lui-même, voilà ce qui menace le *Dasein* sous le Dispositif. Le *Gespräch* ne s'ouvrira jamais au *Dasein* exclu de sa propre provenance.

Ainsi l'inéluctable de la rencontre, prenant le visage du Dispositif, est-il précisément ce qui la rend fragile en sa possibilité même. La rencontre inéluctable est aussi celle qui a le moins de chance de s'accomplir à la juste distance, seule fidèle, requise par les deux *Dasein*. Mais le Japonais commence alors à entrer plus profondément dans le danger propre qui entoure l'entretien. Quelle est la *Gefahr* qui entoure toute tentative d'un *Gespräch*? Le danger n'est pas seulement celui de ne pas aller à la profondeur requise. Le danger n'est pas seulement celui de ne pouvoir rendre justice, dans et avec les concepts de l'*Abendland*, autrement dit du Dispositif, au *Dasein* est-asiatique. Il faudra cependant d'abord être attentif à ce que le Japonais dira de ce danger-là, le disant dans la langue même de Heidegger (celui qui écrit est lui aussi, en cette mesure, le Japonais, ou du moins se réfléchit en lui, la phénoménologie de *Sein und Zeit* rencontrant, grâce au Japonais, l'inflexion du chemin vers la langue, en ce qui est alors une tentative d'éloignement, de se laisser atteindre et, essentiellement, déconcerter). Le danger le plus apparent est « que nous nous laissions engager, par la richesse du

Conceptuel que l'esprit européen de la langue tient tout prêt, à abaisser ce qui requiert notre *Dasein* à quelque chose d'indéterminé et d'évanouissant »[1]. Un tel danger est lui-même déjà abrité dans la langue : en ce que Heidegger n'hésite pas à appeler, d'une façon au moins troublante, le *Sprachgeist* (et la question nécessairement sera alors : *qui* est ce *Geist?).* Le *Geist* européen de la langue est caractérisé par le règne du concept. Comment ne pas être frappé par ce tour donné par Heidegger au règne occidental, marqué ainsi par le *Begriff* et une langue, quelle qu'elle soit, elle-même à chaque fois placée sous un *Geist* unique ? C'est en tout cas un tel règne qui pourrait bien ne pas être à la mesure du *Dasein* est-asiatique et de ce qui le requiert : incommensurabilité qui rejetterait un tel sens d'être dans ce que le concept lui-même tiendra ainsi loin de lui, l'« indéterminé » et l'« évanouissant ». Péril d'un règne exclusif, aveugle à ce qu'il ne rencontrerait jamais : la question est décisive de savoir ce que veut dire *Geist*, et si le *Geist* est alors seulement le *Sprachgeist*, ou bien, à chaque fois, non pas seulement celui d'une langue, ou *des langues* de l'*Abendland*, le *Geist* « européen », mais le *Geist* qui, n'étant lui-même aucune langue, parlerait, peut-être, en toute langue. « Indéterminé » et « évanouissant » appartiennent au jugement aveugle du concept, éprouvant ses propres limites lorsqu'il ne fait pas taire tout simplement cette autre requête, devenue désormais pour les Japonais mêmes inaudible[2]. Tel est le

1. *UzS*, p. 84 ; trad., p. 89.

2. Un tel *Unbestimmtes* reviendra plus loin dans l'Entretien. Il sera alors retourné : « Pour nous Japonais, il n'est pas étrange qu'un entretien laisse ce qui est proprement visé dans l'indéterminé, et même le cèle en retour dans l'indéterminable (*ins Unbestimmbare zurückbirgt*) » (*UzS*, p. 95 ; trad., p. 98). Il prendra enfin toute sa mesure lorsqu'il apparaîtra comme « ce déterminant indéterminé » (*jenes unbestimmte Bestimmende*) « auquel nous laissons la voix

danger, en sa première figure, qu'entrevoit le Japonais. Mais il n'est pas l'unique, ni le plus grand danger. La *Gefahr* en laquelle se déroule le *Gespräch* – les deux protagonistes s'y trouvant alors également exposés – est autre et inapparente : *Sie ist um so bedrohlicher, je unauffäliger bleibt*[1]. Que le danger demeure ainsi « inaperçu » oblige d'abord à en considérer la provenance. La question est celle de la contrée, *Gegend*, d'où vient le danger. En cette contrée il s'agira tout d'abord d'accomplir l'expérience du danger. Quelle est cette étrange, périlleuse contrée ? Elle est le lieu même en lequel se tient aussi tout *Gespräch* : le *Gespräch* lui-même en tant que tel est le lieu d'un tel danger, ou plutôt il est lui-même l'expérience conduite dans le lieu dangereux. Il est alors nécessaire d'en approfondir l'essence. L'unique danger, au fond, est celui qu'abrite la langue elle-même : « Le danger de nos entretiens se cachait dans la langue elle-même »[2]. Comment penser ce retrait du danger dans la langue elle-même, se découvrant dans l'expérience de la langue qui s'appelle *Gespräch* ? Il s'agit de la langue dans laquelle l'entretien lui-même autrefois (avec le Comte Kuki) eut lieu – et à nouveau a lieu –, pour s'enquérir, en ce temps-là, de *das Wesentliche der ostasiatischen Kunst und Dichtung*. Cet « essentiel », il s'agissait alors de le dire en allemand, et ainsi de le « déplacer », *verlagern*, dans « l'européen » en tant que tel. Le péril de ce déplacement est incalculable. Ne s'agit-il pas alors du même danger que celui que le Japonais avait entrevu plus haut, celui d'un *Sprachgeist* qui demeurerait fermé, *verschlossen*, comme l'écrit à présent Heidegger ? Le même, oui, mais qui atteint alors son intensité

sauve de son adresse (*die unversehrte Stimme seines Zuspruchs*) » (*UzS*, p. 106 ; trad., p. 107).

1. *UzS*, p. 84 ; trad., p. 89.
2. *UzS*, p. 85 ; trad. 90.

la plus haute, car il ne s'agit plus seulement de l'aveuglement du concept dans la langue, mais *de la langue même, des langues elles-mêmes*, du danger de leur fermeture essentielle. Ainsi le Japonais précisera-t-il le danger : « La langue de l'entretien détruisait continuellement la possibilité de dire ce dont il parlait »[1]. Or il ne s'agit pas, ici, de l'allemand seulement, l'entretien, comme il a été au passage indiqué, se tenant alors, pour l'essentiel, dans l'européen comme tel[2] : *il s'agit de la langue de l'élément européen lui-même, il s'agit du* λόγος. L'impossibilité de dire, *sagen*, est alors l'épreuve décisive survenant dans la *Sprache*, le *Gespräch*, le *Besprechen*. La langue échoue à dire ce dont elle parle. Il ne s'agit pas, jamais de nous, ou jamais seulement de nous, mais de la langue, et à vrai dire d'aucune langue, mais de la langue, qui n'en est aucune, ou qui est multiple, en laquelle l'Occidental déploie son règne : autrement dit la langue du Dispositif. *Ce qui ne cesse de détruire la possibilité de dire ce dont il parle, c'est le Dispositif lui-même dans la langue sans nom de l'Europe.* Qu'il soit essentiellement la même chose que le règne de *das Begriffliche* indique que *le Sprachgeist est le Dispositif lui-même.* Si la question est cependant extraordinairement difficile, c'est qu'une telle langue du Dispositif, « notre » langue, n'est jamais seulement celle de l'aveuglement (à la requête adressée à nous-mêmes, comme, dans ce passage de l'Entretien, à celle envoyée, dans une autre langue, à l'autre *Dasein*), mais recueille cela même qui nous est adressé : autrement dit le Dispositif est lui-même ce qui nous requiert, dans cette langue-là, dans ces langues-là. Toute la différence est dans la façon

1. *Die Sprache des Gespräches zerstörte fortgesetzt die Möglichkeit, das zu sagen, was besprochen wurde.*

2. *Die Sprachen des Gespräches verlagerten alles in das* Europäische, vient juste d'écrire Heidegger.

dont nous parlons la langue du Dispositif, c'est-à-dire nous rendons, ou non, attentifs à elle : seule une telle attention rendra possible le *Gespräch* lui-même, advenant en cette langue même, et la *Begegnung* de celui qui se tient dans le lointain, dans une autre langue – qui n'est d'ailleurs pas davantage une seule langue, mais la langue « extrême-orientale ». La question est désormais celle-ci : comment l'entretien adviendrait-il autrement que dans une langue, et en quelle mesure une langue fera-t-elle accueil à une autre, ou plutôt au *Dasein* qui l'habite, qui en est lui-même essentiellement l'habitant, si le *Dasein* est devenu, en son essence, celui qui habite la langue ? Comment rendra-t-elle justice à ce *Dasein* et à la requête qui lui est à chaque fois adressée, lui venant dans une autre langue ? Rencontrer, accueillir et rendre justice – comment cela serait-il possible d'une langue à l'autre ? Le danger n'est plus seulement celui de la riche domination du Concept. Le danger même est : *Sprache*. Toute réponse à ce qui le requiert, comme la venue de celui-ci, ont lieu pour le *Dasein* dans la langue. Là est l'affirmation décisive de celui qui questionne : « Il y a quelque temps j'ai nommé la langue, assez gauchement, la maison de l'être. Si l'homme habite par sa langue dans la requête de l'être, alors nous Européens habitons selon toute apparence dans une tout autre maison que l'homme est-asiatique »[1]. La requête de l'être nous parvient seulement en tant que langue, et le *Dasein* n'est autre que celui qui se tient en une telle requête, autrement dit dans la langue. Le *Sein* du *Dasein* est désormais celui qui se tourne vers nous dans le *Zusprechen* de la langue : dans la figure même du

1. *Vor einiger Zeit nannte ich, unbeholfen genug, die Sprache das Haus des Seins. Wenn der Mensch durch seine Sprache im Anspruch des Seins wohnt, dann wohnen wir Europäer vermutlich in einem ganz anderen Haus als der ostasiatische Mensch* (*UzS*, p. 85 ; trad. 90).

Sprachgeist, et ainsi du Dispositif lui-même, il s'adresse encore à nous. Mais alors comment le *Gespräch* serait-il possible d'une maison à l'autre, lui qui aura lieu, nécessairement, en l'une des deux maisons? Il est, répond Heidegger, presque impossible, *beinähe unmöglich*[1]. Les deux *Dasein* ne se rencontreront jamais en un autre lieu que la langue, c'est-à-dire, à chaque fois, dans une langue. Comment une langue accueillerait-elle alors en elle une autre langue? La question radicale devient celle-ci: quelle est au juste à chaque fois la *Sprache* pour laisser advenir en elle, en tant que maison que le *Dasein* habite, le *Gespräch* avec un autre *Dasein*, une autre possibilité d'être homme, ou plutôt d'être mortel[2], qui est aussi l'habitation d'une autre maison, d'une autre langue? Plus loin Heidegger évoquera l'horizon « encore voilé » (*noch verhüllt*) pour toute tentative de penser le *Wesen der Sprache* – et ainsi la tentative même du livre de 1959. L'horizon voilé aura le sens d'une question tenue en tant que question: la pensée fera-t-elle l'expérience du *Gespräch* entre les deux *Sagen*, le dire européen-occidental, celui du pays du soir, et le dire de l'Extrême-Orient, celui du matin? *Sagen* n'est pas une langue, ainsi, mais l'intraduisible λόγος grec, d'un côté, et ce qui, de l'autre côté, lui apparaît comme « l'autre maison » concernant laquelle Heidegger a confié un jour qu'il avait le sentiment de rester « devant la porte »[3]. Mais alors Heidegger précise ce qui

1. *Ibid.*

2. Puisque tout l'Entretien a lieu dans la pensée du quadriparti et de l'*Ereignis*, comme « Die Sprache » l'avait dès le commencement annoncé (préparant la tentative de « parvenir dans le parler de la langue, en sorte qu'il advienne en propre (*sich ereignet*) comme ce qui accorde le séjour au déploiement essentiel des mortels », *UzS*, p. 11; trad., p. 16).

3. Cf. *Japan und Heidegger*, *op. cit.*, H. Buchner, « Zur Einführung », p. 15 (dans une lettre du 27 décembre 1961, à propos d'une traduction de Bashô et du

au juste, avec l'événement d'un tel *Gespräch*, adviendrait, possibilité qui a elle-même alors le sens d'une question : *daß europäisch-abendländisches Sagen und ostasiatisches Sagen auf eine Weise ins Gespräch kämen, in der solches singt, das einer einzigen Quelle entströmt*[1]. Les deux *Sagen* laisseraient advenir en eux, dans l'entretien, un « chant », *Singen*, dont la provenance fût elle-même unique : mais quelle serait l'unique source, quel nom, alors, lui donner ? Non plus, assurément, *Geist*. Là où le *Geist* est manifestation de soi, la source n'apparaît pas, pas même peut-être dans le chant qui en jaillit, encore moins dans les mondes qui se déploient à partir d'elle : *Die aber dann beiden Sprachwelten noch verborgen bliebe*[2]. L'unique source est-elle encore *Sprache*, et en quel sens, si le λόγος lui-même n'était déjà plus *une* langue ? Est-ce une langue qui n'apparaîtrait en aucune langue, en aucun monde de la langue ?[3] Mais alors comment accéder à l'unique source ? La tentative du livre de 1959 prendra la voie de la poésie, dont la langue était dite, dès le cours de 1934, *ursprüngliche Sprache*. Le jaillissement originaire de l'unique source, c'est dans le *Gedicht* que peut-être nous pouvons le recueillir, là où pourtant, advenant dans une langue, il est justement le

théâtre Nô : *Aber überall habe ich das Gefühl, als stünde man « draußen vor der Tür »*).

1. *UzS*, p. 89 ; trad., p. 93. « … en sorte que le dire européen occidental et le dire est-asiatique viendraient dans l'entretien en telle façon que chantât cela qui jaillit d'une source unique ».

2. *UzS*, p. 89 ; trad., p. 93. « Mais cette source alors resterait encore cachée aux deux mondes de la langue ».

3. Concernant *Sprache* et *Welt*, on se reportera au cours de 1934 évoqué dans l'Entretien, *La Logique en tant que question de l'essence de la langue* (*UzS*, p. 89 ; trad., p. 93), notamment § 29 : « Le déploiement essentiel de la langue se déploie là où elle advient en tant que puissance figuratrice de monde, c'est-à-dire là où par avance et pour la première fois elle préfigure l'être de l'étant et le porte dans l'ajointement » (*GA* 38, p. 170).

plus difficile à traduire dans une autre langue. Plus loin, c'est lorsque viendra en question dans leur entretien la traduction de la poésie que le Japonais et celui qui questionne devront à nouveau écarter le concept comme une telle source unique, ou même comme le lieu possible d'une telle rencontre entre les deux langues, ou plutôt les deux *Sprachwesen*, alors. Alors en effet les deux déploiements essentiels, l'occidental et l'oriental, entreront en un contact qui n'abolira aucune distance : tout au contraire. C'est d'abord le « torrent » (*Sturzbach*) du *Wesen* de la langue allemande qui aura déferlé sur le traducteur de Kleist. Se laisser emporter par un tel torrent, telle est l'expérience initiale du traducteur. Le *Wesen* de la langue est toujours un tel jaillissement qui dévale, abrupt et puissant. Mais alors, dans l'*Übersetzen* lui-même, quelque chose apparaît, comme par intermittence, *bisweilen*. Traduire, c'est errer, *wandern*, aller et venir dans la différence, *zwischen verschiedenen Sprachwesen*, d'un déploiement essentiel à l'autre[1]. L'expérience conduite est alors celle de la différence elle-même, des deux flots essentiels, des deux langues. C'est là que le phénomène – *ein Schein* – indiquant la source unique commence à luire, à briller, à se tourner vers nous, *zuleuchten*, et à nous « laisser pressentir » le seul et même *Wesensquell*. Expérience extraordinaire de l'indication de l'unique, qui ainsi n'est jamais celle de l'Un ni de l'unification, mais tout au contraire du Deux essentiel et irréductible, ou de la différence « fondamentale » (s'ils sont bien *grundverschieden*). Expérience intermittente indiquant, dans le Deux et l'errance entre les Deux, l'unique source qui ne paraît jamais, se laissant plutôt par instants pressentir, à partir de laquelle seulement toute *Übersetzung* est elle-même possible. La traduction, à

1. *UzS*, p. 109 ; trad., p. 110.

l'image du *Gespräch*, n'est, en tout et pour tout, que l'expérience de ce Deux.

Le danger radical, celui de la langue elle-même, lorsqu'en est conduite l'expérience *totale*, dans le *Gespräch* ou dans la traduction, qui sont essentiellement la même expérience, celle du Deux, lorsque, par conséquent, est nécessairement tenue à distance la riche domination du Concept – le danger, ainsi résolument encouru, *s'éclaire*, en même temps que se montre l'unique source. Par intermittence ainsi le *Gespräch* « presque impossible » nous laisse entrevoir l'unique jaillissement, la maison grecque donnant hospitalité, à l'époque du règne sans partage du Dispositif, à une requête venue à l'homme dans une tout autre maison, dans une tout autre langue. Alors cette autre requête à laquelle il est donné non pas refuge mais accueil, notre propre langue devenant, en un si troublant accueil, en un éloignement si déconcertant d'elle-même dans elle-même, l'« autre maison », pourrait bien indiquer au moins au λόγος, à partir de l'unique source qui demeure cachée quand elle se laisse pressentir, *une autre possibilité*. Cette autre possibilité, recueillie dans l'hésitation qui est alors nécessairement, méditativement la nôtre, pourrait contribuer à tourner la langue de l'*Abendland* vers elle-même, et dans une certaine mesure aussi contre elle-même. Vers elle-même, dans la méditation de l'unique source brillant par intermittence par la vertu de la rencontre avec l'autre langue. Et nécessairement aussi contre elle-même, puisqu'elle ne saurait devenir méditation de la provenance qui est la sienne, et de ce qui lui est propre, si elle n'était déjà tournée aussi à quelque égard contre soi. Mais une telle méditation n'a chance de commencer que si le règne de l'inéluctable, en lequel nous nous tenons, autrement dit *die vollständige Europäisierung der Erde und des Menschen*[1], avec son «éblouissement» (*Verblendung*) grandissant, n'a pas déjà emporté, avec toute possibilité de se rencontrer soi-même, la possibilité même d'une rencontre du *Dasein* habitant l'autre maison. Le Japonais et celui qui questionne vont alors chercher l'autre maison et son monde, l'autre *Wesen*, dans la tradition, peut-être – mais est-ce bien sûr? – inaccessible au λόγος, du théâtre Nô.

«L'autre maison», et la rencontre «presque impossible», ne seraient-elles pas un secours dans la tentative peut-être impraticable – et dont la nécessité ne dissipe en rien la difficulté qu'il y aura à en mesurer la portée, et d'abord l'orientation – qui forme notre «tâche» présente: *das griechisch Gedachte noch griechischer zu denken*? Ce qui voudra dire: «apercevoir» plus originairement, autrement dit dans sa provenance essentielle, *Wesensherkunft*, ce qui fut pensé de façon grecque. Et si le regard sur «le déploiement essentiel de l'apparaître», autrement dit sur la venue en présence en tant que règne de l'ἀλήθεια, demeure grec, ce qui est «aperçu» avec cet événement de l'*Unverborgenheit* (*diese ereignet sich...*) comme «éclaircir», *Lichten*, «n'est pourtant plus grec, plus jamais grec»[2]. Ainsi, tenter dans la langue grecque, celle de l'*Abendland*, celle du Dispositif, un regard, qui demeure grec, sur ce qui ne saurait plus être pensé de façon grecque, voilà qui pourrait bien recevoir de l'autre maison un secours inestimable, et que le λόγος ne pouvait non plus attendre. Dans quelle mesure pourtant? Le secours ne saurait jamais provenir que du danger lui-même, et de secours ne saurait tenir lieu ce qui ne proviendrait pas de l'*Abendland*

1. *UzS*, p. 98; trad., p. 101.
2. *UzS*, p. 127; trad., p. 125.

lui-même, et par conséquent du Dispositif. Aucun secours alors n'est à attendre que de nous-mêmes. Mais peut-être par contre-coup est-ce à *lui*, le Dispositif, à son retournement méditatif en appel[1], *et par conséquent à nous-mêmes*, que « l'autre maison » pourrait bien, en son étrangeté indiquant aussi l'unique source, décisivement nous ouvrir.

Ce qui est devant nous est la nécessité d'une métamorphose : *Verwandlung des Denkens*[2]. Mais celle-ci, précise Heidegger, est *Wandlung* en tant que *Wanderung*. Or il ne s'agira jamais, en la *Wanderung* où nous nous engageons, dans le *Gedicht* comme dans le *Gespräch*, de quitter une maison *pour l'autre* : comme si cela était à notre portée. Là n'est pas notre migration. Mais à partir du lieu de l'*Abendland* lui-même, lieu désolé que nous avons à chaque fois, à condition de le *voir*, à quitter, à délaisser, *verlassen*, abandonnant ainsi la métaphysique à elle-même, et le Dispositif à son déploiement, il s'agit, dans une *Erörterung* que tout le livre de 1959 commence seulement à accomplir, de partir dans l'adieu radical, et d'aller vers le lieu « sans nom », *ohne Namen*[3]. « L'autre maison », si elle n'est pas, ne pourra jamais être ce lieu lui-même, ne pourrait-elle cependant, sur le chemin vers le lieu sans nom, donner une indication ? Indication qui fût même, peut-être, libératrice ?

1. Appel ou requête, selon le tournant de la conférence de 1953 : « Lorsque nous nous ouvrons en propre au *déploiement essentiel* de la technique, nous nous trouvons pris, d'une façon inespérée, dans une requête libératrice » (« Die Frage nach der Technik », *op. cit.*, p. 33 ; trad., p. 34).

2. *UzS*, p. 130 ; trad., p. 127.

3. *UzS*, p. 130 ; trad., p. 128.

CHAPITRE VIII

TRAGÉDIE

Ἐγὼ τλάμων.
Sophocle, *Œdipe-Roi*, v. 1332.

Reiner Schürmann, en tout ce livre posthume nous frappant par ce qui en lui d'une trajectoire singulière se rassemble sans jamais s'unifier, se pense sans jamais se réconcilier, cherche à rejoindre, à travers une rare sophistication, la simplicité sans égal d'un savoir lui-même absolument singulier et partagé par tous, ou plutôt, ainsi, par chacun, chacun seul avec son seul savoir, « tant de choses que nous savons, ne le sachant pas »[1], seul avec lui-même. Un tel savoir simple est le savoir tragique. Simplicité d'un savoir originaire, d'un phénomène originaire en lequel, ou peut-être plutôt sous lequel la pensée se tient, en lequel elle respire et se meut, pense et ne parvient plus à penser, car il est à chaque fois sa limite. Savoir devant lequel tous en un sens reculent, sauf lorsqu'ils ne le *peuvent* plus, lorsque *nous* ne le pouvons plus, par lequel cependant chacun redevient lui-même. Ce savoir lui-même absolument simple est celui par lequel la philosophie qui le

1. *Des Hégémonies brisées*, Mauvezin, TER, 1996 (désormais : *DHB*), p. 29.

regarde en face, voulant ne plus en recouvrir le phénomène, et se tenant ainsi comme désarmée, ne trouve plus alors en elle-même la ressource de se constituer, autour de lui, en un savoir pratique, en une éthique, car il concerne un dévoilement, le dévoilement de ce qu'il arrivera à Schürmann, à la fin du livre, d'appeler « la non-simplicité du bien » : « Concernant la non-simplicité du bien, il y a par conséquent une vérité que nous savons, mais que nous ne comprenons pas »[1]. Ce que nous savons d'un tel savoir nous ne le comprenons pas, nous ne le connaissons pas, à la rigueur nous ne le pensons pas non plus : mais nous pensons dans l'ombre – qui est aussi une clarté, laquelle pourra bien devenir aveuglante[2] – pour nous advenue d'un tel savoir, et aujourd'hui nous *voulons* penser, nous ne *pouvons plus faire autrement* que de penser, si du moins une telle pensée veut être à la hauteur de notre temps, sans avoir peur d'un tel savoir : la peur qui l'emporterait reviendrait en effet à ne plus penser. *Ne pas avoir peur* est ce qui entoure aujourd'hui la décision de la pensée selon Schürmann, et c'est la même sorte de courage qui rendit un jour possible un art dont Nietzsche avait déjà remarqué le caractère exceptionnellement éphémère : « Les tragiques, eux, n'avaient pas peur de ce qu'ils savaient »[3]. Résolution qui est tout autant celle, phénoménologique, d'une *fidélité* à ce qui se montre, à ce qu'il nous revient encore de montrer – accomplissant par là la phénoménalité du phénomène quand une autre sorte de φαντασία la refoule, dans une « fantastique », celle des principes, des positions, celle des « chefs », qui revient à une dé-phénoménalisation – : simple fidélité à ce qui arrive, à ce que

1. *DHB*, p. 778.

2. *Œdipe à Colone*, v. 74 : « Dans tout ce que je dis, il y aura la lumière » (cité in *DHB*, p. 28).

3. *DHB*, p. 785.

nous vivons. Être fidèle revient à ne pas se dérober, à ne pas avoir peur devant ce qui advient, ce qui est advenu et ne cesse d'advenir – pour un phénoménologue : à ne pas le recouvrir. Schürmann l'écrit d'emblée : « Penser, c'est s'attarder sur les conditions de ce qu'on vit; s'attarder au site que nous habitons »[1]. Mais surtout lorsque ce lieu est devenu inhabitable – et alors il faudra, pour lui donner un nom indécis que Heidegger avait déjà choisi pour elle, une « autre pensée ». Ne pas avoir peur de penser, c'est-à-dire de penser les principes ou les conditions, veut dire se résoudre à regarder en face un tel savoir qui est originairement le nôtre. S'agissant de telles « conditions », Schürmann réécrira à la fin : « En philosophie, autant ranger ses stylos si l'on renonce à interroger les conditions ultimes de l'expérience »[2]. L'expérience est alors ce qui nous arrive comme une épreuve, qui ne nous arrive pourtant pas de nulle part, mais de ce lieu conditionnel ou principiel sur lequel il nous appartient de faire la clarté. Pourquoi une telle volonté de fidèle clarté, une telle impossibilité de se dérober, qu'est-ce qui ainsi étrangement paraît nous retenir, appeler la nécessité d'une « philosophie » qui en un sens, ou la plupart du temps, n'a peut-être plus rien à dire? Et en effet : elle n'a plus *grand-chose* à dire – mais encore quelque chose. Qu'est-ce qui ainsi nous appelle? Rien d'autre que ce que d'emblée Schürmann nommera la « nuit ». La philosophie, ou du moins « ce qui en prend la place »[3], regardera dans la « nuit » qui advient pour en penser les « conditions », qu'elle cherchera en elle-même, puisque c'est elle aussi qui fut nocturne. Non pas, assurément, qu'il s'agisse de lui imputer la responsa-

1. *DHB*, p. 11.
2. *DHB*, p. 781.
3. *DHB*, p. 11.

bilité de l'assombrissement, de même qu'il serait absurde de considérer la métaphysique comme « responsable » de la technique, quand elles sont dans leur essence la même chose : mais c'est bien en elle que les principes de la nuit furent pensés (aveuglément peut-être à ce qui venait), c'est là qu'ils sont encore pensables dans leur souveraineté, même lorsqu'ils ne règnent plus, autrement dit c'est là qu'ils furent non pas seulement posés mais exposés, déployés, par là devenus le plus visibles en leur règne souverain, mais toujours en même temps (c'est l'une des thèses essentielles du livre) ébranlés, subvertis, déposés. C'est d'abord, bien plutôt qu'en la seule philosophie, dans et par la langue, d'une façon qui restera d'ailleurs énigmatique, que les principes souverains ont conquis leur hégémonie. Pour Schürmann, la langue est bien la langue de l'être, ce dont il s'agit en elle est à chaque fois l'être ou ce qui en tient lieu, mais elle est surtout la langue toujours *hyperbolique* en tant que langue (grecque, latine, vernaculaire ou moderne : cette dernière langue est d'ailleurs la plus étrange, puisqu'elle n'est pas *une langue*). En elle s'accomplit à chaque fois un *dépassement*, Schürmann n'est pas loin de dire : à chaque fois un oubli, à chaque fois un effacement, du phénomène originaire. Autant d'hyperboles devenant régnantes, hégémoniques, dans le recul de ce qui parle contre elles, le recouvrement de ce qui se montre. Car les principes naissent et meurent. Non pas seulement pour former une époque, avec son commencement et sa fin, mais ils meurent dès qu'ils naissent, ils ne naissent jamais sans aussi mourir, ou porter leur mort en eux. Le travail de la pensée est de recueillir cette œuvre double, l'œuvre en eux tout ensemble avec le désœuvrement, de décrire ou de « montrer » comment ils naissent et comment ils meurent en même temps. Montrer ce qui se montre est l'œuvre de la pensée : se montre, oui, mais est aussi, Heidegger l'avait dit du phénomène, le plus caché, ce qui reste le plus longtemps en retrait, ce que Schürmann n'hésitera pas à appeler le « phénomène phénoménologique ».

Car nous ne pouvons plus nous en tenir à aucun de ces principes. S'en tenir à l'un d'eux voudrait dire s'aveugler au lieu devenu aujourd'hui le nôtre, aux « conditions » qui nous sont faites, à l'assombrissement de notre temps. Il n'est pas sûr que la « philosophie » soit capable de se libérer des principes et du dernier d'entre eux, la conscience de soi, alors même qu'ils tombent tout seuls. Mais alors elle a atteint avec eux sa fin. Peut-être est-il nécessaire de passer à autre chose pour accéder à la pensée des conditions de notre époque. Le livre de Schürmann forme une telle tentative, et un tel risque est ce qui le distingue. Le plus audacieux est peut-être en lui ce qui ne fut pas et ne sera jamais écrit. Le plus audacieux et pour nous le plus difficile est de rejoindre ce que Schürmann appelle les « traits » dans leur ἀγών indépassable, leur scission sans réconciliation, le trait de natalité, le trait de mortalité, qui forment un même événement tragique qu'à chaque fois nous savons sans le connaître, et ainsi se recueillent en un même savoir tragique, auquel pour Schürmann la philosophie se mesure. Le savoir tragique selon Schürmann est celui d'un Oui qui ne va jamais sans un Non. Ce Non ne l'accompagne pas seulement comme une ombre inquiétante, à chaque fois destituante du ἡγεμών qui se lève. Le Non est peut-être plus originaire que le Oui. Ce livre qui dit porter sur la très ancienne question des principes a pour centre, longtemps secret et ne se dévoilant qu'à la fin, le Non, la négation, la négativité. Son adversaire, celui auquel il ne cesse de s'adresser, il ne le rencontre jamais, jamais vraiment. Son adversaire est Hegel. La fidélité phénoménologique au savoir tragique qui est à chaque fois le nôtre mène un combat sans repos contre la dialectique. Mais la scène de ce combat n'est pas dans le livre, qui se tient d'un seul côté, c'est-à-dire dans le refus. Ce qu'il oppose à la dialectique est moins peut-être Heidegger que Sophocle, ou alors Heidegger en tant qu'il est celui, le seul aujourd'hui (mais avec Hölderlin et Nietzsche), qui vit « émerger » la vérité tragique dans l'événement qui nous est advenu, et que Schürmann nomme la « dessaisie »[1]. *Des Hégémonies brisées* est le livre qui veut, autrement cependant que ne le fut Nietzsche, rester fidèle à *Œdipe à Colone*. Reiner Schürmann est un penseur sophocléen.

L'une des difficultés les plus insistantes, quoique discrètes, concernera d'abord par conséquent ce qu'il convient d'entendre dans le concept, repris à Heidegger, de *trait*. Il est deux traits, celui de la natalité, celui de la mortalité. Lorsqu'il écrit : trait, Schürmann se souvient en effet de : *Zug*, et du *Ziehen*, du phénomène qui se donne toujours le plus originairement dans le verbe. Un tel *Ziehen* est celui qui a lieu doublement dans le savoir, comme un trait d'être – trait de notre être révélant un trait d'être –, ce que nous sommes « et que nous avons aussi à devenir »[2]. Ces traits ne sont que deux, et il est impossible de s'en libérer vers un troisième. Le conflit (Schürmann dans sa langue choisira le mot *Widerstreit*) de ces deux traits est insoluble. Les deux traits sont irréconciliables. Ils ne forment pas un horizon, comme s'il y avait quelque chose au-delà de la ligne, ou derrière le rideau, plutôt une

1. *DHB*, p. 643. On se reportera notamment aux dernières analyses du livre : « On dirait qu'en ces années fatidiques (celles des *Beiträge* : 1936-1938) Heidegger tendait l'oreille à un Homère allemand, ensuite à ce qu'il semble avoir pris pour un Solon allemand, et qu'il finit par parler lui-même avec la voix de Sophocle » (*DHB*, p. 721).

2. *DHB*, p. 37 : *Zug* « signifie toujours chez Heidegger ce que la tradition appelait une catégorie d'être ».

double attraction divisant le présent, le retournant contre lui-même. Les traits tirent jusqu'à déchirer : telle est l'*Entzweiung* selon Schürmann, la division en deux ou la scission dont les « fruits de mort » ne pourront jamais être rendus à la vie, aucun trait autre que leur conflit pur n'unifiant jamais ces deux-là. Quels sont-ils au juste ? Non pas la naissance et la mort : une telle naissance n'en finit pas de nous arriver, et la mort n'est pas non plus ce qui se tient de l'autre côté du « paravent ». Les deux traits sont à l'œuvre, dans le moindre instant de nos vies, le moindre de nos actes, la moindre de nos épreuves. « Nous en vivons à chaque pas », écrit Schürmann[1]. De l'un surtout nous vivons, puisque l'autre en est le retournement mortel. De l'un, la *Gebürtigkeit*, nous vivons à chaque fois que nous commençons. Elle est le trait du commencement. Avant qu'Arendt ne le reprenne, un tel trait fut d'abord pensé par Heidegger au § 72 de *Sein und Zeit*. Il émerge, dans le livre de 1927, à partir d'un scrupule, celui d'avoir au cours de l'analytique du *Dasein* laissé de côté l'autre « fin », *das andere « Ende »*, écrit Heidegger[2]. L'autre extrême en ce sens est le commencement (*Anfang*), autrement dit la naissance : entre ce commencement et la fin, l'intervalle (*Erstreckung … zwischen*) lui aussi sera resté non pensé. Mais lorsqu'il s'agira précisément d'en venir à lui, il faudra d'abord se libérer toujours à nouveau du passé et de l'avenir tels qu'ils sont entendus à partir de ce qui n'est pas encore ou de ce qui n'est plus là, autrement dit de la *Vorhandenheit. Existenzial verstanden ist die Geburt nicht und nie ein Vergangenes im Sinne des Nichtmehrvorhandenen*[3]. Naissance et intervalle sont à penser dans l'être du

1. *DHB*, p. 29.
2. *SZ*, § 72, p. 373.
3. *SZ*, § 72, p. 374. « Existentialement comprise, la naissance n'est pas, n'est jamais un passé au sens de ce qui ne serait plus sous la main ».

Dasein, tel que l'analytique en aura dégagé l'exception. Or ainsi entendue la naissance n'est pas d'abord l'événement-limite qui n'arrive qu'une fois, mais, comme natalité, l'événement qui ne cesse d'advenir dans le fond du *Dasein*, qui advient jusqu'en l'autre extrême, puisque le *Dasein* mourra aussi sur le mode de celui qui est né, et n'aura cessé d'exister sur un tel mode natal : *Das faktische Dasein existiert gebürtig, und gebürtig stirbt es auch schon im Sinne des Seins zum Tode*[1]. Ce qui veut dire décidément que l'intervalle n'est pas du tout ce qui sépare les deux événements ou les éloigne (la naissance n'est pas plus loin que la mort, elle ne s'éloigne pas non plus), mais plutôt l'advenir même où les deux en leur unité agônale forment un seul et même événement, que Heidegger cherchera à saisir comme *Zusammenhang*, *Lebenszusammenhang* ou *Zusammenhang des Daseins*, et qui recevra bientôt, puisqu'il s'agira alors pour Heidegger d'accéder à l'historialité, le nom de *Geschehen*. Un tel advenir unit en lui les deux traits, c'est-à-dire les deux événements ne cessant d'advenir en une essentielle conjonction dans le fond du *Dasein*, « dans l'unité de l'être-jeté et de l'être-vers-la-mort », relève Heidegger. Le trait est celui qui unit la naissance et la mort ou les tient ensemble, dans un essentiel *Zusammenhang*. Toute la méditation de Schürmann reviendra à penser un tel trait comme double, un tel *Zwischen* comme *Entzweiung*, qui en tant que scission présuppose l'unité déchirante d'un même événement. Le *Dasein* est celui qui meurt natalement : les *Hégémonies* sont encore le livre de cet événement, de ce *Geschehen*. Le *Dasein* n'y surgit pourtant que sous le nom qui est le premier de ses noms, dans *Sein und Zeit* lui-même, dont il

1. *SZ*, § 72, p. 374. « L'être-là factice existe natalement, et c'est natalement qu'il meurt aussi déjà dans le sens de l'être-vers-la-mort ».

est le centre : « nous », *wir*, celui que nous sommes à chaque fois nous-même. Cependant il est nécessaire de déplier la natalité en toute l'ampleur de son advenir, et ainsi de suivre pas à pas en son déploiement historial son trait, ce qui revient à penser ce *Sein zum Anfang* qui survenait assez énigmatiquement dès *Sein und Zeit*[1]. Ce que Schürmann en effet nomme le « trait de natalité », celui qui « nous porte vers de nouveaux commencements », est très exactement un tel *Sein zum Anfang*, qui donne le sens ontologique de toute institution, de toute fondation, de toute décision. Schürmann livrera alors le mot lui-même si difficile à penser d'Augustin : *Initium ... ut esset, creatus fuit homo*[2]. L'homme est « pour » ou « vers » le commencement. L'homme lui-même est « pour » toute décision initiale, créatrice. Mais ce trait d'initialité n'est pas simple. Le *Dasein* ne commence jamais – un pas, un acte, un livre – sans finir, de même qu'il finit comme celui qui est sur le mode initial natal. L'unité des deux traits, c'est-à-dire leur scission même, est l'unité tragique. C'est très précisément lorsque cette unité tragique est « déniée », selon le concept mobilisé par Schürmann, c'est-à-dire très clairement prise en vue dans un savoir, et cependant repoussée, autrement dit confirmée, dans la violence d'un refus, que commence aussi dans la langue l'hyperbole métaphysique. L'emprise de la natalité sur la langue n'est pas précisément pensée par Schürmann, pas plus que la violence du refus qui jette celle-ci dans le dépassement hyperbolique : sauf à reconduire un tel refus au « déni » (*Verleugnung*). Mais que doit être la langue pour ainsi non pas seulement accueillir, mais bien porter le double trait à son intensité la plus haute ? La natalité qui tente

1. *SZ*, § 72, p. 373.
2. *De Civitate Dei*, XII, 21, 4, cité in *DHB*, p. 29.

de se délier de l'autre trait, voilà ce qui donne lieu dans la langue à toute « position », au poser métaphysique comme tel – par où assurément Schürmann s'avance lui aussi, sur un mode qui lui est propre, dans la pensée du *Gestell*. Ce qui arrive alors dans la langue est le trait de toute vie humaine en tant qu'elle est *zum Anfang*, mais désormais scindé de *l'autre* événement, de l'autre trait qui avec lui n'était qu'un, le trait *zum Tode*. Toute réconciliation métaphysique – encore, à la pointe, la réconciliation dialectique – est seulement pour Schürmann la séparation violente d'avec la scission, c'est-à-dire le refus de l'unité tragique du natal et du mortel. Dans la langue l'homme tente natalement, *gebürtig*, de « poser », c'est-à-dire de refuser le trait qui retourne le commencement contre lui-même. Or cet autre trait quel est-il? Il est temps d'y venir. Alors que la natalité est selon Schürmann le trait de l'universel, ce qui nous tourne vers l'unité du commun, la mortalité est essentiellement singularisante. Elle est pensée comme la fragilisation de toute expérience par une *Vereinzelung* qui isole ou singularise celui qui voudrait natalement se tenir dans le commun. Une telle singularisation est pour Schürmann la temporalisation originaire – si le temps est « aussi sûr et obscur » que la mort[1] –, qu'il pense à partir de la dimension de l'avenir, dimension de la mortalité comme de la natalité. Par où nous comprenons plus précisément ce qu'est un trait, et quel *Ziehen* est à l'œuvre : il s'agit à chaque fois de l'avenir, qui ou bien « esseule » mortellement ou bien totalise natalement. Lorsque la totalité tente de s'instituer dans l'oubli de l'esseulement, en un refus hyperbolique de celui-ci, la langue elle-même devient violente, d'une violence vitale faite à toute singularité mortelle : aucune position n'est sans une

1. *DHB*, p. 30.

telle violence. Mais la mort est la singularisation même qui ne cesse d'advenir en sous-main, si violente, si impérieuse que soit la position natale. Toute œuvre, en elle-même toujours œuvre du commencement, porte son essentielle solitude, son désœuvrement, tout séjour est doublé d'une essentielle *Unheimlichkeit*, d'un exil dont nous ne rentrerons jamais, toute parole redoublée de silence, toute langue est aussi mortelle : le « trait vers notre mort », écrit Schürmann dans une frappante proximité avec l'analytique existentiale, « nous rend essentiellement seuls, étrangers, silencieux »[1]. Davantage, le trait de mortalité l'emportera presque fatalement dans le nom qui revient le plus proprement aux hommes, apparus dans le commencement natal : ils sont, ils ont à être les mortels, θνητοί[2]. Fatalement, car c'est là ce qui leur fut envoyé avec le commencement lui-même, l'autre trait sous le premier, ou de l'autre côté, en cette sorte de pli tragique qu'est leur double événement. Toute la pensée de Schürmann est tournée vers ce nom que voulut aussi méditer Heidegger : qui sont « les mortels » ? Les mortels ne sont pas ceux qui meurent, ils sont ceux qui dans leur silence gardent le savoir tragique. La philosophie n'a pas d'autre sens que de penser un tel savoir originairement silencieux, de veiller sur lui : elle est, elle a à être la pensée des mortels, la tentative – mais en un sens seulement – de rompre le silence qu'Œdipe voulut garder : « Je ne romprai pas le silence concernant les choses interdites… Ni

1. *DHB*, p. 30.

2. Reiner Schürmann rappelle constamment le mot de Heidegger : « Les animaux rationnels doivent encore *devenir* des mortels » (*VuA*, « Das Ding », p. 177, et d'abord *Bremer und Freibürger Vorträge*, *GA* Bd. 79, p. 18. « La Chose », trad. A. Préau, *Essais et conférences*, *op. cit.*, p. 213. Cité par exemple dans *DHB*, p. 34).

au peuple, ni à mes propres enfants je ne peux les dire »[1]. Mais pour Schürmann non plus il n'est pas possible de rompre entièrement le silence : ou plutôt à chaque fois que nous essaierons de le rompre (il le faut[2]) nous nous éloignerons à nouveau du trait mortel, de l'incongruïté de ce qui demeure en soi-même un ἄρρητον, à chaque fois un nom propre imprononçable. Il y a là, servant d'assise à l'investigation dans la métaphysique, une radicalisation du *Sein zum Tode*, et de l'analytique de la solitude qu'était déjà de part en part *Sein und Zeit*. Le tragique est le même événement qui ne cesse d'advenir : il est la singularisation elle-même, résultant ainsi de l'affrontement des deux lois, des deux mondes, des deux « phénoménalités », traduit Schürmann, pensant à Antigone[3]. Antigone sous l'empire d'une loi est seule, esseulée par son attraction vers l'autre, cette solitude est son allégeance à l'autre, qui l'arrache à celle qui la tient, et la marque. Elle est la fidèle rebelle. Ce que Schürmann voit à l'œuvre tout autant sous la domination écrasante des principes – autrement dit, puisque derrière un principe il y a toujours un phénomène, d'une expérience d'abord singulière, mais comme dé-phénoménalisée, comme irréalisée –, est l'événement d'abord obscur, mais de plus en plus clair, de leur destitution mortelle : l'autre trait est à l'œuvre qui retire toute allégeance et barre l'accès à toute réconciliation. La métaphysique finit tragiquement. Aussi violemment fût-il repoussé, le « savoir nocturne » finit par gagner sur le diurne, à la fin c'est la nuit principielle

1. *Œdipe à Colone*, v. 1526, cité in *DHB*, p. 28.

2. Schürmann écrira à la fin du livre : « Les tragiques, eux, ont vu un dérèglement au cœur de la règle et une "noire lumière" (Hölderlin) au cœur des évidences. Ils nous disent : *vous ne pouvez pas comprendre. Vous devez comprendre* » (p. 783).

3. *DHB*, p. 12.

qui l'emporte sur les principes du jour : tout principe est diurne par vocation, tout principe est natal, en tant même qu'il est ἀρχή. Mais alors *nous* (il ne s'agit que de nous) pouvons penser qui nous sommes, ou qui nous avons à être : les mortels, dans la mesure même où la nuit a pour nous emporté les principes, même si nous continuons à faire comme si de rien n'était. Les souverains sont entrés dans la fragilisation totale. Tel est l'étrange « privilège » du présent, le privilège du dénuement, l'insigne détresse[1]. La question est alors de savoir de quelle langue nous disposons encore pour le savoir tragique : nous savons qu'il faudra à celle-ci, en vue de lui, une essentielle sobriété, allant résolument, désespérément à l'encontre de sa vocation hyperbolique (et pour Schürmann peut-être cela voulait-il dire : *une autre langue*[2]). Mais la question est tout autant de mesurer en quel sens, autrement dit sous quels modes multiples le double événement nous a atteints, « dans l'être » lui-même[3], dans ce que nous sommes et ce que nous avons à être, à travers l'affrontement de ces deux noms, le nom commun et le nom absolument propre, plus propre que tout nom propre, celui du principe et celui de ma mort. Pour mesurer ces modes, il faudra regarder de près, écouter plutôt « comment nos langues nous parlent » : expression singulière où l'on mesure aussi la dette qui lie Schürmann à Heidegger, car la langue qui nous parle est encore celle qui « accorde »[4]. Et

1. *DHB*, p. 11.

2. Si l'allemand était bien vitalement pour lui la langue du principe, la langue de l'ἀρχή. La question demeure de savoir pourquoi Schürmann a choisi le français pour remonter au savoir tragique. Il s'agira, en tout état de cause, de combattre pour la familiarité des phénomènes, un combat déjà conduit en toute langue, qui revient à combattre la philosophie, d'une lutte que la philosophie a cependant toujours aussi livrée contre elle-même (*DHB*, p. 30).

3. *DHB*, p. 29.

4. *DHB*, p. 34.

ce qu'elle nous accorde à chaque fois est la clarté dans laquelle nous nous tenons, tout ce que nous appelons notre vie, selon le trait natal. Mais cet accorder ne va jamais sans la discordance à laquelle Schürmann veut se rendre attentif : il s'agira alors, recueillant celle-ci, de rendre justice au savoir des mortels. Ce que nous savons, c'est qu'il n'y a pas d'accord, que l'ajointement est une fois pour toutes mal accordé, ou que la fin n'est pas le miroir du commencement[1]. Commence alors à paraître le combat secrètement incessant de Schürmann contre la dialectique : selon un motif martelé jusqu'à la fin, la négation mortelle n'est pas « une négation déterminée ». Pensées selon les deux traits, *la mort n'est pas la négation de la vie : elles ne vont pas ensemble*. Tel est peut-être le centre de l'affirmation tragique. Leur seule unité est le savoir esseulé de leur désaccord. Le rien tragique n'est jamais le rien de ce dont il provient (*das Nichts dessen, woraus es herkommt*[2]), et la négation n'a par conséquent jamais le sens d'un *Übergang*. La négation tragique est le « ressac » ou le « retrait », selon deux images schürmanniennes, qui accompagne, dans une disparité essentielle, tout commencement. Mais un tel retrait ne délivre aucune sorte de passage, jamais, aucune « appropriation », puisqu'il est plutôt « expropriation » en tout événement d'appropriation, l'*Enteignis* en tout *Ereignis*. C'est d'ailleurs l'*Ereignis* lui-même qui est à penser autrement, désormais, qu'à partir des hyperboles de la langue. Le *Zug* est *Entzug*, en une « conjonction cassante de stratégies dans l'être »[3]. Cet *Entzug* est ce que Schürmann retrouvera dans

1. La mort, écrit Schürmann, face à la vie « ne la mire pas symétriquement » (*DHB*, p. 35).

2. *Phänomenologie des Geistes*, *Einleitung*, *op. cit.*, p. 62 ; trad. fr. B. Bourgeois, Paris, Vrin, 2006, p. 123.

3. *DHB*, p. 36.

les derniers séminaires de Heidegger, notamment dans le séminaire portant sur la conférence « Temps et être », comme la question alors laissée ouverte de ce « vers quoi » va l'*Enteignis*, la « désappropriation » ou l'« expropriation »[1]. L'événement est double, en lui-même l'*Er-* ne va jamais sans l'*Ent-eignis* : les *Hégémonies*, de leur propre aveu, sont le commentaire de ce redoublement de l'un par l'autre, qui n'a plus rien à voir, avance Schürmann, ni avec la différence ontologique, ni (mais depuis plus longtemps encore dans Heidegger) avec la différence de *Sein* et de *Zeit*. Quant à l'*Ereignis*, la volonté de Schürmann aura précisément été de le penser comme commencement, comme appropriation essentielle en laquelle toute « vie » s'inaugure, mais en le détachant absolument, alors, de toute violence hyperbolique de la langue. L'*Ereignis* et sa doublure, l'*Enteignis*, forment l'événement double du devenir-mortel, lorsque l'homme ne vit pas avec la mort à l'autre bout de la vie, mais se tient dans le savoir tragique, dans le redoublement déchirant de l'une par l'autre, selon la parole hölderlinienne à la fin du poème *En bleu adorable* – le mot si énigmatique en sa simplicité que Schürmann à son tour – après Heidegger – aura constamment cherché à penser : « Vivre est une mort, et la mort elle aussi est une vie »[2]. Mais alors nous pouvons entrevoir de quelle sorte de devoir-être il s'agit, dans la figure de ces « mortels » que nous avons à devenir : l'événement *marque* ou frappe chaque instant, comme selon Hölderlin, à nouveau médité par

1. R. Schürmann, *DHB*, p. 36 et Heidegger, *Questions IV*, Paris, Gallimard, 1976, p. 77.

2. Traduction A. du Bouchet, *Œuvres*, « Bibliothèque de La Pléiade », Paris, Gallimard, rééd. 1977, p. 941. Le livre de Schürmann pourrait être entièrement placé sous le signe de ce poème : « Le roi Œdipe a un / Œil en trop, peut-être ».

Heidegger, les mortels sont « marqués » par l'abîme (« Wozu Dichter ? »), mais il est surtout ce que nous avons à rejoindre dans chaque instant, la marque de l'avenir sur tout ce qui par lui est mortel, ce qui par lui entre dans la fragilité consentie. Il n'est alors, pour y voir plus clair, que de se tourner vers la fin du livre. Nous pouvons y lire que le retrait n'est pas la négation contre-principielle, recevant plutôt le nom de « disparate » il est alors l'incommensurable singularisation. Nous comprenons aussi que notre temps échoue désormais en toutes ses tentatives de transfert de souveraineté, et ainsi qu'il n'est plus possible de mettre en « lieu sûr » les fantasmes hégémoniques ainsi fragilisés. C'est là ce que Schürmann pense sous le nom de dessaisie, qui est ce qui nous arrive. *Dessaisie avant tout n'est pas de l'ordre de la volonté* : on se souviendra que Heidegger l'avait déjà affirmé de la *Gelassenheit*, en laquelle il cherchait à penser la conjonction d'un Oui et d'un Non au *Gestell*. La dessaisie est le nom de ce qui nous arrive, et ainsi elle nous fixe tout autant ce que nous avons à penser, ou bien ce que veut dire désormais, devant ce qui nous arrive lorsque nous ne voulons plus le recouvrir, autrement dit lorsque nous voulons ne plus avoir peur, penser : *laisser*, laisser s'effondrer ce qui s'effondre, ne retenir que ce qui se donne. Là s'accomplit la fidélité phénoménologique la plus haute, la fidélité sophocléenne de Schürmann, celle qui a vu et n'a pas voulu recouvrir le phénomène, celle qui n'a pas eu peur, celle qui sait et qui laisse [1]. La tâche de laisser, le Heidegger des *Beiträge* est le seul qui selon Schürmann en aura pris non pas à vrai dire la mesure, mais au moins le chemin silencieux [2], lui seul ayant *vu*

1. *DHB*, p. 643.

2. Ainsi devant notre détresse n'y a-t-il « plus rien à espérer de l'Antiquité », écrit Schürmann reprenant Heidegger (*Beiträge*, *GA*, 65, p. 73). Le commencement de la dessaisie est comme en passant assigné, dans une

ce qui arrivait, l'événement de la dessaisie et ce qui se montrait ou se donnait en lui, que Schürmann appellera, tout à la fin du livre, « l'origine tragique » ou « l'ἀγών originaire ». La dessaisie, de plus en plus clairement, est en effet pensée par Heidegger comme pur ἀγών, ou livrant accès au pur ἀγών : celui-ci est ce qui se donne comme événement singulier, celui qu'il s'agit pour *nous*, pour la pensée, de laisser être, lorsque la *Gelassenheit* « laisse être l'être en tant qu'événement »[1]. Événement singulier qui est en lui-même *agônal* : Schürmann ne manque pas de souligner la difficulté, qui est d'abord, une nouvelle fois, celle de notre langue, lorsqu'il s'agit d'accéder au savoir tragique d'une origine tragique[2]. Ce qui nous arrive est la dispersion finale des époques, ce qui nous arrive est une sorte de fin, aussi interminable soit-elle : la fin du temps historial, commente Schürmann, telle qu'elle nous accorde le privilège ambigu d'accéder peut-être au temps événementiel, c'est-à-dire au temps tragique et à sa « discordance » essentielle[3].

indication qui ne saurait être seulement « historique » : « la mort de Hegel et de Goethe » (*DHB*, p. 641).

1. *Beiträge*, p. 391, cité in *DHB*, p. 714.

2. *Cf.* les remarques p. 714-715.

3. Ainsi, parmi d'autres descriptions, celle-ci : « Les thèses époquales peuvent défaillir parce que le temps vient à manquer, essentiellement. Voilà en quoi il est leur condition, et voilà le savoir ordinaire qui dépose les fantasmes de la permanence. Le conditionné, ce sont alors les ressacs qui ruinent du dedans chaque ordre historial ; ce sont la double et la quadruple prescription, ainsi que toutes expériences où le ravage de la mortalité rabat les élans de la natalité » (*DHB*, p. 736). On s'en tiendra ici à deux remarques : dans l'écriture toujours attentive et exactement traductrice de Schürmann, « ravage » en effet transpose *Entrückung*, dégagement, dans le « dégagement vers ce qui se refuse » (*Beiträge*, p. 384). Les « ravages de la mort » (*DHB*, p. 726) font alors précisément écho à cela qui se refuse. En second lieu, la quadruple prescription renvoie, dès les *Beiträge*, au proto-quadriparti : « L'histoire se joue dans le seul entre-deux de la contrariété des dieux et des hommes en tant que fond de la lutte entre le monde et la terre » (*Beiträge*, p. 479, cité par R. Schürmann in

Pour penser la singularité tragique de cet événement, Schürmann revient au *Da*, au « Là » que les *Beiträge* cherchent encore à éclaircir, comme lieu de « la finitude telle qu'elle nous est destinée »[1], finitude à penser elle aussi – elle d'abord – dans l'être même. C'est encore avec le « retrait de mort », ou la mortalité, le trait qui était déjà celui du *Sein zum Tode*, que Schürmann pense le *Wesen*, le déploiement de l'être dans les *Beiträge* des années 30. Tout son commentaire de Heidegger se propose de penser le trait de la mortalité en tant que trait d'être, et ainsi, de façon expresse, à comprendre les *Beiträge* dans le sillage de l'analytique existentiale (à condition de lire celle-ci à partir de ceux-là)[2]. Le tragique, ce qu'il arrive à Schürmann d'appeler « la condition tragique », renvoie à ce trait dans l'être lui-même, dont il entrevoit le sens en cette affirmation presque finale dans le manuscrit des *Contributions* : « Bienheureux qui peut appartenir à la funeste fissuration de l'être »[3]. C'est alors aussi qu'il relit *Œdipe à Colone* comme la tragédie de l'appropriation du funeste : la sérénité œdipienne (que Nietzsche dans la *Naissance* avait lui aussi appris à reconnaître) est celle de la reconnaissance de son appartenance propre à la funeste fissuration des lois. *Œdipe à Colone* est le théâtre d'une apothéose, lorsqu'il entre dans l'enclos sacré Œdipe entre dans le divin ou auprès du divin, il est le plus proche du divin et sera enlevé par le divin. Là où il va, personne ne peut le suivre. Le savoir tragique est le savoir

DHB, p. 738 : *Geschichte spielt allein im Zwischen der Entgegnung der Götter und Menschen als dem Grund des Streites von Welt und Erde.* Heidegger poursuivait : *Sie ist nichts anderes als die Ereignung dieses Zwischen.* « Elle n'est rien d'autre que l'événement appropriant de cet entre-deux »).

1. *DHB*, p. 716.
2. Cf. *DHB*, p. 725.
3. Citée in *DHB*, p. 721.

silencieux, esseulé, à chaque fois singulier, de l'appartenance à un conflit funeste. La seule tâche de la pensée est alors de laisser être la vérité agônale qui se donne en un tel savoir. Mais en cette vérité agônale c'est un Non dont Heidegger selon Schürmann cherchait à penser la priorité sur tout Oui. Rejoindre ce Non tragique est le plus difficile, et c'est là aussi que le conflit avec la dialectique sera porté à son intensité la plus haute. Toute réconciliation nous est en effet refusée, et même dans le quadriparti le λέγειν, le « rassemblement » des dieux et des hommes n'en est surtout pas une, puisqu'il vaut comme déchirure et, à nouveau, ἀγών[1]. Il s'agit à nouveau, comme en 1929, de méditer le Ne-pas et le Non[2]. Un tel Non est une injonction, celle qui retourne toute position contre elle-même, celle que Schürmann a patiemment vue à l'œuvre, comme en sous-main, dans tous les fantasmes hégémoniques. Pour nous encore elle vaut comme *Zuweisung*, ainsi entendue par Schürmann : « L'injonction de ne pas oublier ce que chacun sait, encore que mal, à savoir qu'en fin de compte, quand il n'y a plus rien à compter ni sur quoi compter, le Ne-pas et le Non l'emportent toujours »[3]. L'injonction est toujours celle d'une fidélité à ce qui apparaît, à ce que l'esseulé sait lui-même de toujours, ou à ce « contre » qui oppose ou plutôt tourne (s'il ne s'agit jamais d'une négation déterminée, mais

1. Ainsi n'est-il surtout pas « rassemblement dans l'un » : *DHB*, p. 733. Il n'y a aucune sorte d'unidimensionalité du quadriparti.

2. En exergue de cette méditation, Schürmann place ce passage des *Beiträge* : « L'être même doit se déployer en tournant contre lui-même, et cela pour l'appropriation en tant que dénégation qui est une injonction. Alors, le Ne-pas et le Non seraient même ce qui dans l'être est le plus originaire » (p. 247, cité in *DHB*, p. 739 : *Das Gegenwendige muß in der Wesung des Seyns selbst liegen, und der Grund ist die Er-eignung als Verweigerung, die eine Zuweisung ist. Dann wäre sogar das Nicht und Nein das Ur-sprünglichere im Seyn*).

3. *DHB*, p. 741.

bien du Non d'un disparate) l'être contre lui-même. Or cela, ce Non, à nouveau il *faut* le dire, « les humains savent pertinemment ce que c'est »[1]. C'est cela que nous ne devons pas oublier parce que nous ne pouvons pas l'oublier, même si nous ne pouvons pas non plus le penser. C'est cela qui nous donne et nous donnera notre nom de Θνητοί ou βροτοί *: der Tod das höchste und äußerste Zeugnis des Seyns*[2]. Telle est en un sens l'unique affirmation que cherchent à comprendre les *Hégémonies*. En quoi, autrement dit, la mort désigne l'appartenance à l'être d'un Ne-pas originaire[3]. Pour le comprendre décidément il faut remonter à ce lieu que Heidegger avait dès 1927 appelé *Dasein*. Ce lieu est le même que celui que Sophocle autrefois avait appelé Colone[4]. Mais le *Dasein* entre-temps est devenu le « témoin » de l'être, celui qui a vu et en aura été aveuglé, celui qui ne veut plus désormais (tel est le sens de Colone) détourner le regard de ce qu'il a vu. Ce lieu devenu témoin implique le passage de la *Zeitlichkeit* à la *Temporalität*, qui « se déplace hors de l'existence », note Schürmann[5], temporalité surgissant d'un Non originaire qui n'est plus seulement celui du *Dasein*, ou d'un avenir qui n'est plus une ek-stase de l'existence, mais qui n'est pas davantage (là est le plus difficile) un κοινόν, un ἕτερον originaire. Le néant est toujours singulier, et cette singularité est ce qui arrive comme ἀγών, fissuration ou différend : le singulier est non pas ce qui se montre en guise d'étant, mais l'apparaître même qui

1. *DHB*, p. 742.

2. *Beiträge*, p. 284 ; cité in *DHB*, p. 742.

3. *DHB*, p. 742.

4. *DHB*, p. 743 : nous sommes alors ramenés, écrit Schürmann, « aux ultimes de l'expérience ordinaire – au *Dasein* entendu comme le lieu (Colone) où faire nôtre la double injonction d'une origine tournée contre elle-même ».

5. *DHB*, p. 744.

n'apparaît pas, il est la phénoménalisation [1] – en tant que ce que j'appelle « ma mort », en tant aussi, d'un nom trompeur s'il en est (ils le sont tous dès qu'ils sont communs), qu'il est le mal, en tant si l'on veut qu'il est à chaque fois cette « nuit » qui fut au commencement des questions de Schürmann.

Ainsi à la fin du livre est-ce à nouveau dans la langue que la singularisation s'avance, là où se sont avancées aussi toutes les positions historiales hyperboliques : dans le dire Oui et le dire Non, un dire Non originaire que Schürmann nommera, non sans risque, transgression, à la condition, stipulée avec soin, de n'entendre par là ni aucune sorte de passage au-delà de la clôture, ni aucune « surmesure » qui pourrait être reconduite à quelque ἐπέκεινα [2]. Dans la transgression que cherche à penser Schürmann, il n'est aucune symétrie, aucune opposition, elle ne donnera lieu à aucune dialectique : elle est la négation sans esprit. « Les héros d'Eschyle, eux, périssent de ce conflit sans instance supérieure », écrit-il [3]. Personne ne dit Non. Celui qui dit Non, qui finira par nous dire Non, est ce que nous appelons notre monde. Mais dans le différend ou ἀγών le

1. De tels Singuliers ne se montrent pas, ils ne sont jamais des étants donnés, mais la fidélité aux phénomènes est bien fidélité à cette phénoménalisation qui elle-même n'apparaît jamais. Bien que les noms communs ne leur conviennent pas, ils ne sont jamais donnés comme l'est l'étant que désigne un nom propre. Le cas qui leur conviendrait serait le vocatif, le cas tragique par excellence : « ô néant », « ô avenir », « ô mort » (p. 749). C'est là ce que Schürmann au fond appelle les « ultimes » ou, plus loin, les « phénomènes phénoménologiques », dont il dit qu'« ils ne se décrivent pas comme se décrivent telle femme belle, tel acte de penser, tel pays » (p. 758). Leur singularité n'est pas celle des étants que voici. On se souvient que les principes n'apparaissent pas davantage, ou alors, dès qu'ils apparaissent, c'en est fait de leur règne : la loi des lois « n'apparaît pas. Elle fait plutôt apparaître : elle fait des étants des phénomènes » (*DHB*, p. 33).

2. *DHB*, p. 755-756.

3. *DHB*, p. 757.

Non et le Oui ne devraient-ils pas être dits bien plutôt co-originaires ? Non : le Non est « plus grand » que le Oui, affirme Heidegger[1], l'*Entzug* n'est pas l'autre du *Bezug*, entre eux il y aura bien plutôt une inégalité qui ne se laissera jamais réduire. Mais peut-être aussi jamais penser, autrement du moins qu'à partir de la manifestation elle-même, comme le Non qui « infirme toute manifestation »[2], qui traverse toute phénoménalisation, le Non qui n'est pas seulement le Non à mon monde, mais le Non que me dit mon monde.

L'un des derniers énoncés de Schürmann sera à lui seul, en sa simplicité très précisément tragique, à la fois la reprise de toute l'analytique existentiale et le refus réaffirmé de la dialectique, un refus qui ne s'était sans doute jamais dit, et ne saura jamais se dire, de façon plus tranchante : « La solitude est plus originaire que l'amour »[3]. C'est cela que vit Œdipe à Colone.

1. Et pourtant nous le manquerions à nouveau si nous apercevions absurdement en lui ce que Schürmann appelle une « méphistophélisation de l'être », « catastrophe originaire » (*DHB*, p. 759).

2. *DHB*, p. 760.

3. *DHB*, p. 761.

CHAPITRE IX

GRECS

Reiner Schürmann est l'auteur d'une tentative radicale et solitaire. *Radicale*, cette tentative se propose de penser une sorte de « nuit », la « tombée » d'une telle nuit[1]. Montrer, décrire comment la nuit est tombée, tombée sur nous, mais avant tout, comme il apparaîtra en ce livre qui se présente volontiers lui-même comme un nouveau Περὶ ἀρχῶν, sur les principes eux-mêmes. Radicale, cette tentative se porte ainsi au plus loin dans le nocturne pour penser le dépérissement des principes – et ainsi notre « époque », si du moins il s'agit encore d'une époque avec ce qui, Schürmann se joignant à Heidegger, est la fin de toute ἐποχή, la fin de l'époqual comme tel. *Solitaire*, elle qui avait sa provenance dans la tâche léguée par l'ultime pensée de Heidegger – mais par *Sein und Zeit* tout autant, à condition de lire celui-ci à partir de celle-là –, elle l'est sans doute restée, depuis la publication, en 1996, des *Hégémonies brisées*. Reiner Schürmann, ainsi, n'a peut-être

1. Le livre s'ouvrira sur les nuits (« plus d'une nuit », p. 11), et ce sont encore ces « nuits », « de nouvelles nuits », qui vont décider en faveur de l'horizon vers lequel tout le livre regarde, les *Beiträge* de Heidegger (plutôt que Nietzsche : p. 643).

pas rencontré la communauté que toute pensée recherche, surtout lorsqu'elle fait de la fragilité son unique question, et repousse alors loin de soi, par stricte fidélité à ce qui se donne, se donne toujours seulement dans la figure d'une telle fragilité, toute réconciliation, s'en tenant résolument, par rigueur phénoménologique, en fin de compte sophocléenne, au phénomène, à ce qui se montre et qu'elle va dire, alors, tragique. Cependant la recherche finale de Schürmann fut-elle, en quelque sens que ce soit, herméneutique ? Du moins ne s'est-elle jamais à elle-même donné ce titre assurément lui-même ambigu. Pour autant qu'elle appartiendrait à ce qui s'est plus ou moins rassemblé sous ce nom, elle devrait au moins placer en son centre, en guise de chemin méthodique – autrement dit, en phénoménologie, de *Deskription* –, un ἑρμηνεύειν, c'est-à-dire, comme *Sein und Zeit* l'avait fait en voulant d'abord s'en tenir au sens *originaire* de l'herméneutique, une *Auslegung*, une « explicitation ». Une telle *Auslegung* se tournait alors vers « le sens d'être authentique » et les « structures fondamentales de l'être propre » du *Dasein*[1]. Tournée vers le *Dasein*, elle l'était à vrai dire en deux sens : elle partait de lui, mais, tout autant, lui était essentiellement adressée. Partant de la compréhension d'être qui est à chaque fois la sienne (et d'un *Verstehen*, dans *Sein und Zeit*, considérablement élargi), elle avait bien en vue de la rendre claire *à lui-même* : il s'agissait – *il s'agira à nouveau* dans le projet de Schürmann – de « nous », premier nom du *Dasein*, et de l'auto-éclaircissement d'un tel « nous ». Un tel *Wir* résolu à l'éclaircissement de soi est capital dans la constitution de l'herméneutique heideggerienne, et peut-être de toute herméneutique, dont il est à chaque fois l'élément – « personnel » si l'on veut,

1. *SZ*, § 7, p. 37.

en un sens à la fois difficile et décisif. Dès lors, comme explicitation d'un tel sens, le λόγος phénoménologique était ἑρμηνεύειν selon trois dimensions, dont les deux dernières donnaient, tour à tour, un horizon et un contenu à la première : comme *Auslegung* du *Dasein*, comme *Ausarbeitung* des conditions de possibilité de toute ontologie, par conséquent aussi de l'ontologie des autres étants (*horizon* ouvert par l'analytique existentiale), comme *Analytik der Existenzialität der Existenz* (*contenu* premier de l'*Auslegung*). Or la tentative de Schürmann ne saurait sans difficulté se placer sous le signe d'une *Auslegung*, quelle que soit la dimension retenue pour une telle « explicitation ». Si le λόγος se propose, à nouveau, de montrer et de décrire, il ne s'agit peut-être plus, ou plus seulement, d'un « sens », fût-il un sens d'être. Ou alors, le seul *Sinn* dont il s'agira est celui qui habitera, à partir des années trente, la *Be-sinn-ung*, la « méditation » heideggerienne : le sens, la « directionnalité » d'un chemin, la pensée allant à chaque fois un tel chemin. La question du ἑρμηνεύειν, de ce qu'il advient de lui dans Schürmann, devrait alors en tout premier lieu être adressée aux *Beiträge*, et à tout ce qui les suivit. S'agit-il encore d'un ἑρμηνεύειν lorsque ce qui est au centre de la question, de la méditation, est, dans le projet de Schürmann, « le site que nous habitons »[1], et avec lui, en vue d'accéder à un tel site, les langues, sans doute, mais comme « langues de notre histoire »[2] (et ainsi : *non pas* les œuvres, *non pas* les textes, *non pas* les livres), puisque chaque langue, selon Schürmann, donne une époque, l'époque qui a « parlé » cette langue, en sorte que l'époque ici se laisse entièrement reconduire à la langue qu'elle parle, et reconnaître en ses traits

1. *DHB*, p. 11.
2. *DHB*, p. 12.

les plus propres à ce qui se passe dans cette langue lorsqu'elle est langue de la pensée[1] ? Autant d'époques, autant de sites, qui sont ainsi à chaque fois une langue, où tout ce qui apparaît prend sens, c'est-à-dire direction, selon une tournure à elle propre. C'est pourquoi la recherche de Schürmann se veut « topologique » plutôt qu'herméneutique, et elle n'est pas seulement, en cette mesure-là, explicitation; il ne s'agit pas non plus exactement de « comprendre », de venir au devant, à partir de nos propres attentes de sens, d'un sens qui viendrait lui-même au devant de nous, mais à chaque fois de la description d'un site, description d'une souveraineté qui aura dans une langue à chaque fois commandé la phénoménalisation des phénomènes, autrement dit la souveraineté d'un non-étant, phénomène originaire maximisé, sur tout ce qui apparaît, et sur l'apparaître même. Cette hégémonie advient dans la langue, mais ce qui advient n'est *jamais seulement elle* : il y aura toujours deux « traits », le trait de natalité et celui de mortalité, l'institution d'une hégémonie et le retrait de sa destitution. La question de l'herméneutique est alors plus

1. *DHB*, p. 13 : « Nulle pensée jamais n'a résisté à se laisser emporter par sa langue ». Mais pourquoi se tourner vers les penseurs ? Schürmann répondra plus loin : « Le philosophe-fonctionnaire déploie en grand la remise du singulier au fantasme, remise que toujours le langage singulier opère en moins grand » (p. 24). Quant à l'époque : « Il faudra définir l'époque par l'organisation fantasmatique instituée par une langue ». On confrontera ce concept d'époque à celui de *Zur Sache des Denkens* : « Histoire de l'être veut dire envoi destinal (*Geschick*) de l'être, en lesquels envois (*Schickungen*) tout autant l'envoyer (*das Schicken*) que cela qui envoie se retiennent en soi (*an sich halten*) en leur témoignage d'eux-mêmes (*mit der Bekundung ihrer selbst*). Se retenir en soi se dit en grec ἐποχή. De là vient que nous parlions d'époques de l'envoi destinal de l'être. Époque ne veut pas dire ici une période de temps dans l'advenir, mais le trait fondamental de l'envoyer, à chaque fois soi-même se retenir en soi en faveur de la perceptibilité du don (*Gabe*), c'est-à-dire de l'être, en considération de la fondation de l'étant » (« Zeit und Sein », *Zur Sache des Denkens*, p. 8).

difficile, comme aussi la présence de Heidegger dans Schürmann. Car de même que l'analytique existentiale n'aura jamais été simplement « abandonnée », elle ne l'est pas non plus, loin de là, par Schürmann. La recherche topologique est par lui menée sous une autre, qui n'est pas sans retenir de *Sein und Zeit*, avec le titre d'une « analytique », ce qui en était le centre, ou l'horizon, « la possibilité la plus propre » du *Dasein*, le *Sein zum Tode*, la possibilité « absolue », *unbezügliche*, celle qui, d'un mot qui sera décisif pour Schürmann, « *interpelle* celui-ci *en tant que singulier* » : *er (der Tod)* beansprucht *dieses* als einzelnes[1]. Les *Hégémonies* sont encore le livre d'une telle interpellation, le livre de ce que Schürmann appelle lui-même la « singularisation », le livre de l'être-vers-la-mort : le livre entier sera le déploiement de ces quelques mots de *Sein und Zeit*. Mais alors la question réapparaît d'un ἑρμηνεύειν qui s'attacherait à expliciter le savoir que chacun ne saurait manquer de voir toujours émerger à nouveau en lui, à travers une telle singularisation, qui est la singularisation mortelle, quel que soit le « déni », *Verleugnung*, dont chacun avec force repousse dans les profondeurs ce qu'il voit alors, ce qu'il ne peut pas ne pas voir, ce qu'il sait, « encore que mal ». Assurément il ne s'agira plus seulement – s'il est permis de le dire ainsi – du *Dasein* : il s'agira plutôt de ceux qui sont devenus ou, selon le mot que Schürmann reprend à Heidegger, de ceux qui « doivent encore *devenir* des mortels »[2]. Mais en cette nouvelle « analytique des mortels » qui cherche à discerner le « trait » mortel, *Zug*, comme *Entzug* et même

1. *SZ*, § 53, p. 263.

2. « Das Ding », *Bremer und Freibürger Vorträge*, *GA* Bd. 79, p. 18, et sous une forme légèrement différente *VuA*, p. 177. Cité par R. Schürmann, *DHB*, p. 34.

Enteignis[1], « l'événement d'expropriation », dans l'*Ereignis*, le λόγος n'est-il pas à nouveau celui, « herméneutique », par lequel sera « annoncé », *kundgegeben*, à ce qui serait alors une « compréhension d'être », *Seinsverständnis*, devenant « translucide », *durchsichtig*, à elle-même, un « sens d'être » qui devrait à son tour être dit *eigentlich* ?[2] Ce qui est en chemin dans cette « analytique des ultimes » n'est-il pas encore décidément l'ἀποφαίνεσθαι de ce qui « dès toujours », comme traduit Schürmann, est au fond de chaque mortel singulier, ce qu'il arrive à Schürmann d'appeler le « phénoménologiquement originaire » ou le « phénomène phénoménologique » – les deux traits de la *Gebürtigkeit* et de la *Sterblichkeit*[3], autrement dit le double événement, la « conjonction événementielle » qui résiste à toute réconciliation, à toute dialectique – Schürmann en toute sa pensée livrant un combat, qui ne cesse jamais, contre Hegel, son adversaire majeur, mais aussi le plus absent ? Et la « nuit » sur laquelle le livre s'est ouvert n'est-elle pas à chaque fois, au bout du compte, cette nuit-là, qui ne cesse de s'avancer dans chacun ? La mesure en laquelle les *Hégémonies* pourraient encore appartenir à une œuvre d'*Auslegung* demeure alors une question.

Tenant une telle difficulté en réserve, il est cependant possible de regarder de plus près ce qu'il en est des Grecs, c'est-à-dire du grec lui-même, dans la topologie de Schürmann, et ainsi dans l'analytique des ultimes sous laquelle celle-là est

1. Un tel « trait » n'est-il pas de son côté un sens d'être ? « La mort, révélatrice d'un trait d'être : "trait" au sens d'une traction (*Zug*, mot qui signifie toujours chez Heidegger ce que la tradition appelait une catégorie d'être) » (*DHB*, p. 36-37).

2. *SZ*, § 7, p. 37.

3. *DHB*, p. 29. Un tel originaire est bien repris de Heidegger, même si le passage par Arendt est décisif : *cf.* la note 33, p. 67-68.

de part en part conduite. Considération qui va sans aucun doute à nouveau mettre en question, et rendre lui-même instable, le rapport à Heidegger. Car les *Hégémonies* s'ouvrent avec le grec, le premier φάντασμα hégémonique, τὸ ἕν, et deux noms, Parménide et Plotin, commencement et fin de ce qui est grec [1] – qui pourraient cependant ne pas être les seuls Grecs dans le livre, ni même, on va le voir, les plus décisifs. Mais c'est bien l'hénologie que Schürmann retient dans le site grec, et avec elle « l'institution du sens focal grec de l'être » [2] – un site hénologique, et par conséquent grec, cependant beaucoup plus tourmenté, beaucoup moins simple qu'il n'y paraît. L'un entre en scène comme l'un qui tient, le ἕν συνεχές de Parménide, d'abord au titre de la θέσις natale, qui se tient elle-même sous le trait de natalité : Αὐτὰρ ἀκίνητον μεγάλων ἐν πείρασι δεσμῶν (VIII, 26) [3]. Il s'avance ainsi, dans le grec (selon, d'une part, ce qui est apparu à Schürmann de la *Gebürtigkeit*, en tant que trait du commencement, selon, d'autre part, la loi phénoménologique absolue : s'enquérir à chaque fois du phénomène qui se tient en retrait), comme la maximisation ultime d'un phénomène, en la figure d'une loi devenant contraignante pour la phénoménalité. « Parménide pose l'un comme donnant lieu – comme assignant leurs places respectives – aux singuliers présents et absents ». Mais quel est ici au juste le phénomène originaire de Parménide, et, à travers

1. La justification en est donnée dans *DHB*, p. 53 : « Les commencements sont compacts, mais les fins, révélatrices. Aussi, pour chaque époque langagière, ne lirai-je que les documents d'ouverture et de clôture ». Il s'agit de lire l'instituant et le destituant, jamais l'institué (ainsi : « l'un dans la pensée attique du quatrième siècle », avance, assez audacieusement, Schürmann).

2. *DHB*, p. 51.

3. Traduit ainsi par Schürmann : « Immobile il repose dans la conjonction de liens puissants » (*DHB*, p. 79).

lui, quel aura été le phénomène grec originaire, celui qui paraît dans le grec, ou en grec ? *Non pas seulement* la présence, la venue en présence ou l'approche dans la présence, et c'est bien un tel Non qui va déchirer, dès son institution, le plan hénologique grec. Le phénomène originairement grec, tel qu'il est possible de le « montrer », c'est-à-dire d'abord de le « voir », dans Parménide lui-même, est le phénomène de *l'absence traversant tout ce qui est présent.* En guise d'expérience originaire, nous pouvons ainsi « voir » apparaître dans Parménide « celle d'une absence singularisatrice radicale traversant tout ce qui peut être présent, absence pour laquelle il appelle les humains les *mortels* »[1]. Nous pouvons, de notre côté, nous en tenir à Parménide, car ce qui apparaît avec lui, le double trait, ne cessera, selon les différentes époques de l'être, de réapparaître. Par là surtout, la proximité de Parménide avec d'autres Grecs manifestera au fond ce qui est et *demeure* grec par-delà le dépérissement de la configuration hénologique – et ainsi du grec –, jusqu'à « nous », et peut-être même jusqu'à ce livre qui en un autre sens n'est plus grec, ne pouvait plus être grec, les *Beiträge zur Philosophie*. Ces autres Grecs sont ceux qui ont vu ce que *nous avons encore à voir*, ceux qui, Schürmann ne cesse d'y revenir, n'ont pas reculé devant ce qu'ils ont vu. « Par où Parménide commence, commence Eschyle », écrit Schürmann[2]. Un tel commencement, le commencement tragique, ne finira jamais, il est encore le nôtre, ou celui que nous avons à rejoindre, il est la discordance que selon Schürmann Parménide a vue dans la double allégeance aux présents et aux absents. Mais regardons de plus près comment il lit Parménide. Schürmann commencera par questionner les

1. *DHB*, p. 52.
2. *DHB*, p. 52.

ὁδοὶ μοῦναι διζήσιος, les « seules voies de la recherche » du Poème (fr. 2, 2). Il n'y a peut-être pas deux chemins, et pas davantage trois comme le voulait Karl Reinhardt[1], si « la prétendue deuxième voie n'en est pas une », s'il n'est pas question de s'y « engager » ni de « cheminer » sur ce chemin qui n'en est pas un, puisqu'il ne s'ouvre jamais[2], si par conséquent la première voie à elle seule, dans le commentaire de Schürmann, est le chemin où le κοῦρος apprendra que « l'être est *et* que le non-être n'est pas », alors que ce qui serait un second chemin est παναπευθέα ἀταρπόν (« sentier tout à fait inconnu », le chemin « introuvable », traduit Schürmann, fr. 2, 6). N'y aurait-il qu'une voie pour la pensée, si la « seconde » voie doit être dite (fr. 8, 17) ἀνόητον et ἀνώνυμον ? Schürmann va en effet ne retenir qu'une route. Mais il va aussi penser sur cet unique chemin les moments qui se succèdent d'un seul et même dévoilement, où la disjonction majeure, celle de l'ἀλήθεια et de la δόξα, coupant la route en deux, en gardera pourtant l'unité, celle du cheminement du voyageur, qui s'y engage comme sur un chemin de dévoilement. Alors : sur quelle route unique le κοῦρος avance-t-il ? La route où « ce qu'il y a à voir, se montre », la route de l'ἀλήθεια. Or la δόξα est encore un tel « paraître », et même un « paraître avec éclat », qui se tient dans la proximité du φαίνεσθαι comme du φύεσθαι, du « se lever » de la φύσις, l'un des noms parménidiens pour « être ». C'est à partir de là que Schürmann comprendra les fameux δοκοῦντα du

1. Plus loin cependant Schürmann, mais seulement au terme de son interprétation, pourra retrouver une autre version des trois voies, celle de l'être, celle du non-être, celle de la δόξα (des mortels) (p. 93 *sq.*).

2. *DHB*, p. 85.

Poème[1]. Mais ce qui paraît reste à recueillir et à dire : les mortels ne cessent de prendre des positions, des « décrets » au sujet de ce qui se montre, et des décrets opposés, extrêmes, qui ne sont rien, écrit Schürmann, « mesuré(s) à l'unité dévoilée »[2] : « 'Tout ayant été nommé lumière et nuit' (9, 1), jamais ce que les hommes établissent pour s'aménager un monde ne sera assez solide pour mériter confiance (πίστις, 1, 30) »[3]. Cette route doxique n'est pas une autre route, il n'y a pas d'autre direction, pas de bifurcation. Une route prend la suite de l'autre, il y a deux sections ou deux segments de route, entre lesquelles il y a la porte de la nuit et du jour. La route de la nuit, commente Schürmann, n'est pas la route du non-être, car elle est praticable quand l'autre ne le fut et ne le sera jamais (en ce sens il y en aurait de toute façon trois), et le poète va s'y engager entouré des jeunes filles. Il partira même de la maison de la nuit, atteindra la porte du jour, qui est un « second commencement », puis parviendra au « cœur inébranlable de l'Ἀλήθεια » (Ἀληθείης ἀτρεμὲς ἦτορ, 1, 29). Il n'y a qu'un seul chemin où, écrit Schürmann, le dévoilement comprend les deux moments, recel et décèlement. Mais ce qu'enseigne Parménide ne commence essentiellement qu'alors, et avec lui

1. Il faut renvoyer ici à l'article d'Alexandre Lowit : « Que signifient les δοκοῦντα de Parménide ? », *Heidegger Studies*, vol. 11, Duncker & Humblot, Berlin, 1995. En lequel l'horizon, ouvert par Heidegger, était pour son auteur de penser les δοκοῦντα, « l'un des noms initiaux donnés au séjour de la vie humaine par la pensée grecque » (p. 123), « de façon encore plus grecque » que les Grecs eux-mêmes, et ainsi au-delà des Grecs, au-delà de Parménide lui-même, regardant dans « ce qui n'est plus, n'est plus jamais grec », selon l'indication d'*Unterwegs zur Sprache* (cité p. 125 : *GA* 12, p. 127 ; trad., p. 125). *Cf.* aussi « Le 'principe' de la lecture heideggerienne de Parménide », *Revue de philosophie ancienne*, IV, n° 2, Bruxelles, Ousia, 1986.

2. *DHB*, p. 89.

3. *DHB*, p. 90.

va se montrer la dissension tragique qui divise originairement le domaine hénologique. Que font les mortels? Ils opposent, ils divisent selon les contraires: la nuit n'est pas le jour. Δεξιτεροῖσιν μὲν κούρους, λαιοῖσι δὲ κούρας: «à droite les garçons, à gauche les filles» (fr. 17). Que fait l'un? Il tient ensemble: ἕν συνεχές (fr. 8, 6). Qu'enseigne alors Parménide selon Schürmann? À rester fidèle à cette unité *qui surtout n'est pas simple*, une fidélité de la pensée pour laquelle il ira chercher un nom sophocléen, ἀμφινοεῖν[1]. Fidélité d'une pensée qui n'oppose pas mais tient ensemble les contraires, l'absence dans la présence, et dont Schürmann trouve le principe dans le fr. 4, 1 : «Les choses absentes, reçois-les par la pensée comme fermement présentes»[2]. Là se donne, parmi les noms parménidiens de l'être, le trait dont Schürmann va s'enquérir dans tout le livre, le trait tragique de l'être : non pas seulement ἐόν, πέλειν, ἔστι et φύσις, mais en dernier lieu la conjonction ἀπέοντα/παρέοντα, le ressac de la présence vers l'absence[3]. Contre les «têtes doubles» (fr. 6, 5), Parménide tentera et enjoindra de penser la législation de l'un, non comme législation d'un étant, d'un «grand présent», mais comme législation tragique, nous liant toujours à l'absence dans la présence. C'est à une telle union que travaillent toutes les puissances du Poème, les «adjoints» d'᾿Αλήθεια, Δίκη, Θέμις, Μοῖρα, ᾿Ανάγκη, Πέρας, toutes s'acquittant «d'un service étrangement semblable»[4], dont le «phénomène simple» est un tenir ensemble, un empêcher, comme

1. *DHB*, p. 94.

2. Λεῦσσε δ'ὅμως ἀπεόντα νόῳ παρεόντα βεβαίως.

3. Il faudrait sans doute faire intervenir, au cœur de l'interprétation de Schürmann, «La parole d'Anaximandre» des *Holzwege*, *GA*, Bd. 5. Pour un commentaire, *cf.* D. Franck, *Heidegger et le christianisme*, Paris, P.U.F., 2004.

4. *DHB*, p. 112.

Schürmann le décrit lorsqu'il s'agit de Δίκη, que les forces ne s'écartent. À partir de là, d'une telle tenue, à chaque fois s'accomplit « l'assignation d'un étant à son site »[1]. L'hénologie parménidienne donnera tout autant, selon Schürmann, d'accéder au sens du fragment 3 (τὸ γὰρ αὐτὸ νοεῖν ἐστίν τε καὶ εἶναι), qu'il pense à partir de la φύσις comme « levée », phénoménalisation originaire, un « même » par lequel est tout ce qui se montre et par lequel pense tout ce qui le reçoit[2].

Le Parménide de Schürmann est le penseur de la phénoménalisation, non pas seulement comme venue ou approche dans la présence, et même : non pas du tout comme une telle venue[3], mais comme l'événement d'une discordance, celle de la présence et de l'absence, qu'il lui arrive d'appeler le « chiasme tragique ». Avec l'un il s'agit d'un *événement* hénologique, et non pas du πρὸς ἕν de la participation ou de l'attribution[4]. Mais cet événement n'est justement pas simple, il est événement d'une union qui est un conflit : « L'union conflictuelle se produira partout où quelque chose se manifeste, partout où il y a phénomène. Elle est la phénoménalité se faisant et, en ce sens, événement »[5]. On ne manquera pas de relever, Schürmann lui-même le plaçant en exergue, que tout son commentaire de Parménide, dont la délicatesse ne saurait être ici restituée, est tourné – non pas, assurément, en suivant le

1. *DHB*, p. 115.

2. *DHB*, p. 104-105.

3. Cf. *DHB*, p. 129 : « D'aucune façon l'être n'est la présence ». D'une telle présence, il s'agirait plutôt, sur la route de la déesse, de « désapprendre le prestige » (p. 146).

4. Cf. *DHB*, p. 136 : l'une comme l'autre selon Schürmann ne regardent que les présents.

5. *DHB*, p. 143.

Parménide de Heidegger, mais plutôt au fond contre lui – tourné cependant, décidément, vers les *Beiträge*.

Mais par là nous pouvons justement en venir au plus décisif de la tentative de Schürmann, au lieu où, à la fois et difficilement, elle *demeure* grecque, retrouve en un sens l'analytique existentiale et cependant (regardant *Sein und Zeit* depuis les *Beiträge*, bien davantage que l'inverse[1]) se place sous la pensée, qui pour elle-même ne pouvait plus être grecque, de l'*Ereignis*. Au centre du livre de 1936-1938 Schürmann voit la tentative – *encore parménidienne* en un sens : mais un tel sens n'est pas « grec » au sens de ce qui est grec pour Heidegger[2], il est tragique – de « varier la dissension originaire de l'être »[3]. Variation au fond sophocléenne, sous le regard de Schürmann : « On dirait qu'en ces années fatidiques Heidegger tendait l'oreille à un Homère allemand, ensuite à ce qu'il semble avoir pris pour un Solon allemand, et qu'il finit par parler lui-même avec la voix de Sophocle »[4]. Le commencement, « eschyléen », de Parménide n'est pas alors sans résonner dans la fin, « sophocléenne », des *Beiträge*. Comme l'un parménidien était déjà événement, et déjà tourné contre lui-même, entre à présent en scène celui qui en avait assurément déjà inspiré de part en part toute la méditation : « L'événement tourné contre lui-même, auquel appartient le

1. *DHB*, p. 725.

2. Celui qui fait écrire à Heidegger : « Précisément celui qui a compris la question de l'être et a tenté de parcourir une fois effectivement sa voie ne peut plus *rien* espérer de l'Antiquité et de ses suites, sinon l'effroyable avertissement (*Mahnung*) de seulement transférer à nouveau le questionner dans le même fond de la nécessité, non pas celle qui fut la première, qui fut irrévocable et qui ne déploie son essence qu'*ainsi* (*Beiträge*, *GA*, *Bd.* 65, p. 73 ; cité en partie par R. Schürmann, *DHB*, p. 651).

3. *DHB*, p. 645.

4. *DHB*, p. 721.

différend intrinsèque de la fissuration »[1]. La *Zerklüftung* des *Beiträge* délivre sans doute le centre de la méditation schürmannienne. Qu'aura voulu dire Heidegger avec une telle « fissuration » du « tournant de l'événement » ?[2] Il aura au fond pour la première fois pensé ce qu'avait déjà montré, selon Schürmann, *Œdipe à Colone* : l'appartenance à un conflit funeste. Œdipe finit par s'avancer dans un Oui par lequel il fait sien le funeste, il finit par savoir « qui il est », celui qui appartient entièrement à une fissuration qu'il ne lui est plus possible, à la fin, de dénier. « Bienheureux qui peut appartenir à la funeste fissuration de l'être », portent quelque part les *Beiträge*[3]. La *Zerklüftung* ou les *Zerklüftungen* de ce livre prennent place selon Schürmann entre les « extases » et les « traits » de l'appropriation et expropriation, entre *Sein und Zeit* et « Zeit und Sein », pour répondre à la même difficulté « catégorielle » : comment dire les traits temporels de l'être, ou désormais plutôt : comment penser la temporalité événementielle ? Comment parler du singulier, de l'instant, de « l'événement sans nom commun » ?[4] La « fissuration de l'être » apparaît lorsque prend fin l'histoire des hégémonies, lorsque

1. *Beiträge*, p. 185 (traduit par R. Schürmann, *DHB*, p. 724) : *das* in sich kehrige Ereignis, *zu dem innere Ausfälligkeit der Zerklüftung und somit der* Abgrund *gehört*.

2. *Beiträge*, p. 231 : Im anderen Anfang *gilt es den Sprung in die erklüftende Mitte der Kehre des Ereignisses*.

3. Schürmann ne donne pas la référence de ce passage décisif (*DHB*, p. 721). Plus loin, il commentera l'*Ereignis* non simple, « et appropriant, et ce qu'il y a de plus aliénant » (p. 728), à partir d'Œdipe, de son appropriation/expropriation à la πόλις et à l'οἶκος. Pour lui, la question la plus éclairante concernant le livre lui-même est posée à la p. 374 des *Beiträge* : *Inwiefern solches in der griechischen Tragödie ?* Il s'agit alors du « lieu d'instant » (*Augenblickstätte*) du *Dasein*.

4. *DHB*, p. 722.

devient impossible toute « catégorisation de l'étance »[1]. C'est selon la même fissuration tragique que Schürmann lira le quadriparti ou le proto-quadriparti des *Beiträge*, où le λέγειν, le « rassemblement » des quatre a d'abord foncièrement le sens d'un ἀγών, et n'est jamais « rassemblement dans l'un »[2]. Très clairement, Schürmann considère la temporalité événementielle de la fissuration comme l'héritière de la temporalité extatique et de son horizon, le *Sein zum Tode*. Les extases, note-t-il sont devenus les « dégagements », *Entrückungen*, pour dire la puissance du Non, le Non de l'avenir et celui du passé, la puissance de « ce qui se refuse »[3]. Une telle puissance est irréductible à l'histoire époquale comme à la différence ontologique : la temporalité événementielle n'est plus la temporalité historiale, celle des constellations alètheiologiques – tel était déjà l'acquis du *Principe d'anarchie*[4] –, de quelque lien qu'elle lui demeure cependant attachée. Dans le grand livre sur Heidegger, Schürmann avait remarqué là, en la soulignant comme unique dans l'œuvre de Heidegger, une *Aufhebung* : il avait alors donné le texte capital de *Zur Sache des Denkens : Die Seinsvergessenheit « hebt » sich « auf » mit dem Entwachen in das Ereignis*[5]. Une telle *Aufhebung* nous

1. *DHB*, p. 723.

2. *DHB*, p. 733.

3. R. Schürmann cite (*DHB*, p. 726) les *Beiträge*, p. 384 : *Aber mit der Entrückung in das Sichversagende (das ist eben das Wesen des Zeitigens) wäre ja schon alles entschieden.* « Mais avec le dégagement vers ce qui se refuse (en quoi consiste précisément le déploiement essentiel de la temporalisation) tout serait vraiment déjà décidé ».

4. Cf. *Le Principe d'anarchie*, Paris, Seuil, 1982, p. 333.

5. *Zur Sache des Denkens*, p. 44 (*Questions IV*, *op. cit.*, p. 74), cité in *Le Principe d'anarchie*, p. 177. « L'oubli de l'être se supprime avec l'éveil dans l'événement appropriant ». Il faudrait rappeler ici tout le passage : l'*Ereignis* n'est pas une nouvelle *seinsgeschichtliche Prägung*, et par conséquent, pour la

place, seulement alors, devant ce qui nous arrive, et que Schürmann nomme la dessaisie, la seule provenance qui nous reste pour ce qui s'appelle encore « une phénoménologie »[1]. Qu'une telle phénoménologie soit bien une analytique du ne-pas, du « Ne-pas originaire appartenant à l'être même et donc à l'événement »[2], voilà qui paraît devoir la constituer encore en analytique de la mortalité, en constante méditation du nom dont Parménide après Homère avait désigné ceux que celle-ci atteint, en méditation sur ceux qui ont à devenir les « mortels ». Phénoménologie, elle est encore le recueillement de ce qui se montre, mais alors, plus précisément, le recueillement de ce que les *Beiträge* appellent désormais un « témoignage » : *der Tod das höchste und äußerste Zeugnis des Seyns*[3]. Le « là » comme lieu des ultimes irréconciliables, incongrus ou disparates, est devenu cela qui témoigne de l'être. La phénoménologie de Schürmann retourne à un tel témoignage, et à partir de lui, à partir, décidément, de l'*Ereignis*, éclaire d'un tout autre jour, à travers la « topologie des doubles prescriptions normatives », la temporalité historiale en ses époques, c'est-à-dire en ses langues. Mais ce qu'il s'agit de montrer ne se montre pas seulement dans la destitution qui est comme le double de toute institution : il nous apparaît aujourd'hui en ce que Schürmann

pensée qui entre (*einkehrt*) dans l'*Ereignis*, « l'histoire de l'être est parvenue à sa fin ». Les *Beiträge* avaient cependant déjà marqué dans quel sens il fallait penser le rapport entre les deux : « L'être (*Seyn*) même en tant qu'événement appropriant (*Er-eignis*) porte seul toute histoire » (p. 242).

1. *DHB*, p. 737.

2. *Beiträge*, p. 388. *Ursprünglicher begriffen west in ihr (der Versagung) ein « Nicht ». Aber es ist das ursprüngliche Nicht, das zum Seyn selbst und somit zum Ereignis gehört.* « Originairement saisi, en lui (le refus) un "Ne pas" déploie son être. Mais il est le Ne pas originaire, qui appartient à l'être même et par là à l'événement appropriant ».

3. *Beiträge*, p. 284.

appelle la « dessaisie », le dépérissement nocturne des principes, la « possibilité » même sous laquelle nous vivons. Dessaisie reconduite chaque jour dans la singularisation mortelle, le trait esseulant, la « dépossession » qui marque ce que Schürmann appelle à nouveau « quotidienneté ». S'agira-t-il encore d'une herméneutique ? Elle montre ce qui se montre dans toutes les configurations historiales, le trait d'absence, la désappropriation, le *morietur* en tout *orietur*. Mais celui-ci se rassemblera-t-il en un « sens », et s'agit-il bien de « comprendre » ? À nouveau il s'agit plutôt des sites, et de la phénoménalisation, du Oui et du Non, d'un Non plus originaire que le Oui, dans toute phénoménalisation. Quant à la phénoménologie elle-même, répond Schürmann à la fin, *Einsicht* suffit[1]. Or un tel « voir » demeure grec, lui aussi : il voit ce qu'a vu Œdipe, et son regard aussi, comme celui d'Œdipe – s'il est pourtant permis de l'atteindre par un autre chemin – est un voir qui est en quelque façon appropriation de la désappropriation : « faire sien le savoir tragique »[2]. Aussi loin qu'une telle appropriation soit possible, il est pour le moins douteux qu'un tel savoir puisse jamais donner lieu à un « comprendre » : « Concernant la non-simplicité du bien, il y a par conséquent une vérité que nous savons, mais que nous ne comprenons pas »[3]. Savoir, c'est savoir ce que nous savons déjà – ce que « nous savons mieux », pourtant, lorsque nous quittons les lieux hégémoniques, et que nous retrouvons chaque jour[4] –, et l'appel de Schürmann, l'appel phénoménologique, va simplement à ceci : « rester fidèle à la singularisation »[5]. Une telle fidélité,

1. *DHB*, p. 773.
2. *DHB*, p. 774.
3. *DHB*, p. 778.
4. « … Dans la quotidienneté, nous *savons mieux* » (*DHB*, p. 781).
5. *DHB*, p. 782.

un tel savoir s'appropriant l'inappropriable, n'est jamais seulement un comprendre, ou il est un comprendre qui est toujours – fidèlement – un *ne pas comprendre*. Tel était déjà l'enseignement des tragiques, que Schürmann, reprenant Hölderlin, rassemblera, pour finir, ainsi : « Les tragiques, eux, ont vu un dérèglement au cœur de la règle et une "noire lumière" au cœur des évidences. Ils nous disent : *vous ne pouvez pas comprendre. Vous devez comprendre* »[1].

1. *DHB*, p. 783.

CHAPITRE X

PERSONNES MORTELLES

En ce lieu indécis que Schürmann en son dernier livre cherche à rejoindre, le « site que nous habitons », celui que la philosophie, à chaque époque, a vocation à penser[1], il n'y a guère de « personnes », sauf à les regarder comme autant de masques sous lesquels s'avancent de moins fermes, non moins absolus peut-être mais plus fragiles visages. La question « Qui ? » ne saurait manquer de se poser – ainsi avant tout *qui* est le « nous » qui se trouve placé en ce lieu, un site lui-même à la fin apparaissant sous son nom final, déjà en vérité nocturne, d'Occident[2]. Mais la réponse, qui est sans doute au centre du

1. Comme il ne cesse de le redire : « Penser, c'est s'attarder sur les conditions de ce qu'on vit; s'attarder au site que nous habitons » (ici *DHB*, p. 11). P. 38 : « En philosophie, c'est abdiquer que de ne pas s'interroger sur les conditions qui rendent possible l'expérience ordinaire ». Ou, beaucoup plus loin : « Toujours, la philosophie commence quand on prend note des conditions de ce que l'on vit » (*DHB*, p. 568).

2. « À la fin de ce siècle en Occident, nous sommes plutôt bien placés pour revenir du déni et de la non-pensée » (*DHB*, p. 785). Il s'en était déjà expliqué presque en ouverture du livre : « Nul âge avant le nôtre n'a connu la violence

dernier livre de Reiner Schürmann, n'est pas simple, et ne sera pas, de toute façon, « personnelle ». Dans quelle mesure alors un « impersonnel » y serait-il central, régissant le site qui est le nôtre et les tournants dans les configurations auxquelles nous sommes assignés, ou qui nous sont envoyées ? Mais d'abord « impersonnel » lui-même nous restera inaccessible aussi longtemps que nous ne saurons pas qui est ou qui fut, dans une époque peut-être désormais ruinée, la « personne ». Un mot de Heidegger reviendra dans le livre : « Les animaux rationnels doivent d'abord *devenir* des mortels ». *Die vernünftigen Lebewesen müssen erst zu Sterblichen* werden[1]. Commençons pour accéder à la question par regarder ce qu'il pourrait bien indiquer, sur le chemin suivi aussi par Schürmann. Le « devenir » sur lequel Heidegger avait placé l'accent était celui par lequel « l'homme » quitterait, selon la singulière nécessité d'un *müssen* très ambigu, l'assignation métaphysique de son sens « à partir de la vie et de ses expériences », *vom Leben und Erleben her*, celle-ci fût-elle maintenue sous le règne, se déployant de part en part (*durchwaltet*), du λόγος. Alors « homme » se tient ou se tiendra (suivant l'appel d'une telle vocation, d'une telle nécessité, d'une telle détresse) sous le signe de la *Sterblichkeit*, et les « hommes » seront *die Sterblichen*, appartenant selon ce qui leur revient avec ce nom à la simplicité (*Einfalt*) du *Geviert*[2]. Que veut dire *sterblich* ?

planétaire. Nul, par conséquent, n'est mieux placé pour désapprendre la maximisation fantasmatique, apprendre la condition tragique et la retenir. Privilège qui est lui-même un δεινόν. La tâche ne sera donc pas exactement sans intérêt de saisir comment la violence naît d'un trauma que la pensée s'inflige à elle-même » (*DHB*, p. 37).

1. *VuA*, p. 177 ; trad. A. Préau, *Essais et conférences*, *op. cit.*, p. 213.

2. *VuA*, p. 176 ; trad., p. 212.

Un tel nom est grec – mais sans doute, en 1954, au fond ne l'est-il plus et ne peut-il plus l'être en tout ce qu'il recouvre, si nous avons justement à *ne plus être grecs*. D'un autre côté, « mortel », assurément, emportera encore quelque chose du *Sein zum Tode*, l'horizon demeurant un *pouvoir: Sie heißen die Sterblichen, weil sie sterben können*[1]. « Pouvoir mourir » n'est pas se tenir dans ou sous une possibilité et son imminence, mais appartenir au domaine d'une puissance, *Macht*, d'un *Mögen* ou même d'un *Vermögen*, une « puissance capable ». Que peut-il, celui qui « peut », celui qui « est capable de » mourir, et qu'est-ce qu'« être capable de la mort en tant que mort », *den Tod als Tod vermögen*? *Zum Tode sein* veut dire : *la mort en tant que mort* est un pouvoir ou une puissance qui distingue l'homme (*nur der Mensch stirbt*). « Appartenir au domaine d'une puissance », car il ne s'agit pas tout à fait d'un agir, mais plutôt du lieu dans lequel en tant que mortels ils s'avancent. Dans la nudité de ce redoublement porté par cet *als* se concentre déjà la tentative radicale de clarté, de transparence ou translucidité dans le regard qui portera le livre des *Hégémonies brisées*. Voir « la mort *en tant que* mort », voilà qui est envoyé à l'homme seul, et ce voir appartient sans doute à ce *Können*, à ce *Vermögen*. Mais cet *als*, qu'indique-t-il au juste? Il ouvre déjà le *ist* qui dans le texte de Heidegger va suivre : « La mort est... ». *Der Tod ist der Schrein des Nichts*[2]. *Schrein* sans doute ne manquera pas tout d'abord d'intriguer. Il désigne ce qui renferme ou recueille ou contient. *Totenschrein* est l'urne pour les morts. Mais la mort elle-même contient et renferme le rien. *Der Tod als Tod* est précisément ce contenant du néant. *Tod* contient le néant comme un mot qui renfermerait

1. « Ils s'appellent les mortels parce qu'ils peuvent mourir ».
2. « La mort est l'écrin du Rien ».

quelque chose, mais quelque chose qui, « à tout égard », « n'est jamais quelque chose de simplement étant ». Comment contenir ce qui n'est pas étant, autre chose que quelque chose, *etwas* ? Ce qu'elle contient en tant que mort est bien plutôt un secret – et l'image du *Schrein* est celle du coffret qui renferme quelque chose, de l'écrin qui l'entoure et l'abrite : mais dans *der Tod* ce quelque chose est *das Nichts*, et un tel rien « déploie son essence », *west*, « en tant que secret de l'être même »[1]. La mort renferme un secret, un secret qui n'entrera jamais en présence, de cette présence qui s'appelle étant, mais qui est le secret de tout déploiement d'être, et se déploie lui-même essentiellement comme tel. La mort contient le secret de l'être – et c'est en ce sens qu'elle est, *als Tod, das Gebirg des Seins*, cela qui recèle ou abrite l'être. C'est alors en tant qu'il porte un tel secret, peut-être à lui-même fermé, lui-même pour autant se tenant essentiellement dans l'aire d'un tel secret, que l'homme « est capable » de la mort. Les « mortels » sont ceux dont le sens d'être (*sie sind, die sie sind, als die Sterblichen* : ils « sont ceux qu'ils sont, en tant que mortels ») se déploie (*wesend*) « dans l'abri recélant de l'être », *im Gebirg des Seins*. Voici le sens d'un tel *Können* ou *Vermögen* : « pouvoir la mort en tant que mort » est se tenir essentiellement « dans » la mort comme écrin renfermant le secret de l'être, se tenir « dans » la mort contenant le rien intime, ou dont l'intime est le néant, « appartenir », ainsi, à l'écrin ou l'abri du secret de l'être. Assurément ce trait des mortels restera fermé aussi longtemps que ne sera pas considérée la simplicité des Quatre, à partir de laquelle seulement pour Heidegger il recevra son sens. Nous ne le ferons pas ici. Pourtant là se trouverait sans doute, infléchi et même déplacé, constamment et considérablement,

1. *VuA*, p. 177 ; trad., p. 213.

par Schürmann, le sens d'être de ce « nous » qui n'advient jamais au centre des *Hégémonies. « Nous » sommes les mortels,* nous n'avons jamais cessé de l'être, précisera même Schürmann, n'avons jamais cessé non plus, un tel sens d'être, de le repousser loin de nous, en vain. Nous sommes les mortels, mais nous avons aussi à *devenir die Sterblichen*, et une telle nécessité, un tel appel, ne sont pas moins schürmanniens qu'ils furent déjà heideggeriens. Tout le livre répond à cette « nécessité », ou lance cette sorte-là d'appel, prenant lui-même alors expressément la suite d'une question laissée en suspens par Heidegger. Cette question, Schürmann lui fera droit en effet dès l'ouverture de sa propre tentative, qui s'écarte pourtant par tellement d'aspects, dont quelques-uns sont essentiels, de celle du maître de la Forêt-Noire, toujours cependant comme de ce qui lui demeure source. La question est celle-ci, qui reste à éclaircir : « Expropriation, vers où ? ». Dans le séminaire qui eut lieu à Todtnauberg en 1962 autour de la conférence « Temps et être », Heidegger notait exactement ceci, d'après le protocole publié dans *Zur Sache des Denkens* : « *Diese (die Enteignis) schließt aber die Frage in sich : Enteignis wohin? Richtung und Sinn dieser Frage wurden nicht mehr besprochen* »[1]. La tentative de Schürmann prend elle-même place dans la méditation du sens (en tant que *Richtung*) de l'*Enteignis*, au fil conducteur de la question *wohin*. Dans l'Introduction des *Hégémonies*, il pose en une seule page trois fois la question, de façon presque lancinante : *Enteignis wohin*? La première fois, il le fait pour noter que dans la pensée de l'*Ereignis* il ne fut assurément pas question

1. *Zur Sache des Denkens*, p. 46; trad. J. Lauxerois, Cl. Roëls, *Questions IV, op. cit.*, p. 77 : « Mais celle-ci (l'expropriation) contient en elle la question : expropriation vers où ? Direction et sens de cette question ne furent pas davantage discutés ».

pour Heidegger d'opposer être et temps, pas davantage que de penser, encore et toujours, la différence de l'être et de l'étant. C'était au contraire un « nouveau lieu » qui était marqué avec le « trait de ressac » que Heidegger a appelé *Entzug*, dans l'événement, ainsi, de l'*Enteignis*. « Ce qu'il faut entendre par cette conjonction cassante de stratégies dans l'être, tout le parcours ci-dessous sert à l'illustrer », écrit Schürmann. Tout le livre « illustrera » ainsi l'*Entzug*, l'*Enteignis* heideggerien[1]. La deuxième fois, il reconnaît à nouveau comme sienne l'inspiration selon laquelle Heidegger pour penser la venue dans l'*Ereignis*, c'est-à-dire « la venue à la présence », « suit le tracé du langage »[2]. Pourtant il y aurait bien là de quoi légèrement surprendre. Car, dans les *Hégémonies*, Schürmann ne se dirige pas vers le lieu majeur où Heidegger lui-même, en 1959, avait porté son questionnement le plus loin en direction de la *Sprache*, *Unterwegs zur Sprache*, puisque, de son côté, il choisira les *Beiträge*, laissant à quelque égard orpheline, et dans une certaine mesure énigmatique, sa propre tentative dans les langues. La troisième fois, lorsque surgit la question, c'est en vue de marquer la nécessité toujours à nouveau réaffirmée par Heidegger, sous des visages divers, d'un « rapport nouveau à la mort » (et sans doute à vrai dire de tout autre chose qu'un « rapport »), et ainsi, comme un *leitmotiv* qui va orienter les *Hégémonies*, en vue, à nouveau, d'indiquer la mortalité comme ce qui révèle et donne le trait d'être, « trait du quotidien », de ceux qui vont, non pas à la mort, mais à ce que Schürmann appelle « la singularisation à venir ». « Qu'il suffise ici d'avoir entrevu que l'*ex-* » (*Ent-*, par conséquent)

1. *DHB*, p. 36.

2. « Il dit alors que chaque fois et pour autant qu'il y a événement de parole, un monde se fait, ou une demeure » (*DHB*, p. 36). Surtout une telle pensée n'appartient pas à la fantastique des κοινά.

« pointe vers ces mortels que nous sommes et que nous avons aussi à devenir », note-t-il alors[1]. Les trois fois, la question de l'*Enteignis* est pour Schürmann la question du *wohin*, de la direction vers laquelle vont les mortels en tant que mortels, ceux qui peuvent la mort en tant que mort. Direction ou « trait » qui leur est révélé par la mortalité elle-même, qui ne cesse de s'attester et qu'ils n'ont eux-mêmes de cesse de recouvrir, dans toutes leurs positions natales, fantasmatiques, hyperboliques. C'est là que commence la question de l'impersonnel, autrement dit aussi nécessairement celle de la personne, en tant que « personne mortelle », radicalement pensée, ou détruite, selon le trait de la singularisation à venir. Comment comprendre au juste une telle singularisation, et en quoi n'est-elle plus, selon Schürmann, la singularisation personnelle ? En quoi la personne périrait-elle, et serait-ce de quelque chose comme une « dépersonnalisation » ou une « impersonnalisation » ? Que voudra dire au juste « singularisation » ?

La personne n'est pas absente assurément de la mise en scène hégémonique des langues, de leur théâtre métaphysique. Elle ne les traverse pas cependant comme le nom ou personnage lui-même appelé à porter les ultimes en dissension, « l'impulsion universalisante », celle de la *Gebürtigkeit*, et le « retrait singularisant », celui de la *Sterblichkeit*, autrement dit la double prescription tragique, l'asymétrie de la vie et de la mort, qui ne vont jamais ensemble[2]. Ce n'est pas la personne qui naît et meurt en ce sens, qui commence toutes choses de sa vie, selon le trait de la natalité (« la raison suffisante pour qu'il y ait des humains sur la terre », comme Schürmann en

1. *DHB*, p. 37.

2. *DHB*, p. 12 (« L'ultime n'est pas simple »), et plus loin, en hommage à Arendt, p. 29 (avec la note 33).

rassemble le sens, de la façon la plus saisissante, pour l'attribuer à Arendt[1]), ce n'est pas elle non plus qui entre dans la singularisation mortelle, la fragilisation de toute son expérience, selon le trait de mortalité. Le sens le plus apparent d'une telle singularisation, et sans doute aussi au fond son sens ultime, est celui de la solitude, ou plutôt de l'esseulement : « Nous connaissons au mieux le trait vers notre mort. Il nous rend étrangement seuls, étrangers, silencieux »[2]. Mais la question est alors : *qui* est seul et silencieux en ce sens ? Pour en dire le moins possible, rester le plus loin possible de toute la fantastique hyperbolique propre à la modernité selon Schürmann : *qui* est celui qui accède à une telle solitude, *qui* est-il *en tant même qu'il est seul*, autrement dit à nouveau : qui sommes-*nous*, qui sommes capables de « la mort en tant que mort » ? Qui sommes-nous, nous qui sommes au fond, selon Schürmann, déjà entrés un jour, en Attique, sur la scène du théâtre de Sophocle, qui rejoignons encore à chaque fois Œdipe dans son silence, nous qui finissons toujours par nous retrouver à Colone, près de l'enclos sacré[3] ? Et ce qui nous atteint est-il la solitude impersonnalisante de *der Tod* ? Est-ce même cela, *der Tod* ? Regardons d'abord qui est la personne. Nous savons déjà qu'elle n'est pas « phénoménologiquement originaire », autrement dit n'appartient pas aux conditions radicales de la phénoménalité du phénomène[4]. Elle va ainsi faire son apparition, dans la langue très singulière que Schürmann appelle vernaculaire (la langue des modernes, qui

1. *DHB*, p. 29.
2. *DHB*, p. 30.
3. *DHB*, p. 28, citant Sophocle : « Je ne romprai pas le silence concernant les choses interdites ».
4. *DHB*, p. 29. Le phénoménologiquement originaire se rassemble en ces deux traits seulement de la *Gebürtigkeit* et de la *Sterblichkeit*.

n'est pas *une* langue, bien qu'elle soit, dans Luther et dans Kant, à chaque fois l'allemand), aux alentours de ce qui demeure le « *locus noster* jusqu'à Husserl inclus », la conscience de soi, lorsque celle-ci n'apparaît pas seulement, par conséquent (car elle aura déjà au fond depuis longtemps fait son entrée, sans être cependant, jusque-là, législatrice), mais devient effectivement « source de la phénoménalité pour tout ce qui peut devenir phénomène »[1] : elle n'est donc plus sans doute tout à fait *notre* lieu, le séjour où « nous » nous tenons : nous ne sommes plus des « personnes » en ce sens, même si nous avons toujours ce nom sur les lèvres. La personne elle-même aura été l'un des noms de ce lieu récemment nôtre, le nom kantien d'un « soi ineffable » « agissant par des synthèses impératives ». Schürmann en son approche de Kant va tenter de déceler les ambiguïtés d'un tel soi, dont la personne n'est pas et ne peut pas être, là non plus, la manifestation originaire, celui-là se donnant plutôt, au regard affûté de Schürmann, comme « spontanéité brisée »[2], ou, plus précisément encore, « singularisation transcendantale » « à l'œuvre dans la raison même »[3], « liberté tournée contre elle-même » ou raison « pathétiquement ennemie d'elle-même »[4]. Ce conflit dans le Plus Haut moderne est décrit par Schürmann comme celui par lequel la personne et l'*ego* forment ensemble l'opposition à travers laquelle s'ouvre la négation, la « faille pathétique », dans une raison ainsi intimement opposée à soi (et non pas seulement, là est le cœur de l'interprétation de Schürmann, à la sensibilité) : « *La seule spontanéité transcendantale* », insiste-t-il, « veut la loi universelle qu'elle se donne, et contre

1. *DHB*, p. 450.
2. *DHB*, p. 577.
3. *DHB*, p. 580.
4. *DHB*, p. 584.

elle-même elle veut encore la singularisation de cette même loi en vue de nos avantages »[1]. La personne recouvrirait du voile de l'absolue fin en soi une telle déchirure que Schürmann va alors regarder dans l'être même comme être-pour-la-conscience.

Mais un tel masque ne dit pas tout de la personne elle-même, et, dans la même mesure, une fois celui-ci brisé, et de tels oripeaux arrachés ou déchirés, l'impersonnel schürmannien n'apparaît pas encore en sa nudité tragique. Plus essentielle dans la personne est peut-être la pointe en laquelle elle se rassemble dans la décision de soi, la simplicité dont elle est à chaque fois l'événement ou la venue. À chaque fois que quelqu'un paraît, ce rassemblement a lieu, d'aucune autre façon à vrai dire qu'en la singularité d'une présence en elle-même impalpable s'avançant, seule et non seule, sur la scène de l'universel – ainsi dans la langue. *Persönlichkeit* ne désigne plus alors l'absoluité peut-être intimidante d'une fin en soi, mais le recueil non moins intangible d'une présence simple, la pointe pure du soi. Tel est, de la personnalité, le concept, non plus kantien, mais hégélien : *Die höchste, zugeschärfteste Spitze ist die* reine Persönlichkeit, *die allein durch die absolute Dialektik, die ihre Natur ist, ebensosehr* alles in sich befaßt *und hält, weil sie sich zum Freisten macht – zur Einfachheit, welche die erste Unmittelbarkeit und Allgemeinheit ist*[2]. Le livre de Schürmann au fond n'a pas d'autre adversaire que celui-là. Le différend tragique est ce que Schürmann oppose

1. *DHB*, p. 586.

2. *Wissenschaft der Logik*, « Die Lehre vom Begriff », Hamburg, Meiner, 1994, p. 302-303 : « La pointe la plus haute, la plus acérée, est la *personnalité pure*, qui cependant, par la dialectique absolue qui est sa nature, tout autant *saisit* et tient tout *en soi*, parce qu'elle fait de soi le plus libre – la simplicité, qui est l'immédiateté et universalité première ».

sans relâche à toute pensée de la *Versöhnung*, et ainsi à celle qui va le plus loin dans la réconciliation. Et n'est-ce pas précisément *contre* une telle conjonction hégélienne, dans la *Persönlichkeit*, de la singularité et de l'universalité, l'acéré de la décision qui rassemble en sa pointe la plus pure l'universel qu'elle accomplit dans sa négativité, son idéalité, sa subjectivité, n'est ce pas *contre* ce « Plus libre », la décision d'une personnalité dont la singularité aura toujours été, pour Hegel, l'accomplissement le plus haut du λόγος (la vérité hégélienne, en ce sens, est toujours quelqu'un : *Geist*), qu'est tournée la « conjonction des stratégies cassantes » que Schürmann cherche à rejoindre ? *La singularisation schürmannienne est la négation de l'esprit.* Schürmann pense la singularisation contre la singularité acérée de la personnalité pure hégélienne, celle qui tient en soi l'universel. À la simplicité hégélienne, à l'*Einfachheit* du concept, il oppose le déchirement de la singularisation mortelle. Leur adversité a pour centre et pour arène le sens que l'un et l'autre donnent à la négativité. *Geist* selon Hegel est toujours le nom de celui qui *se nie*, entre de lui-même dans le chemin de son disparaître, qui est le même que le chemin de l'*Erscheinung*, puisque celle-ci est essentiellement fragile, essentiellement éphémère : la vérité d'un tel *Geist* est par conséquent celle du sacrifice. Lui qui va en son essence, en vertu de ce qu'il est lui-même, ou de son sens d'être le plus haut, au-devant de sa propre fin, il est capable de se dire non à lui-même. L'affirmation hégélienne, le Oui dont l'esprit est le titre, est plus grand que le Non, il l'a *en* lui, il en est lui-même la provenance : la négation n'est pas originaire, *das Nichts ist aber nur, genommen als das Nichts, dessen woraus es herkömmt, in der Tat das wahrhafte Resultat*[1]. Selon

1. *Phänomenologie des Geistes*, « Vorrede », *op. cit.*, p. 62 : « Mais le Rien

Schürmann au contraire *le Non est plus grand que le Oui.* Le mortel n'entre pas dans le sacrifice spirituel de lui-même, il glisse dans l'inexorable qui contredit à sa naissance. Il *est sacrifié*, depuis son commencement, d'un sacrifice qui ne lui vient de personne, et ne lui est pas non plus envoyé en personne, « impersonnel » au moins en ce sens. La « raison suffisante pour qu'il y ait des humains sur la terre » rencontre alors une négation qui ne lui est pas commensurable, qui « ne va pas avec elle », comme aime à le dire Schürmann, et son affirmation est à chaque fois ébranlée, à chaque fois fragilisée, à chaque fois ruinée par la singularisation en laquelle chacun s'avance dans la vérité de l'esseulement. Seul Kierkegaard peut-être avait pensé une conjonction aussi rigoureuse, aussi implacable, de la vérité et de la solitude, mais, quel qu'ait été son combat contre le concept, il demeurait plus proche alors, sans doute, de l'avènement déjà hégélien de la vérité comme singularité, autrement dit comme personnalité pure : l'individu kierkegaardien lui non plus ne s'avançait pas sur la scène tragique du désaccord de l'existence avec elle-même, mais, dans le sacrifice, à l'appel et au-devant du divin. Mais les mortels de Schürmann, quel est ce Non qui les enveloppe dès leur apparition, et finit par les enlever ? Est-il celui d'une impersonnalisation, et en quel sens faudrait-il alors l'entendre ?

Seule la fin du livre en donnera quelque mesure, lorsque, s'avançant au contact de Heidegger, Schürmann reviendra sur la « singularisation à venir »[1], c'est-à-dire sur ce qu'il nomme alors, d'un concept qui fut pascalien avant d'être arendtien,

n'est de fait le résultat véritable que lorsqu'il est pris en tant que Rien de ce dont il provient ».

1. *DHB*, p. 750 *sq.*

« la *condition* tragique ». C'est un passage des *Beiträge* qui donnera le ton : *Aus der Einzigkeit des Seyns ergibt sich die Einzigkeit des ihm zugehörigen Nicht und somit des Anderen*[1]. Que veut dire ici *Einzigkeit* ? Reconstituons d'abord ce dont il s'agit. Ces pages des *Beiträge* s'engagent dans une méditation du Ne-pas et du Rien. Heidegger, les détachant du *negativum*, tentera de les penser dans l'être, ou de penser, en celui-ci, *das Nichtende*, le néantissant. En quelle figure ? Un mot ici sera décisif, en vue de Schürmann. Plus haut Heidegger écrivait du Rien qu'il est « le tremblement essentiel de l'être même », *die wesentliche Erzitterung des Seyns selbst*[2]. « Frémissement, « frisson » ou « tremblement », c'est au fond l'explicitation d'une telle *Erzitterung* qui revient lorsqu'il s'agit de décrire le néantissement : le néantissant « dans l'être même », *das uns erst eigentlich ins Seyn und seine Wahrheit* ent-setzt[3], « qui nous dépose pour la première fois en propre dans l'être et sa vérité », il s'agira d'être assez fort pour en faire l'expérience, *als verborgenstes Geschenk*, « en tant que don le plus celé ». Heidegger a rappelé que le questionner en direction du Rien avait pour provenance la question de la vérité de l'être. Le Ne-pas ou le Rien nous déplace, nous révoque dans la vérité de l'être, mais on aura garde d'oublier qu'un tel déplacement, une telle révocation, *Entsetzen*, sont aussi *effroi*. Le Ne-pas est l'effroyable. De là vient la requête de la force pour en accomplir l'expérience comme d'un don qui nous est adressé. Ce que cela pourrait bien indiquer reste ici non décidé. Mais de toute façon il s'agira d'une sorte d'épreuve, l'épreuve de

1. *Beiträge zur Philosophie*, *GA*, Bd. 65, p. 267 (146). Schürmann traduit : « De la singularité de l'être s'ensuit la singularité du Ne-pas lui appartenant, et partant la singularité de l'autre ».

2. *Beiträge*, p. 266 (145).

3. *Beiträge*, p. 267 (145).

l'appartenance du Rien à l'être, ou encore du déploiement essentiel de l'être en tant que *nichthaft*, d'où provient toute *Andersheit*. La question est alors celle de leur restriction, *Einschränkung*, ou exclusion, celle de *das Entweder-Oder* entre *Seyn* et *Nichtsein*, l'un *et* l'autre, insiste Heidegger. C'est alors que survient l'*Einzigkeit*, la « singularité » de l'un et de l'autre, de l'être et du Rien. Ils s'imposent l'un à l'autre l'*Entweder-Oder*. Toute la difficulté est de penser autrement une telle *Entscheidung* dans l'être, autrement qu'à partir de leur opposition la plus vide : de la penser depuis l'*Ereignis*. Depuis l'*Ereignis*, cela veut dire depuis le « refus hésitant », *die zögernde Versagung*, ou depuis « le trait de Ne-pas essentiel de l'être », *das wesende Nichthafte des Seyns*. De ces pages difficiles, ici seulement aperçues, Schürmann retient le Ne-pas qui me vient, vient aux phénomènes comme tels, dans l'être même. Il retient peut-être surtout le *und* qui lie l'affirmation et la négation, ou plutôt l'appopriation et l'expropriation, non pas cependant comme deux contraires : le regard ici voit plutôt le second abrité dans l'intimité du premier, comme le « refus hésitant » qu'il recèle. La loi, le *Zwang* qui nous lie dès lors n'est pas simple. Nous nous tenons aujourd'hui dans le sans issue de cette double allégeance, de « ce monstre nomique », comme l'appelle Schürmann, la « disparité originaire, et en ce sens dernière, d'une législation-transgression »[1]. La disparité des singuliers, la singularité de l'être et celle du Ne pas, exerce sa contrainte, Schürmann le lit dans les *Beiträge*, comme *singularisation*. « Singularisation » est l'événement qui à chaque instant nous expulse de l'universel, destitue toute hégémonie, à la fin (là où *nous* en sommes) nous dessaisit de l'hégémonique lui-même (dessaisie qui est en effet la marque

1. *DHB*, p. 751.

propre de notre lieu, à la fin des hégémonies, de l'hégémonique lui-même). Mais la singularisation est d'abord ordinaire : elle est *ma mort*, la singularité de ma mort. Non seulement ma mort, mais sous toutes les figures, y compris celle-là, la plus ordinaire, la figure originaire, « infigurable », de la singularisation est d'abord celle d'*un Non plus grand que le Oui*. « Infigurable », car elle est un Non que, pour y venir enfin, personne ne prononce. *Qui* dit Non? Qui *me* dit Non? *À qui* tout d'abord au juste est-il dit Non? *À moi*, non plus en tant que personne, mais en tant que celui qu'un tel Non singularise et esseule, *en tant que mortel*, c'est-à-dire justement celui auquel il est dit Non. C'est un tel Non qui m'est dit et par lui il me sera dit aussi celui que je suis et suis appelé à être, à « devenir », selon l'appel indiqué plus haut. Je suis celui auquel ce Non est envoyé. Mais *personne* ne me le dit, il est le « Non sans locuteurs » du texte de Schürmann[1]. Personne, dans l'ordinaire de la négation, si ce n'est le monde, mon monde : « Mon monde me dit Non ». Vers quoi un tel Non nous tourne-t-il? Il sonne d'abord la nécessité de la destitution *phénoménologique* du Oui hégémonique : « Un Oui qui serait parole originaire (*Urwort*) reste littéralement hors de question du moment que la question de l'être prend son point de départ dans les ultimes de la quotidienneté (être-pour-la-naissance ou natalité, et être-pour-la-mort ou mortalité), seuls originaires et seuls neutres, car seuls vraiment familiers de tous »[2]. Mais il ne faudra pas en rester là : non seulement le Oui n'est pas originaire, non seulement un Non lui est intime, lui appartient et surgit en son centre, comme expropriation. Mais l'appartenance se renverse. *Le Oui appartient à un Non plus originaire.*

1. *DHB*, p. 752.
2. *DHB*, p. 754.

Comment rejoindre ce renversement? L'un ne prend pas «simplement» la place de l'autre. L'originarité du Non veut dire une originarité de la lutte, ou, dans la langue de Schürmann traduisant Heidegger, «la discordance d'attrait et de retrait temporels dans la manifestation»[1]. C'est encore et seulement de la phénoménalité des phénomènes qu'il s'agit: que toute manifestation soit doublée d'un refus, voilà le Ne pas originaire dont ma mort est le visage «ordinaire», ordinairement «effroyable», puisque j'accomplis à travers elle – s'il s'agit encore d'un accomplissement – l'expérience – s'il s'agit encore d'une expérience – de l'*Entsetzen*. «Qui dit Non?» demande obstinément Schürmann. Et de plusieurs façons il répond, c'est à chaque fois la même réponse: *personne*. «Destitution sans insurgés, transgression sans contrevenants, négation sans locuteurs, expropriation sans expropriateurs»[2]. Une telle impersonnalité, selon laquelle le Non ne me vient de personne, a cependant le sens, dans Schürmann suivant Heidegger, de la temporalité elle-même: la temporalisation est singularisation, en laquelle la manifestation déploie, toujours en même temps, le refus qui lui est, toujours aussi, adressé. Pas de phénoménalisation sans dé-phénoménalisation. Pas de position qui n'abrite déjà la déposition et l'effroi, *das Entsetzen*. «À venir» est cet *Ent-*, celui de l'*Entsetzen*, de l'*Ent-zug*, de l'*Ent-eignis*. Schürmann s'en remet à nouveau au texte des *Beiträge: Diese Ent-setzung aber ereignet sich nur aus dem Seyn selbst, ja dieses ist nichts anderes als das Ent-setzende und Ent-setzliche*[3]. Dans le

1. *DHB*, p. 756.
2. *DHB*, p. 756.
3. Soit, dans la traduction qu'il en donne lui-même (p. 757): «Cette dé-position ne devient événement qu'à partir de l'être même – bien plus,

centre de *Seyn* retentit le Ne pas, le différend qui traverse le déploiement des phénomènes, « l'événement tourné contre lui-même ». Le plus difficile demeure cependant de penser « la place du Non », son originarité, si l'on veut se garder de toute « méphistophélisation de l'être »[1], qui n'a aucun sens, et où ne s'accomplit aucune fidélité non plus. La place du Non, répond Schürmann, est toujours *à venir*. Le Non est toujours imminent, il est, en son sens d'être, si l'on ose dire, en son déploiement essentiel, à venir, « à la façon d'un possible », mais un possible qui veut dire désormais la pure ouverture, « plus haut » que l'actuel, note Schürmann lisant à nouveau Heidegger (mais, cette fois-ci, *Être et temps*, d'une façon caractéristique du retour schürmannien à *Sein und Zeit* à partir des *Beiträge*), « parce qu'indifférent aux présents et aux absents »[2]. Une telle originarité du Non dans l'advenant ne peut pas vouloir dire une primordialité qui n'a précisément plus lieu d'être, comme n'a plus lieu d'être l'opposition symétrique, ni, avec elle, la tentative d'une dialectique, c'est-à-dire la pensée d'un Non qui a toujours le Oui pour provenance. Le Deux a changé de visage, et l'opposition n'est plus l'ajointement des deux, parce que la négation n'est plus déterminée – n'est plus, par conséquent, pour lui donner son nom, la négativité hégélienne. Autrement dit, l'opposition ne donnera lieu à aucune sorte de réconciliation. *Andersheit* a désormais le sens du retrait qui « infirme toute manifestation »[3]. Mais ce Non, ce retrait, est dans l'advenant « toujours sur le point de survenir » : tel est le sens de sa possibilité, et de la possibilité

celui-ci n'est rien d'autre que ce qui dé-pose et qui ef-fraie » (*Beiträge*, p. 482, n° 269 ; trad. *DHB*, p. 757).

1. *DHB*, p. 759.
2. *DHB*, p. 759.
3. *DHB*, p. 760.

elle-même comme passibilité des phénomènes (« à savoir qu'ils peuvent souffrir l'expulsion de leur monde »[1]) ; telle est d'abord la mesure de ce qui, par-delà l'homme, sans lui, et sans égard pour lui, doit être dit « la condition tragique de l'être »[2].

« Singularisation » est le nom de ce qui accompagne tout advenant, impersonnellement, lorsqu'il advient, dès qu'il apparaît, dans la même impersonnalité, la même « neutralité » – comme il arrive à Schürmann de la penser. Des personnes il n'est plus question depuis longtemps, qui furent des masques pour cacher ce double visage, cette autre « condition », qui n'est pas seulement ni originairement celle de l'homme. Mais il reste la singularité mortelle, la solitude de *celui-là* dont nous avons constamment cherché le nom, qui se retrouve toujours seul à la fin, parce qu'il l'était, selon Schürmann, originairement. À nouveau *qui* est-il ? La question est-elle devenue entièrement claire ? « Personne » fut le nom d'un salut qui lui est désormais refusé. À moins qu'il ne demeure possible de la voir, elle, s'avancer encore, en sa fragilité native, dans la mortalité qui lui fut adressée avec son advenue, s'avancer d'une autre façon que celle, hyperbolique, que lui donna un jour son absolutisation morale[3]. Mortelle, la « personne », quelqu'un, s'avance peut-être encore, mais tout autrement – s'avance, non sans « trembler », de l'*Erzitterung* même du Rien dans l'être, et non sans « hésiter », dans le Oui dont elle provient comme dans le Non en lequel elle s'évanouit.

1. *DHB*, p. 762.

2. *DHB*, p. 761.

3. Celle-ci pourtant appellerait elle-même des considérations autrement attentives, car la mortalité ne lui fut jamais étrangère.

CHAPITRE XI

LAISSER

« Peu de choses à faire, beaucoup à laisser »[1]. Ces quelques mots contiennent l'enseignement de l'expérience, de notre expérience, venant à se recueillir dans le regard de Reiner Schürmann. Ce que ces mots consignaient alors fut d'abord lui-même le contenu d'une expérience, autrement dit ce que le regard phénoménologue aura d'abord lui-même vu. Dans chacun de ses quatre livres Schürmann n'a rien décrit d'autre que ce qu'un tel regard avait vu. Où, quand l'a-t-il vu, le voit-il sans cesse? La plus simple de ces descriptions est celle de l'expérience radicale, illuminante, du bain dans la Méditerranée, dans *Les Origines*. Les autres livres ne feront rien d'autre que penser ce qui est déjà par avance écrit là, ce que « Reiner » a vu, lorsqu'à l'aube il entra dans la mer à Jaffa : « À l'heure qui précède le point du jour, l'eau noire jusqu'au menton, à bout de résistance, berné par les trafiquants de drogue, en visite chez le peuple que mes pères ont voulu exterminer, le fanatisme inscrit en bleus sur ma peau, sans abdiquer, j'ai vu. Rien n'est à réparer ou à refaire. Laisser. Non pas abandonner. Laisser pour que tout soit. Ne pas faire main

1. *Le Principe d'anarchie*, *op. cit.*, p. 280.

basse, ni sur le passé, ni sur les images. L'origine se réserve. À moins de désapprendre la possession. De desserrer toutes les emprises. Je comprends tout ce que tu voulais dire. Cette nuit, tout ce qui porte figure s'en est allé flottant »[1]. Le plus difficile est de rejoindre et de réaccomplir, selon l'exigence phénoménologique, ce qu'un tel regard a vu, l'infinitif d'un verbe qui ne s'adresse plus à la volonté, n'est plus seulement l'acte affirmatif de la volonté, qui n'est pas davantage son renoncement, l'abandon qui en serait encore peut-être l'acte ultime, pas plus qu'abnégation, pas plus que sacrifice. Comment rejoindre la négativité singulière d'un « laisser » qui n'a pas sens d'abandon ou d'abdication, reflux des tentatives d'affirmation, mais n'est pas non plus le sacrifice dans lequel entrerait une volonté qui saurait la nécessité de son déclin ? Que vit « Reiner » entouré par l'eau noire, qui se laissât traduire, qui transmît lui-même l'étrange tâche d'un « désapprendre » et d'un « desserrer », et qui concernât l'origine : en quel sens de celle-ci ? Dans quelle sorte de flottement toutes choses sont-elles alors entrées sous ce regard ? Mais il ne s'agit pas d'une tâche seulement, de ce qui est à faire ou à laisser. Ce qui est ici noté est l'écho de ce qui *a déjà eu lieu*. Ce fut d'abord un événement, qui continue d'advenir. Laisser ne sera pas seulement ni d'abord notre fait. Laisser est lui-même un événement. La tâche est sans doute seulement de le voir, de le laisser apparaître, de ne pas le recouvrir. L'expérience phénoménologique est seulement celle de voir et de *montrer ce qui se montre*, et pour Schürmann cela voudra dire : en surmonter toujours à nouveau, selon la très stricte discipline d'un clair regard qui traverse toute son écriture, le déni, *Verleugnung*,

1. *Les Origines*, rééd. Toulouse, Presses universitaires du Mirail, 2003, p. 85.

plutôt que la dénégation, *Verweigerung*[1]. *Expérience*, ainsi, et tâche d'un nouveau « témoignage », en un sens, si témoigner c'est avoir vu et parler pour ce qui est ainsi entré dans le regard. Un tel témoignage phénoménologique était déjà au centre du livre sur Eckhart, qui s'achevait avec la tentative de comprendre la *gelâzenheit* ou l'*abgescheidenheit* du Rhénan, c'est-à-dire, déjà, avec l'origine, alors nommée « l'unique mystère qui s'accorde seulement dans l'intervalle entre l'oubli et la présence », mystère – traduisant alors le *Geheimnis* hérité de Heidegger, et, ainsi, tout autant un « secret » – fragmenté, brisé ou dispersé, à la dispersion duquel répond le laisser-être et ce que Schürmann appelait « le séjour fuyant » : « L'errant déjà habite la joie qui ne ternit pas. À travers ses itinérances, l'origine fait signe »[2]. Le livre se refermait avec un tel regard tourné vers Heidegger et le sens, mais d'abord la possibilité, d'un nouveau séjour que celui-ci avait lui aussi tenté de rejoindre et de penser, à partir de l'« errer », *Irren*, qui est le mode d'être de l'homme sur la terre dévastée par le Dispositif. *Gelassenheit* devait ouvrir, ou plutôt indiquer seulement, une nouvelle possibilité d'être homme dans le règne sans partage du Dispositif, autrement dit de la volonté de volonté. Un tel séjour, c'était déjà en tant qu'habiter, *Wohnen* ou *Bauen*, que Heidegger cherchait à le penser. Le jeune Schürmann, lui, dans une telle errance, allait jusqu'à voir apparaître la possibilité de la « joie » : une telle possibilité, celle d'une sérénité qui ne fait qu'un avec le laisser être, ou d'une réconciliation dans laquelle le « cœur détaché » d'Eckhart[3] pouvait se tenir à

1. Sur celle-ci et celui-là, cf. *DHB*, p. 740. *Verweigerung* était l'un des lieux des *Beiträge*.

2. *Maître Eckhart ou la joie errante*, Paris, Denoël, 1972 (*ME*), p. 367.

3. L'expression eckhartienne est celle du petit traité *Von abegescheidenheit*, dont l'authenticité est d'ailleurs controversée : *cf.* les indications de

chaque instant, n'apparaîtra plus dans les *Hégémonies* et leur tentative, sophocléenne, de penser le « monde tragique », contre toute *Versöhnung*, et sans doute, par excellence, contre celle qu'avait portée en lui-même le *Begriff*, adversaire unique peut-être – lui et la négativité de la négation déterminée – de Schürmann. C'est avec le tragique, « la vérité tragique qui toujours finit par singulariser le héros jusqu'à en périr » que s'achèvera presque – sous le signe, ainsi, d'Iphigénie et d'Agamemnon – toute l'œuvre de Reiner Schürmann[1]. Que sera devenue alors « la joie qui ne ternit pas ? » La disparition de la « joie » suit sans doute de ce qui s'est passé dans l'« origine », de l'événement de l'origine, tel qu'il s'est avancé de plus en plus clairement pour Schürmann. « Origine » dans le livre sur Eckhart se tenait encore dans la proximité de *Gott* ou plutôt de *Gottheit* – puisque *Gott*, comme Schürmann l'avait déjà vu, a subi ici une mutation radicale, et que le petit livre de 1972 indiquait déjà la « dispersion » de l'origine (laquelle donnera au livre de 1976 son titre pluriel) et de son « secret ». Schürmann cependant, alors et avant tout, marquait avec fermeté la distance séparant du maître rhénan Heidegger. « *Gelassenheit* », le nom tel que Heidegger le retrouve, « signifie la faveur de l'être faite à la pensée ; *gelâzenheit*, une assiduité non seulement de la pensée mais du commerce de l'homme avec tout ce qui enveloppe sa vie quotidienne. Cette vie nouvelle peut être apprise, alors entre l'homme et les choses "fleurit la Déité" »[2]. « Cette vie nouvelle peut-être apprise » : il faut dire pourtant que le laisser heideggerien ne

Niklaus Largier dans son édition, *Werke II, Predigten. Traktate*, *op. cit.*, p. 803 (texte p. 434 *sq.*).

1. *DHB*, p. 763.

2. *ME*, p. 359-360.

concernait ni n'atteignait pas moins l'avènement de chaque jour, toute la dimension que *Sein und Zeit* avait pensée en tant qu'*Alltäglichkeit*, puisqu'il se tournait vers ce que Heidegger appelait la « chose », autrement dit vers ce qu'il pensait, avec Hölderlin, comme « le moindre », « le petit », *das Geringe*, qui s'ouvre sans éclat, humblement, *unscheinbar*, sans apparence mais souplement[1], tout autour de nous. *Nur was aus Welt gering, wird einmal Ding*[2]. Tels étaient les derniers mots, si difficiles, de *Das Ding* : « Seul ce qui advient doucement à partir du monde devient, un jour, chose ». Mais sans doute n'est-ce pas, de toute façon, *Gottheit* dans le même sens qui apparaît, en constellation avec les Trois autres, dans la mystérieuse « simplicité » du *Geviert*. Lorsque Schürmann de son côté en médite l'apparition initiale, dès les *Beiträge*, il insiste sur la non-unité des Quatre, leur simplicité tendue : le Quadriparti n'est pas le dernier avatar de la réconciliation[3]. Et le divin dans les *Beiträge* serait plutôt ce que Schürmann nomme « la vérité phénoménologique du divin en ses nombreuses acceptions passées », se donnant en propre à l'homme à

1. Heidegger commentait lui-même le sens de *ring und gering : schmiegsam* (flexible), *schmiedbar* (malléable), *geschmeidig* (souple), *fügsam* (qui se plie à), *leicht* (léger) (*VuA*, « Das Ding », p. 179 ; trad. A. Préau, *Essais et conférences*, *op. cit.*, p. 217-218).

2. *Ibid.*, p. 181.

3. « Dans la contrariété et la lutte des quatre noms, Heidegger tente de penser ce qui n'est jamais identique à lui-même » (*DHB*, p. 733). Schürmann avait traduit plus haut ce passage, dont il commente l'extrême difficulté, pour approcher ce qu'il appelle le « proto-quadriparti » (*Beiträge*, p. 477) : « L'être se déploie (*west*) comme appropriation (*Er-eignung*) des dieux et des hommes en vue de leur contrariété (*Ent-gegnung*). Alors que – naissant de l'appropriation mutuellement contrariante et avec elle – s'éclaircit le voilement de l'entre-deux (*In der Lichtung der Verbergung des Zwischen*), s'engage la lutte du monde et de la terre. Aussi l'appropriation se garde ou se perd-elle dans le seul jeu d'espace-temps de cette lutte (*im Zeit-Spiel-Raum dieses Streites*) ».

l'instant décisif, historial, d'un salut, événement à venir. Lorsque Schürmann considère la question de l'identité de ce dieu-là, c'est à Protée, à la « souplesse » selon laquelle le dieu ne se laissera plus d'aucune façon représenter, qu'il pense[1]. Mais ce n'est pas tout. Car même le Quadriparti s'est effacé dans les *Hégémonies* schürmanniennes : ne reste, dans le livre de Schürmann, que la « contrariété » tragique. Si la « joie » eckhartienne a disparu, ainsi, ce n'est pas seulement que *Gottheit* s'est effacée, en quelque sens que ce fût, mais que la simplicité même de *das Ding* ne nous est plus accessible. Le « témoignage phénoménologique », alors, a changé de sens : il est devenu le témoignage tragique. Son regard est celui d'Eschyle et de Sophocle. Mais, à nouveau, si un tel témoignage a quelque chose de nécessaire, c'est qu'un événement a eu lieu. Un tel événement, Schürmann le comprend sans doute autrement que Heidegger, à la mesure de la différence de son regard dans l'histoire des hégémonies, dans les « époques », les suspens de l'être. La *Seynsgeschichte* a elle-même reculé (sans peut-être cependant s'absenter) dans le livre devant la singulière « histoire » des constellations de la langue, tout entière l'histoire d'un déni, celui lié à l'affirmation natale recouvrant le *Bezug* ou le *Zug* mortel et son attraction singularisante, le retrait vers la mort. L'héritage heideggerien s'il reste majeur se concentre désormais entièrement en ces deux lieux, si proches mais dont le lien est sans doute *le plus difficile* qui doive être pensé, que sont la langue et la mortalité : la langue, et le *site* fantastique, métaphysique, qu'elle ouvre à chaque fois pour ceux qui la parlent, la *mortalité*, c'est-à-dire l'événement qui ne cesse d'advenir sourdement dans celui qui cherche à en recouvrir toujours à nouveau, dans cette mesure

1. *DHB*, p. 647.

même, la dissonance. Schürmann accomplit en un sens la jonction, qui retournera pourtant l'un et l'autre, entre le regard sur *die Sprache* qui pouvait voir en elle, dans son appel, *das Rufen*, le déploiement d'un événement qui n'est plus, ou plus sans réserve, pensé sous le nom d'« être », et cet autre regard qui, du commencement à la fin du chemin heideggerien, reste fixé sur le sens de l'être-mortel, jusqu'à voir celui-ci, d'un bout à l'autre, entrer dans une conjonction essentielle, que n'aura pas manqué de relever Schürmann dans son commentaire des *Beiträge*, avec le sens même, c'est-à-dire le « secret » de *Sein*. Schürmann plus clairement que tout autre aura ainsi marqué la constance, dans l'œuvre de Heidegger, du trait mortel, à partir du *Sein-zum-Tode* jusqu'à ce qui résonne encore dans *Das Ding*, en écho, peut-être apaisé, à la langue tragique des *Beiträge* : « La mort est l'écrin (*der Schrein*) du Rien, autrement dit de ce qui, à tous égards, n'est jamais quelque chose de simplement étant, mais qui pourtant déploie son être (*west*), qui plus est en tant que secret de l'être même (*das Geheimnis des Seins selbst*). La mort abrite (*birgt*) en soi en tant qu'écrin du Rien ce qui déploie son être (*das Wesende*) de l'être. La mort est en tant qu'écrin du Rien l'abri (*das Gebirg*) de l'être. Les mortels, nous les nommons mortels, à présent – non parce que leur vie terrestre prend fin, mais parce qu'ils sont capables (*vermögen*) de la mort en tant que mort. Les mortels sont ceux qu'ils sont en tant que mortels, déployant leur être (*wesend*) dans l'abri de l'être. Ils sont le rapport déployant son être (*das wesende Verhältnis*) à l'être en tant qu'être »[1]. Mais l'« écrin » lui-même est-il encore, avec Schürmann, le cœur d'une *Seinsfrage* ? Il s'agit avant tout – et

1. *VuA*, « Das Ding », p. 177 ; trad. A. Préau, *Essais et conférences*, p. 212. Nous donnons une autre traduction.

peut être après tout – de la mort dans la langue, dévoilante et recouvrante, et dans l'oreille de Schürmann « les mortels parlent » sans doute autrement, peut-être même une autre langue que ceux, et celle, que Heidegger avait entendus dans la poésie de Georg Trakl[1]. Schürmann cependant ne manquera pas de rappeler que la discordance de la natalité et de la mortalité a bien le sens d'une « condition d'être »[2], qu'il pensera lui-même, à partir des *Beiträge*, en tant que discordance des temps, pour rejoindre le Non plus grand que le Oui qui s'atteste dans la mort[3].

Pour approcher le sens de la *Gelassenheit*, il faudra tenir ensemble les questions : qu'en est-il du « flottement » vu en 1976 – qu'en est-il de l'effacement, en 1993, de « la joie qui ne ternit pas » ?

Lassen dans Schürmann répond à un événement, qui est lui-même de délaissement. Cet événement, le livre sur Heidegger tentait déjà de le rejoindre en ce qu'il avait de plus « coupant » que tout virage des époques dans la métaphysique. Le tournant de l'essence de la technique met fin aux époques elles-mêmes. L'« époqual » lui-même prend fin. Le commencement grec et la fin technique sont alors à penser tout autrement que les virages de l'histoire. Dans le regard de Schürmann sur la dernière constellation de la pensée de Heidegger, lorsque celui-ci aura tenté de voir le tournant, la différence ontologique s'efface devant le « monde » et la « chose », l'ἐποχή cède devant l'« éclaircie ». Schürmann commente, préludant aux *Hégémonies* : « Sous le régime des époques, l'origine originaire se réserve ; la venue à la présence

1. « Die Sprache » et « Die Sprache im Gedicht », *UzS*, *GA* 12.
2. *DHB*, p. 50.
3. *DHB*, p. 710 *sq.*

y est obstruée par l'hypertrophie d'un Premier qui est archi-présent. Dans le jeu des éclaircies, en revanche, la venue à la présence retrouve sa multiplicité événementielle »[1]. L'ambiguïté du Dispositif, *Vorschein* de l'*Ereignis*[2], est ce qui justifie les « catégories de transition » devant servir, selon Schürmann, à penser les *Wenden* et la *Kehre*. Dans *Le Principe d'anarchie*, comme au fond il était déjà indiqué dans le récit de 1976, c'est le passage au pluriel, à la dispersion, qui sera apparu à Schürmann comme la marque, l'empreinte (celle de ce qui, selon ce pluriel, n'est justement plus une époque) sous laquelle la pensée anticipante se place, parce que *nous* nous y trouvons d'abord placés. Pour indiquer la nécessité d'un tel multiple, par-delà l'unification hégémonique et son dépérissement, Schürmann va ouvrir sur l'agir anarchique, vers lequel s'avance tout le livre, en repartant de la fin du *Vorwort* à Richardson : « Seule une pensée pluriforme parvient à une parole qui puisse répondre et correspondre à une affaire d'une telle teneur », « intrinsèquement pluriforme »[3]. Il ne fait pas de

1. *Le Principe d'anarchie*, *op. cit.*, p. 249 (dans le chapitre 4 : « Au virage de la *Kehre* : les catégories de transition »). La différence entre l'originel et l'originaire a été établie au chapitre 3, « *Anfang* et *Ursprung* ». L'originaire selon Schürmann renvoie à l'*oriri*, autrement dit à la φύσις, à l'éclosion, à la venue à la présence, « la levée de la présence s'appropriant l'absence » (p. 157), et Schürmann poursuit : « Sous le terme d'*originel*, je propose de retenir l'élément décisif des concepts de *Beginn* et d'*Anfang* : la percée d'un nouveau dispositif fait à la vie, percée qui porte toujours une date. Sous le terme d'*originaire*, je propose de retenir l'élément essentiel de l'*Ursprung* : la conjonction des phénomènes en un tel dispositif, conjonction que Heidegger appelle « être » et qui s'accomplit ici et maintenant » (p. 158).

2. *Martin Heidegger in Gespräch*, Freiburg, 1970, p. 73, cité in *Le Principe d'anarchie*, *op. cit.*, p. 250.

3. « Vorwort » à W. Richardson, *Heidegger. Through Phenomenology to Thought*, La Haye, 1963, p. XXIII, *GA* 11, *Identität und Differenz*, p. 152 ; *Questions IV*, trad. J. Lauxerois, Cl. Roëls, p. 188, cité in *Le Principe*

doute que la *Gelassenheit* répond à une telle multiplicité, à un tel pluriel encore cependant si difficile à entrevoir. Le « flottement » ou l'« errance » sont immédiatement liés à cette pluralisation, comme le regard de Jaffa. Une fois les époques passées, ruinées, et avec elles la « réserve de l'origine » (il est frappant de voir le *Principe d'anarchie* répondre aussi exactement aux *Origines*), s'ouvre, peut-être, la possibilité du *Lassen*. Pour essayer d'y voir un peu plus clair en celui-ci, il faudra se tourner vers le livre ultime, qui recueille l'événement de la dessaisie et son enseignement, non sans que ne s'efface peut-être en quelque mesure, presque étrangement, avec la « joie qui ne ternit pas », le laisser qui devait répondre à ce qui alors s'était montré.

Les *Hégémonies* commenceront avec quelques questions autour de cette « nuit » tombée sur les principes et par là même sur les époques, autour de ces « ruines » dont nous sommes entourés, ou de la « fragilité » qui marque selon Schürmann le site dans lequel nous nous tenons, et que par conséquent nous avons à penser, selon l'exigence maintes fois déclinée dans le livre[1]. « Nuit » ou « fragilité » tentent alors d'approcher cet événement, cet ébranlement que Schürmann a vu advenir aux langues elles-mêmes et à leur dimension natale, c'est-à-dire métaphysique, si « nulle pensée jamais n'a résisté à se laisser

d'anarchie, *op. cit.*, p. 276 : *Gemäß dem in sich mehrfältigen Sachverhalt von Sein und Zeit bleiben auch alle ihn sagenden Worte wie Kehre, Vergessenheit und Geschick mehrdeutig. Nur ein mehrfältiges Denken gelangt in das entsprechende Sagen der Sache jenes Sachverhalts*.

1. Du commencement : « Penser, c'est s'attarder sur les conditions de ce qu'on vit ; s'attarder au site que nous habitons » (*DHB*, p. 11) à la fin : « En philosophie, autant ranger ses stylos si l'on renonce à interroger les conditions ultimes de l'expérience » (p. 781).

emporter par sa langue »[1]. Il y a là assurément l'un des points les plus difficiles des *Hégémonies*, qui à cet égard laisseraient peut-être assez démuni celui qui voudrait s'enquérir de la portée et de la dignité de la langue, qui demanderait ainsi d'où lui vient à chaque fois (à ces langues-là plutôt qu'à d'autres) ce privilège concernant la manifestation, là où la question de l'être (qui était la même que celle de l'agir) se voit en quelque sorte débordée par une autre, ou du moins constamment reconduite à celle-ci, la question du différend tragique, qui dans une certaine mesure revient à la tentative d'une autre analytique existentiale. *Analytique de l'existence*, puisque le désajointement tragique et la tentative d'une esquive de celui-ci (*Flucht* ou *Ausweichen* étaient les concepts de *Sein und Zeit*) advient bien en un sens dans celui qui demeure un *Dasein*, celui qui parle, jusqu'à marquer tout ce qu'il dit, « nous », le *Wir* qui déjà ouvrait *Être et temps*, et qui en est comme le « thème » musical premier. Un tel *Dasein* n'est assurément pas seulement *Mensch*, encore moins sujet, dans les *Hégémonies*. Mais qui est-il au juste, s'il n'est plus tout à fait l'étant qui porterait une *Seinsfrage* avisée pour elle-même ? Tout le livre de 1996 forme encore une sorte d'analytique de l'inauthenticité. Mais décidément aussi une *autre* analytique, car celle-ci considère désormais la natalité dans son originaire dissension avec la mortalité, quand l'analytique existentiale de 1927 avait rencontré mais aussi abandonné peut-être la *Gebürtigkeit*[2]. « Natalité » et « mortalité », pour être pensées en tant que « traits » excédant la dimension de la « vie », en quelque sens

1. *DHB*, p. 13.

2. La *Gebürtigkeit* apparaît au § 72 de *Sein und Zeit*. *Das faktische Dasein existiert gebürtig, und gebürtig stirbt es auch schon im Sinne des Seins zum Tode*. Un tel *Sein-zum-Anfang* ne demeurait-il pas cependant alors en un sens en attente ?

que celle-ci soit considérée, et évoquées dans leur dimension ontologique, plus loin rapportées au *Zug* heideggerien[1], n'en demeurent pas moins « nôtres », en un sens qui n'est pas loin de celui qui conduisait l'analytique du *Dasein* jusqu'à l'être-vers-la mort et la résolution, mais rencontrait nécessairement alors la difficulté, reprise dans les *Beiträge zur Philosophie* de 1936-1938, de penser une telle conjonction, la plus difficile, entre *Tod* et *Sein*. Et devant cette difficulté les *Hégémonies* s'arrêtent, dans un tragique indépassable, indépassablement mortel. De quoi la mort est-elle le phénomène, en quel sens est-elle elle-même « phénomène », ou peut-être, comme le notaient les *Contributions*, « témoignage », *Zeugnis*[2] ? De quoi la mort « témoignerait »-elle ? Témoigne-t-elle d'autre chose que d'elle-même, dans les *Hégémonies* qui s'y arrêtent comme à un « indépassable », il faudrait dire, exactement : une possibilité *unbezügliche*, « absolue », et *unüberholbare*, « indépassable »[3] ? Ainsi, l'« analytique des ultimes » sur laquelle Schürmann s'explique demeure-t-elle entièrement un éclaircissement, et même une tentative de *Durchsichtigkeit* de la *Vereinzelung*, la singularisation mortelle ou « singularisation à venir », écho de *das äußerste Noch-nicht seiner selbst*, « l'extrême Ne-pas-encore de lui-même » dans le *Dasein*[4]. On restera frappé par la présence ici sans doute absolument directrice, mais peut-être aussi déplacée, de l'héritage de Heidegger, puisque la *Vereinzelung* était déjà le trait du *Sein-*

1. *DHB*, p. 37, où il s'agit de « la mort, révélatrice d'un trait d'être » : « *Zug*, mot qui signifie toujours chez Heidegger ce que la tradition appelait une catégorie d'être ».

2. *Der Tod das höchste und äußerste Zeugnis des Seyns*, cite Schürmann (*Beiträge*, p. 284 ; *DHB*, p. 742).

3. *SZ*, § 50, p. 250.

4. *SZ*, p. 259.

zum-Tode. Sous cette lumière, le livre demeure entièrement la traversée de l'inauthenticité métaphysique vers la dimension de l'authenticité tragique, et la métaphysique est au fond toujours rapportée à un *Man* qui œuvre en quelque façon (d'ailleurs énigmatique) dans la langue que nous parlons. Tout cela, ces tentatives natales, s'est déchiré, dissipé dans la nuit méditerranéenne, une autre *Durchsichtigkeit* advenant alors. C'est toujours dans la nuit que, selon le Schürmann des *Hégémonies*, la clarté adviendra – telle est sans doute l'une des lois du savoir tragique qui s'y assemble dans le souvenir fidèle d'Œdipe, la fidélité tragique, nouveau visage de la fidélité aux phénomènes.

Or l'événement entrevu est un événement qui met à nu. Tout ce qui tombe et se défait laisse alors apparaître la nudité de l'irréconciliable, ce que Schürmann appelle le différend ou la « vérité tragique ». Sur un tel événement les *Hégémonies* restent au fond assez silencieuses, même si elles le décrivent selon la commotion qui advient avec lui. Mais le Dispositif, qui apparaît pourtant au moment où le livre s'ouvre, demeure lui-même en retrait, et ce que Schürmann appelle « la dessaisie qui nous arrive », en laquelle la phénoménologie, *une* phénoménologie prend désormais son départ[1], reste difficile à rejoindre en cet avènement-là. Le commentaire des *Beiträge* tente de la rapporter à ce qu'il en est du temps lui-même. La dessaisie est « le recul temporel hors de l'historial »[2]. Mais un tel recul n'est pas autrement pensé que le « ravage de la mortalité » qu'il met à nu. C'est lui-même, ou elle-même, la mort, qui s'avance, dans « le présent dégrisé » qui « est déjà le

1. Entre autres passages, *DHB*, p. 737.
2. *DHB*, p. 735.

nôtre »[1]. La dessaisie est-elle alors différente de la vérité tragique s'avançant ? Mais à nouveau de quoi la mort est-elle le phénomène ? Comment en rassembler les traits ? Schürmann lui aussi ne cesse de mettre en rapport « ce qui arrive » avec la destruction, « les destructions », pour lui donner alors le sens d'« une fin de partie »[2]. Lorsqu'il s'agit d'approcher de plus près une telle fin, un tel recul hors de l'historial, c'est en tant que négation qu'il lui faudra, à la suite des *Beiträge*, les penser. Ce qui advient est un *Non* ou un *Ne-pas*. La dessaisie « libère le ne-pas et le Non originaires »[3], que Heidegger pense dans l'être même « tournant contre lui-même »[4]. Et c'est à partir de là aussi que l'infinitif du laisser recevra tout son sens : « Vivre ce "contre", voilà à quoi prépare la pensée transitive.

1. *DHB*, p. 738.

2. *DHB*, p. 741. Heidegger avait lui-même médité la *Zerstörung* et la *Vernichtung*. Ainsi dans le premier des *Feldweg-Gespräche*, daté du 7 avril 1945 : *Ein Gespräch selbsdritt auf einem Feldweg zwischen einem Forscher, einem Gelehrten und einem Weisen* (*GA* 77). Sur la *Vernichtung*, *cf.* p. 19 : *Bei der Vernichtung bleibt nicht nur nicht, wie bei der Zerstörung, « noch » etwas übrig, sondern in der Vernichtung entsteht etwas Eigenes und nur ihr Eigenes.* Et plus loin, de la façon la plus décisive : *Für den Augenblick sei ausdrücklich zugestanden, daß der angerührte Gedanke der Gegenwehr der Natur gegen den Angriff der Technik auf sie, daß insgleichen der Gedanke der in solcher Gegenwehr waltenden Vernichtung des Menschen schwer zu denken ist; vielleicht ist es, wenn ein Mensch hier überhaupt schätzen darf, gerade der für den heutigen Menschen am schwersten zu denkende Gedanke* (p. 20).

3. *DHB*, p. 741.

4. Selon le passage fondamental des *Beiträge* ici placé en exergue : *Das Gegenwendige muß in der Wesung des Seyns selbst liegen, und der Grund ist die Er-eignung als Verweigerung, die eine Zuweisung ist. Dann wäre sogar das Nicht und Nein das Ur-sprünglichere im Seyn* (p. 247). Dans la traduction de Schürmann : « L'être même doit se déployer en tournant contre lui-même, et cela pour l'appropriation en tant que dénégation qui est une injonction. Alors, le Ne-pas et le Non seraient même ce qui dans l'être est plus originaire » (*DHB*, p. 739).

La dessaisie nous enjoint de nous laisser saisir par le “Ne-pas originaire appartenant à l’être même et donc à l’événement” »[1].

Il est temps d’essayer de rejoindre un tel *laisser* dans le livre de 1996. Il faudra alors repartir de Heidegger. Dans le discours du 30 octobre 1955, *Gelassenheit*, mais avant tout dans le *Gespräch* de 1945, celui-ci l’avait pensé comme la conjonction dans une même *Haltung* d’un Oui et d’un Non. Ce Oui et ce Non unique, nous le disons à l’adresse des choses, et la *Gelassenheit* est *Gelassenheit zu den Dingen*[2]. Dans ce Oui et ce Non nous les *voyons* autrement, nous voyons les choses dans un regard qui ne se tient plus, ou plus seulement, sous l’empire du Dispositif, un regard *nicht mehr nur technisch*, écrit Heidegger. Le regard qui n’est plus seulement technique voit-il plus clair, comme l’indique Heidegger (*wir werden hellsichtig*) ? Oui. Et cependant cette clarté commence lorsque le retrait lui-même apparaît en tant que retrait : *Der Sinn der technischen Welt verbirgt sich.* La clarté ne commence que lorsque nous entrons « dans le domaine ce qui se cache à nous », *im Bereich dessen, was sich uns verbirgt und zwar verbirgt, indem es auf uns zukommt*[3]. Conjonction d’un « se montrer », *Sich zeigen*, et d’un se retirer, *Sich entziehen*, qui

1. *DHB*, p. 742, citant les *Beiträge*, p. 388 : *Aber es ist das ursprüngliche Nicht, das zum Seyn selbst und somit zum Ereignis gehört.*

2. Nous avons commenté ces textes plus haut : ici *Gelassenheit*, discours du 30 octobre 1955, *GA* 16, p. 527. Rappelons que l’entretien (’Αγχιβασίη. *Ein Gespräch selbsdritt auf einem Feldweg zwischen einem Forscher, einem Gelehrten und einem Weisen GA* 77) est le premier des *Feldweg-Gespräche* et porte comme date, à la fin du manuscrit, le 7 avril 1945 (p. 157). Heidegger en publiera la fin sous le titre : *Zur Erörterung der Gelassenheit* (reprenant l’entretien à partir de la page 105 de *GA* 77), *GA* 13. André Préau a traduit le discours et la fin de l’entretien dans le recueil des *Questions III*.

3. *GA* 16, p. 528.

aura toujours donné aux yeux de Heidegger le sens du φαινόμενον, et qui à présent reçoit le nom de *Geheimnis*. Le *Lassen* de la *Gelassenheit* est, alors, une ouverture, *die Offenheit für das Geheimnis*. Dans cette ouverture la « sérénité », le « délaissement » laisse les choses être, laisse le phénomène advenir dans sa phénoménalité, en son retrait tourné vers nous, loin du *Herausfordern* qui était l'essence de la technique, contraignant les choses à « sortir ». L'entretien de 1945 avait déjà tenté d'approcher la *Gelassenheit* en quittant, nécessairement, le *Willensbereich*[1], pour atteindre une pensée qui en fût en quelque sorte indemne. Et celle-ci voulait d'abord dire, mais en un sens difficile : « attendre ». *Wir sollen gar nichts tun, sondern warten*[2], écrivait déjà Heidegger. Il n'y a rien à faire, mais *Lassen* ne va pas sans attente. Mais une telle attente n'est l'attente de rien ni de personne, de même qu'elle est nécessairement attente de celui qui *ne sait plus qui il est*, si du moins celui-là ne veut pas, *veut ne pas* recouvrir la désorientation essentielle en laquelle il se tient, l'étrangeté de son site. Ce dialogue-là, Schürmann, assurément, plus que tout autre, l'a retenu : *Der Forscher : Ich weiß bald nicht mehr, wo ich bin und wer ich bin. – Der Weise : Das wissen wir alle nicht mehr, sobald wir davon ablassen, uns etwas vorzumachen*[3]. Que veut dire alors attendre ? Heidegger allait alors beaucoup plus loin, car il tentait de rejoindre cette ouverture de la pensée dans laquelle les choses apparaissent autrement qu'en tant que représentation, en tant que « contrée », *Gegend*, la contrée même de la *Gelassenheit*, en ceci que tout y « revient à cela

1. *GA* 77, p. 109.
2. *GA* 77, p. 110.
3. *GA* 77, p. 110. « Le chercheur : Je ne saurai bientôt plus où je suis ni qui je suis. – Celui qui montre : Cela, tous nous ne le savons plus, dès que nous cessons de nous leurrer ».

en lequel il repose » (*zu dem zurückkehrt, worin es ruht*), c'est-à-dire « revient à soi » (*zu sich zurückkehrt*)[1]. Une telle « contrée », plus loin nommée *die freie Weite*, « la libre étendue », est le nom de ce domaine qui n'appartient plus à la volonté, et « vouloir le non-vouloir » est « se laisser engager dans la sérénité tournée vers la libre étendue » : *Wenn wir uns auf die Gelassenheit zur Gegnet einlassen, wollen wir das Nicht-Wollen*[2].

Un tel *Sich einlassen* n'est-il pas celui que Schürmann avait fait sien en entrant dans la Méditerranée ? La possibilité n'en est cependant elle-même ouverte que dans la constellation de « la dessaisie qui nous arrive ». Mais qu'en restera-t-il, lorsque le différend tragique aura été vu, et sera tenu alors fixement sous le regard, sans le moindre recouvrement ? Que devient la *Gelassenheit* dans les *Hégémonies* ? Le regard clairvoyant qu'elles jettent, celui d'Œdipe, est-il encore celui du « cœur détaché » d'Eckhart ? Ou bien un tel cœur, n'eût-il plus pour centre *die Gottheit*, ne nous est-il pas lui aussi, en quelque visage qu'il se donne, devenu inaccessible, avec « la joie qui ne ternit pas » ?

La réponse n'est guère aisée. Dans sa recherche sur les sites et leurs principes, les *Hégémonies* mènent un combat sans repos contre « les consolations et les consolidations »[3]. Dans ce combat, la singularité apparaît, accompagnant la dispersion. Tel est le sens que Schürmann reconnaîtra à « être » dans les *Contributions* : « Par ce que Heidegger appelle être, il faut donc entendre un arrangement phénoménal se faisant en de brusques advenues, si bien que toujours "son déploiement

1. *GA* 77, p. 112-113.
2. *GA* 77, p. 142.
3. *DHB*, p. 49.

reste à attendre comme une poussée" »[1]. Mais ce qui alors se montre, c'est « le pathétique de l'être-homme »[2], « ce singulier qui n'est pas simple – l'événement du *là* tragique »[3]. La réponse de 1945, celle de la *Gelassenheit*, ne s'est-elle pas ultimement effacée, qui se tenait pour Heidegger lui-même dans le « funeste » des *Beiträge* ? En un sens pourtant, lorsqu'elles s'engagent dans la tentative du regard clair, les *Hégémonies* combattent encore pour un *Lassen*, qui est un *se laisser saisir par le Non*[4], ce qui veut dire, dans le dénuement des « démunis », l'appropriation à venir de notre mort, celle qui selon Schürmann refermait déjà *Œdipe à Colone*. « La mortalité reste encore et toujours à saisir », [5] écrit Schürmann, non sans difficulté : car « saisir » veut dire bien davantage à présent *se laisser saisir par elle*. Le « désapprendre », le « desserrement » de 1976 trouvent là leur écho final : « Il nous est demandé seulement d'être-là dans le site de la dessaisie qui est déjà le nôtre. Le saut ne conduit donc pas à quelque ailleurs. Il se résume dans le détachement par rapport aux positions normatives : "La fissuration s'ouvre (à une pensée) se *détachant totalement* de l'être comme détermination la plus 'générale'". Il nous est demandé seulement de désapprendre à varier la différence normative et d'apprendre le différend comme condition temporelle originaire »[6]. Là est sans doute le

1. *DHB*, p. 717, citant les *Beiträge*, p. 242 (*seine Wesung muß wie ein Stoß erwartet werden*).

2. *DHB*, p. 715.

3. *DHB*, p. 718.

4. *DHB*, p. 742.

5. *DHB*, p. 743.

6. *DHB*, p. 724, commentant d'abord *Beiträge*, p. 231 (« *Dans l'autre commencement* importe le saut dans l'entre-deux fissurant du tournant de l'événement »), et citant en partie *Beiträge*, p. 278 (*und diese schließt in sich die*

détachement schürmannien, qui laisse aller toutes positions natales pour recevoir le trait mortel, se laisser saisir par l'être mortel, se laisser saisir par le temps. Laisser est *laisser aller*, *laisser partir*, selon la mortalité reçue avec la naissance. Laisser est entrer soi-même dans l'adieu, celui de l'*Abgeschiedenheit*, sans la moindre désertion, dans le combat pour la clarté qui était déjà celui d'Œdipe et qui sera resté, jusqu'à la fin, le combat phénoménologique de Reiner Schürmann.

völlige Ablösung *vom Sein als der Seiendheit und der « generellsten » Bestimmung*).

CHAPITRE XII

FRIEDEN

Le domaine de la *Gelassenheit* est celui de l'adieu. La sérénité du *Lassen* ne s'ouvre, elle et son étendue, qu'avec un tel départ, une telle séparation. Pour finir, un mot restera, venu à nouveau de Heidegger. Ce mot est : *Frieden*, la paix. Lorsque le sens de *Lassen* fut approfondi, ce qui commença à se montrer fut ce que Heidegger avait appelé *Einfrieden*, l'accomplissement silencieux d'une paix en laquelle les mortels s'avancent, l'extension à la fois soudaine et calme d'une paix qui les entoure. En quel sens le domaine de la *Gelassenheit* est-il le domaine de la paix ? En quel sens l'adieu ouvre-t-il le règne de la paix ? Quelle est au juste cette paix qui s'étend alentour ?

Il n'est peut-être pas impossible de voir s'ouvrir une telle paix là où le poète Georg Trakl aura tenté de la recueillir dans la langue, dans le chant de celui qui est détaché, le chant du séparé. *Gesang des Abgeschiedenen*, paru dans la revue *Der Brenner* en 1914 puis repris après la mort de Trakl, en 1915, dans le recueil *Sebastian im Traum*, y referme, selon la loi de composition de l'ultime petit livre, le cycle du même nom [1].

Gesang des Abgeschiedenen
An Karl Borromaeus Heinrich

Voll Harmonien ist der Flug der Vögel. Es haben die grünen Wälder
Am Abend sich zu stilleren Hütten versammelt;
Die kristallenen Weiden des Rehs.
Dunkles besänftigt das Plätschern des Bachs, die feuchten Schatten

Und die Blumen des Sommers, die schön im Winde läuten.
Schon dämmert die Stirne dem sinnenden Menschen.

Und es leuchtet ein Lämpchen, das Gute, in seinem Herzen
Und der Frieden des Mahls; denn geheiligt ist Brot und Wein
Von Gottes Händen, und es schaut aus nächtigen Augen
Stille dich der Bruder an, daß er ruhe von dorniger Wanderschaft.
O das Wohnen in der beseelten Bläue der Nacht.

Liebend auch umfängt das Schweigen im Zimmer die Schatten der Alten,
Die purpurnen Martern, Klage eines großen Geschlechts,
Das fromm nun hingeht im einsamen Enkel.

1. *Das dichterische Werk*, auf Grund der historisch-kritischen Ausgabe von Walther Killy und Hans Szklenar, Munich, dtv, 2007, p. 79. De Trakl, Heidegger, pour l'essentiel à partir d'autres poèmes, aura justement retenu, avec la paix, l'*Abgeschiedenheit* : *UzS*, *GA* 12, « Die Sprache » (1950) et : « Die Sprache im Gedicht. Eine Erörterung von Georg Trakls Gedicht » (1952). La confrontation rigoureuse avec ces textes appellerait de tout autres mesures. Nous les rendons cependant çà et là présents. Karl Borromaeus Heinrich était lui-même l'auteur de *Briefe aus der Abgeschiedenheit* parus dans *Der Brenner* en 1913.

Denn strahlender immer erwacht aus schwarzen Minuten des Wahnsinns
Der Duldende an versteinerter Schwelle
Und es umfängt ihn gewaltig die kühle Bläue und die leuchtende Neige des Herbstes,

Das stille Haus und die Sagen des Waldes,
Maß und Gesetz und die mondenen Pfade der Abgeschiedenen.

Chant du séparé

À Karl Borromaeus Heinrich

Plein d'harmonies le vol des oiseaux. Les forêts vertes
Se sont rassemblées le soir autour des chaumières plus calmes ;
Les pâturages cristallins du chevreuil.
Le sombre ils l'adoucissent, le murmure du ruisseau, les ombres humides

Et les fleurs de l'été qui tintent belles dans le vent.
Déjà le front est crépuscule à l'homme qui médite.

Et luit une petite lampe, le bien, dans son cœur,
Et la paix du repas ; car le pain et le vin sont sanctifiés
Par les mains de Dieu, et de ses yeux de nuit
Calmement ton frère te contemple, qu'il repose d'une errance épineuse.
Ô habiter le bleu animé de la nuit.

Le silence aimant lui aussi entoure dans la chambre les ombres des ancêtres,
Les martyres pourpres, plainte d'une grande lignée
Qui pieusement s'efface dans le descendant solitaire.

Car plus irradiant toujours s'éveille des noires minutes de la folie
Celui qui endure sur le seuil pétrifié

Et l'entourent violemment le bleu frais et le déclin lumineux de l'automne,

La maison calme et les légendes de la forêt,
Mesure et loi et les sentiers lunaires des séparés.

Abgeschiedenheit, qui inspire un titre ainsi presque rhénan, fut déjà rencontré. Il s'agissait, dans Eckhart, de la séparation du cœur détaché, de son laisser, par lequel il est entré dans l'*Abschied*[1]. Il y avait départ, en lequel il s'engageait, effaçant en chemin le départ lui-même et le chemin, le vouloir du non-vouloir. Le séparé est entré dans ce qui à présent l'entoure, il y est seul et pourtant entouré. Comment voir, comment décrire le domaine en lequel il s'est avancé ?

Le chant qui lui est dédié, où lui-même apparaîtra, ne pourra-t-il montrer un tel domaine ? Notre seule tâche, philosophique ou non, sera de le décrire, non pas de briser le secret en lequel il se retire. Mais avant tout : que veut dire ici « chant », *Gesang* ? S'il y a chant une voix s'élève dans la langue, qui par elle n'est pas indistinctement toute langue poétique, mais langue lyrique, et précisément, peut-être, élégie[2]. Pour celui qui se tient dans la séparation il n'est pas d'autre langue. Le chant de l'élégie accueille en lui une sorte de plainte. *Klage* est alors la tonalité fondamentale de la langue. La plainte et le chant qui la recueille proviennent de la

1. Plus haut dans ce livre, I, Abschied.

2. Dans le souvenir ainsi, sans doute, comme il a été remarqué, des *Élégies* de Hölderlin, entre lesquelles, surtout, *Brot und Wein*. *Pain et vin* s'ouvrait sur le repos du soir, le calme, la nuit qui vient. Mais l'hymne n'est pas non plus absent du poème de Trakl, lui et l'invocation qui lui est propre. Pour une étude formelle, on se reportera au livre déjà ancien de Ludwig Dietz dans la belle série des *Trakl-Studien* de Salzbourg, *Die lyrische Form Georg Trakls* (Salzburg, Otto Müller Verlag, 1959). Sur l'élégie, particulièrement le rapport à Hölderlin et à la tradition de l'élégie allemande, *cf.* p. 113 *sq.*

solitude et continuent de s'y tenir, ils vont à elle. *Schwermut! einsam Adler klagen*, porte la fin d'un poème qui aura lui-même pour titre *Klage*[1]. *Klage* est la langue de l'*Einsamkeit*. Or une telle solitude et la plainte à chaque fois se tiennent dans le sombre, et le sombre lui-même s'étend dans la proximité de la mélancolie :

> *Und es klagt die dunkle Stimme*
> *Über dem Meer.*
> *Schwester stürmischer Schwermut*
>
> Et la voix sombre élève sa plainte
> Sur la mer.
> Sœur de la mélancolie orageuse

L'élégie appartient à la solitude mélancolique. La mélancolie et sa plainte, le sombre auquel elles appartiennent, nous sommes loin de les comprendre, de les voir s'ouvrir dans leur sens. Mais, avant même que nous ne les voyions vraiment, ne marquent-ils pas immédiatement l'élégie ? Le *Chant du séparé* lui aussi se tiendra dans le sombre. Le sombre, *Dunkles*, y sera simplement le soir. (Qu'il soit nommé *Dunkles*, au neutre, indique qu'il s'agira de ce qui désormais s'ouvre et s'étend, de ce qui règne – Heidegger écrit : *Wesen*[2]). Dans un tel chant la voix du séparé, ou la voix qui parle de lui et peut-

1. « Mélancolie ! solitaire s'élève la plainte des aigles ». Deux poèmes de 1914, parus en 1915 dans *Der Brenner*, portent le titre *Klage*. *Das dichterische Werk*, *op. cit.*, p. 92 et p. 94.

2. Au sujet de *ein Fremdes* dans un autre poème, *Frühling der Seele* (*Das dichterische Werk*, *op. cit.*, p. 77-78 : *Es ist die Seele ein Fremdes auf Erden*), Heidegger note : *Die Seele ist dem entgegen als Seele im Grundzug ihres Wesens « ein Fremdes auf Erden ». So bleibt sie das Unterwegs und folgt wandernd dem Zug ihres Wesens.* « L'âme est au contraire en tant qu'âme dans le trait fondamental de son essence « un Étrange sur terre ». Ainsi reste-t-elle l'en-chemin et suit-elle, en errant, le trait de son essence » (*GA* 12, p. 37).

être lui parle, celle de l'ami qui est le frère, et ainsi lui-même l'un des séparés[1], s'élève dans le soir, ou plutôt le chant recueillera le déploiement paisible du soir sans jamais en briser le silence. Car le sombre reçoit en lui la paix, l'accomplissement de la douceur. Il est le soir apaisé. Le chant commence dans la douceur harmonique. Ce qui s'étend là est déjà la paix, l'apaisement. Les mouvements, les sons, les nuances vont à la paix, prennent part à la paix qui s'étend. Or cette paix est un recueillement, une sorte de *Versammlung*. Un tel recueillement est tourné vers le lieu le plus recueilli et le plus recueillant, le lieu en lequel s'accomplit la *Versammlung*, qui en est peut-être lui-même le centre, du moins le foyer de concentration, la maison et sa simplicité, la chaumière, *die Hütten*, *stilleren Hütten*, les maisons du village qui elles-mêmes se tiennent ensemble, elles-mêmes se trouvent par le soir apaisées. L'accomplissement est accomplissement de la paix, qui est changement, aussi dans l'homme. *Dämmern* est le verbe de cet apparaître-là, indiquant l'apparition de ce qui commence à s'étendre, le sombre, qui est aussi l'événement d'une dernière ou d'une première lueur. Et le sombre vient non pas seulement dans tout ce qui se rassemble alentour, le sombre point aussi sur le visage de celui qui médite. *Besinnen* est la pensée du soir, la pensée crépusculaire. Le soir tombe sur la pensée elle-même, qui devient méditation. Par là elle s'accorde harmoniquement avec tout ce qui alentour se rassemble vers le lieu du recueillement. La méditation est elle

1. Dans l'unique passage où il renvoie au poème, Heidegger en comprend le titre et le déploiement dans ce sens : *Aber indem der nachlauschende Freund den « Gesang des Abgeschiedenen » singt und so dessen Bruder wird...* « Mais cependant que l'ami à l'écoute chante le chant du séparé et ainsi devient son frère... » (*GA* 12, p. 66). Le chant du séparé est aussi pour le séparé, il est le chant *des séparés*, comme ils ont aussi des chemins.

aussi recueillement, comme celui qui advient dans la paix du soir autour de simples chaumières, les maisons apaisées. Est-ce le sombre aussi qui s'étend dans la tête de l'homme, le sombre apaisé ? Le sombre a-t-il atteint ses pensées pour les recueillir ? La méditation serait-elle la pensée entrée dans la paix, entourée par la paix ? Le sombre qui gagne laisse pourtant s'élever en lui la possibilité de ce qu'il enveloppe, ce qu'il étreint sans l'étouffer, doucement, sans même l'assombrir. L'assombrissement paisible voit s'élever en lui la lueur fragile et moindre, il laisse briller la petite lampe. Où apparaît la lueur ? Elle apparaît dans le plus intérieur, elle apparaît dans le cœur. *Herz* est le nom du lieu intime pour une lueur qui n'apparaît que dans le sombre. La petite lampe est-elle inextinguible ? Nous ne le savons pas, mais un nom lui est donné, le bien. Le bien apparaît dans la dimension du cœur comme une fragile lueur qui brille dans le sombre et la douceur environnante. La lueur du bien est pleinement accordée au sombre qui l'enveloppe, il n'y a plus de combat. C'est le sombre qui lui donne de pouvoir apparaître, même si peut-être, comme nous ne le saurons pas, elle ne s'éteint jamais. *Herz* est un lieu profond, un lieu retiré, mais son retrait laisse luire le bien, de l'éclat doux qui est le sien. Cet éclat est alors lié à la paix, qui, elle aussi, commence à luire. Son domaine d'apparaître est la paix. Non pas seulement la douceur immobile, silencieuse, du soir qui s'étend, du recueillement qui advient, mais, de la façon la plus précise, la paix du repas. *Alors nous touchons peut-être le centre du recueillement qui advient chaque soir*, toutes choses venant à se recueillir autour de cette paix-là, *der Frieden des Mahls*. Alors nous nous trouvons peut-être dans le centre de la dimension qui s'est ouverte, le cœur de la paix. Le soir s'étend alentour, tourné vers ce qui advient-là, le repas, et le domaine de paix qui s'ouvre avec lui dans la maison. Ce qui se passe n'est rien d'autre que ce qui arrive tous les soirs, la simplicité du repas paisible. Ce qui se passe arrive sans éclat, sans autre éclat que celui de la petite lampe du bien, brillant dans le lieu retiré du cœur, accompagnant le repas. Mais le chant du séparé ne laissera pas cette paix sans tenter d'en indiquer la provenance. *Denn* : la paix s'étend, *car* il s'est passé quelque chose, qui concerne désormais le repas de chaque soir, continue de l'entourer comme le soir l'entoure. Ce qui s'est passé est indiqué par le verbe *heiligen*. Le repas, ce qui est mangé et ce qui est bu, le pain et le vin, furent consacrés, sanctifiés. Qui les a rendus saints ? Qui les a fait entrer dans le domaine du sacré ou du saint ? *Gott* lui-même, *Gott* lui seul, *de ses propres mains*, lorsqu'il les a tenus, a, pour toujours, fait passer pain et vin dans la dimension de ce qui est *heilig*, sacré ou saint. Le plus important est peut-être que ses mains aient tenu pain et vin, et les tenant les aient transformés. La transformation est appelée consécration, sanctification, qui veut dire que pain et vin sont entrés dans une autre sorte de présence, la présence sacrée ou sainte accordée à la proximité de *Gott*, dont ils furent touchés. Chaque repas se souvient de ce qui a eu lieu, chaque main qui prend le pain et le vin les prend, les reçoit transformés de la main de Dieu. Toucher ce que lui a une fois touché, voilà ce qui est donné chaque soir, dans la paix du repas. Lui-même n'est peut-être plus là, mais le repas ne peut pas ne pas se souvenir de lui, et ce souvenir est lui-même la paix dans laquelle il a désormais à chaque fois lieu. *La paix vient de ce qui s'est passé là. La paix est celle qu'il a laissée*[1].

1. Commentant un autre poème, la deuxième version de *Ein Winterabend*, dans le même recueil *Sebastian im Traum*, Heidegger écrit : *Brot und Wein sind die Früchte des Himmels und der Erde, von den Göttlichen den Sterblichen geschenkt.* « Pain et vin sont les fruits du ciel et de la terre, offerts par les divins

Plus d'un qui n'est peut-être plus là se tient, apparaît chaque soir dans cette paix, plus d'un absent. Ceux-là se tiennent à leur façon dans le lieu simple, la maison, et prennent part au repas. Le frère le premier regarde[1], il regarde de ce regard qui s'appelle *Anschauen*, il contemple. Il partage avec la maison, avec les maisons du village, le calme, *Stille*, son regard s'ouvre dans ce calme-là, ce silence-là seulement. C'est *toi* qu'il voit. Qui es-*tu*? *Toi*, celui-là, n'est-il pas le séparé? N'est-il pas celui qui sera plus loin nommé le solitaire, le descendant solitaire? À moins que celui-là ne soit alors le frère, qui est *Bruder* essentiellement selon la séparation: les deux frères sont les deux séparés. Le séparé tombe dans le regard calme de son frère, regard entouré de nuit, regard lui-même nocturne, regard

aux mortels » (*GA* 12, p. 25). Ce poème, en plusieurs de ses traits, est très proche du *Chant du séparé*. Il s'achève ainsi :

Wanderer tritt still herein;
Schmerz versteinerte die Schwelle.
Da erglänzt in reiner Helle
Auf dem Tische Brot und Wein.

Le voyageur entre silencieusement ;
La douleur pétrifia le seuil.
Là brillent en clarté pure
Sur la table le pain et le vin.

La question *rigoureusement décisive* reste celle de savoir si « les divins » peuvent *ou non*, à eux seuls, porter le sens de *Gott* dans le poème de Trakl, et si, par conséquent, « pain » et « vin » sont *seulement* les fruits du ciel et de la terre.

1. Qui est le frère? Si « toi » désigne le dédicataire du poème, « le frère » en est alors l'auteur. Dans un autre poème dédié à Karl Borromaeus Heinrich, ceux qui sont ainsi frères partagent la même temporelle montée :

Unter Dornenbogen
O mein Bruder klimmen wir blinde Zeiger gen Mitternacht.

Sous une arche d'épines
Ô mon frère nous montons aiguilles aveugles vers minuit
(*Das dichterische Werk*, *op. cit.*, p. 213).

qui appartient à la nuit. Le calme dont vient un tel regard, et qu'il répand aussi, n'est-il pas la même chose que la nuit dont il vient, à laquelle il appartient? Lui-même alors accède au repos. Comment comprendre le *daß* qui lui ouvre le repos, qui en est le commencement? Est-ce le calme regard qui est lui-même reposant? Le repos du moins, quoi qu'il en soit de son origine, vient après l'errance, l'errance dans les buissons d'épines, l'errance épineuse. La paix du repas apaise celui qui a ainsi erré, s'y est peut-être blessé, a suivi sans doute parmi les ronces un chemin difficile. Toi alors tu entres dans son regard, le rayon de sa contemplation, lui revient de son errance et pourtant son regard répand la paix, t'en découvre l'accès, te comprend en lui, et en elle, lui-même reposant de son errance propre. Toi et lui sans doute appartenez alors à la même paix, celle de la maison dans le soir. Celle-ci se rassemble dans le vers hymnique, le vers qui appelle, le vers vocatif : *Ô habiter le bleu animé de la nuit. Das Wohnen*, voilà le recueillement dans la maison. Mais cet habiter n'est pas seulement celui qui trouve abri dans la maison, dans le lieu vers lequel tout se rassemble, qui attire tout à sa paix. Cet habiter se tient plus radicalement ou plus profondément dans la nuit, c'est elle et son calme, entourant les maisons, qui sont l'élément dans lequel il est possible d'habiter. Un tel habiter est appelé, désiré, car il est habiter dans la paix : l'appel, l'appel lyrique, l'invocation hymnique, *O*, est appel à la paix, à l'apaisement. Mais la paix reçoit un nom plus précis encore, elle apparaît dans le bleu de la nuit, *die Bläue*. La paix se montre en cette couleur, l'une des plus insistantes dans la poésie de Trakl[1]. Ce bleu porte la

1. On se reportera au livre – de jeunesse en beaucoup de sens, qui le rendent attachant – de Jean-Michel Palmier, *Situation de Georg Trakl*, Paris, Belfond, 1972.

douceur du soir, de la nuit approchant, mais un tel bleu est lui-même déjà habité, puisqu'il est au moins une âme en lui. Celui qui habite le bleu n'est pas seul dans le bleu, n'est pas seul dans la nuit. Mais de quelle sorte de présence la nuit est-elle animée ? Le frère déjà appartient à la nuit, il regarde depuis la nuit, d'une présence qui ne supprime peut-être pas la solitude du séparé, si elle n'apparaît au contraire qu'en elle. Mais le frère n'est pas l'unique présence. Son calme n'est pas lui-même l'unique, il appartient peut-être à un autre, plus grand et venant de plus loin. Celui-ci est appelé le silence, le déploiement du silence, *das Schweigen*. Et le silence entoure sur le mode le plus haut de la présence, *liebend*, il enveloppe sur le mode qui s'appelle amour. Qui se trouve compris en un tel silence, et où celui-ci règne-t-il ? C'est dans la chambre, le plus retiré de la maison, le plus intérieur dans le soir qui s'étend, que le silence s'étend sur ce mode de l'amour, et embrasse ceux qui ne sont plus là, mais sont recueillis en lui, les ombres flottantes des ancêtres. La nuit est animée aussi de leur présence, portée par le silence qui aime. Ils sont là, à leur façon singulière, autrement que le frère, dans un silence autre que le calme de son regard, mais qui l'a précédé et continue de s'ouvrir chaque soir dans la chambre. Les disparus continuent d'y advenir, continuent d'y venir. *Die Schatten*, les ombres, habitent elles aussi à leur façon flottante la nuit appelée. D'autres ombres déjà adoucissaient au début du chant le sombre du soir, les ombres humides, elles accomplissaient déjà la douceur de la nuit tombante. Mais les ombres qui animent le silence de la chambre viennent du passé, elles viennent de ce qui est ta propre provenance, elles sont les ancêtres. Ils ont souffert et témoigné, ils sont marqués par le martyre, ont connu les martyres pourpres, mais eux aussi à présent sont entourés du bleu de la nuit paisible, la nuit devenue aimante dans la chambre, puisque la chambre est le lieu de ce silence-là, le silence de l'amour. Le silence aimant de la chambre laisse s'élever la plainte des martyrisés. Une plainte s'élève du passé, elle est la langue de leur témoignage. *Klage* est la voix des martyrisés, elle ne s'élève que dans le silence de l'amour, dans la chambre, ainsi. La paix du repas entourait les frères, ils étaient deux. Le silence de la chambre accueille le témoignage de souffrance des ancêtres. Cet amour recueille leur souffrance. Eux et toi ou lui, vous êtes familiers, la lignée vous unit, elle les relie à toi ou à lui, le frère, le descendant solitaire. Celui-là quel qu'il soit est le dernier, car la lignée prend fin, périt en lui, va à lui et s'y termine, *hingeht*. La lignée s'efface avec lui. Mais ce lien est aussi en lui une sorte de piété. La piété est ce qui recueille, ce qui garde leur témoignage. *Geschlecht*, le lien de la naissance et du sang, le lien dont le sexe fut et ne cesse d'être le créateur, porte avec lui le témoignage des ancêtres venant au descendant, le dernier, chaque soir depuis les profondeurs de la chambre. Lui le recueille avec ce qui lui a donné naissance, selon la piété qui prend soin de ce qui lui fut transmis et continue de venir à lui dans la chambre. Le descendant vient d'eux et les rassemble, les concentre en lui, comme il recueille en lui leur plainte silencieuse, leur témoignage pourpre. Il accomplit solitairement ce qui reste de leur présence. Sa solitude est sa piété, *elle est leur dernière existence*. Le chant du séparé ne recueille-t-il pas lui aussi cette plainte-là, la plainte ancestrale ? Sa solitude et sa séparation accueillent en elles les souffrances du passé.

Mais le chant va bientôt finir, et son dernier mouvement est le plus énigmatique. *Denn*, « car », à nouveau, indiquera un événement, une autre transfiguration. La première transfiguration était la sanctification du pain et du vin par les mains de Dieu. À la fin du chant il se passe à nouveau quelque chose, qu'il est difficile de comprendre, et qu'il faudra à nouveau simplement décrire. C'est un éveil, une intensification, un rayonnement plus intense. Qui s'éveille ? Celui qui subit, celui qui souffre ou supporte, *der Duldende*. Son éveil est la sortie de la folie. Est-il le séparé, est-il le descendant solitaire – est-ce « toi » ? Qu'endure-t-il, celui-là, sinon la folie, le passage de la folie, les « noires minutes » ? Et qu'est-ce qui se propage, quel rayonnement émane de lui ? Quelle est cette irradiation, quel est cet éveil, cette émergence hors de la folie ? Regardons. La souffrance advient sur le seuil devenu pierre, le seuil pétrifié [1] – n'est-ce pas là aussi qu'il s'éveille, au lieu où s'ouvre la maison et son recueillement, sur le seuil par lequel le soir vient, la nuit entre, en ce passage-là, désormais pierre, il souffre et s'éveille de sa souffrance, et lui-même est entouré par le soir, lui-même est enveloppé par la nuit, le bleu qu'il avait appelé, la nuit qu'il avait invoquée. *Umfängen* indiquait déjà le déploiement du silence autour des ombres des ancêtres, et cela voulait dire : *Liebe*. N'est-ce pas le même enveloppement aimant qui advient, désormais non sans violence – celui du bleu, le bleu invoqué qu'il voulait habiter, le bleu de la nuit, la fraîcheur de son adoucissement – celui de l'automne, son déclin qui à présent luit, à son tour, comme la petite lampe du cœur luisait faiblement – celui de la maison calme, et pour la troisième fois le calme, *still ou Stille*, se répand, qui était déjà la paix des *Hütten* – celui de la contemplation du frère : il est désormais, dès le seuil transformé en pierre, l'enveloppement de la maison vers laquelle le seuil ouvre passage et qu'il ouvre elle-même sur la nuit qui monte. Enveloppe aussi le seuil et

1. *Schmerz versteinerte die Schwelle*, portait le poème commenté par Heidegger dans le premier texte sur Trakl, *Ein Winterabend* (*Das dichterische Werk*, *op. cit.*, p. 58).

celui qui s'y tient la forêt qui se rassemblait dans les premiers vers du chant autour des *Hütten* et à présent l'entoure, lui, de ses légendes, comme si cette langue du passé, *die Sage*, aussi lointaine que les ombres des ancêtres, venait à lui dans le soir : la forêt parle, la forêt est déjà dans la langue, et la langue du passé qui est la sienne, la légende, n'est pas étrangère sans doute au chant du séparé. *Ce qui vient à lui est alors mesure et loi.* Là est le plus difficile à comprendre. Mesure est la dimension selon laquelle il accomplira l'expérience de ses propres limites, de celui qu'il est et de tout ce qu'il peut. Il y trouvera comme chacun sa propre épreuve, sa propre limite. Loi est ce qui lui est envoyé ou fixé pour lui indiquer ce qu'il doit. Ce qu'il est et ce qu'il doit être et accomplir l'entourent avec la nuit, viennent à lui dans la nuit. Mais dans la nuit aussi commencent à apparaître, dans le même enveloppement, le même intense accomplissement advenant sur le seuil, des chemins, des passages s'ouvrant dans la lueur de la lune, des sentiers lunaires. Le chant du séparé prendra fin avec l'indication des autres séparés dont les chemins s'éclairent dans le soir. Pour celui qui se tient sur le seuil ils commencent à briller de leur doux éclat. Lui, le descendant solitaire, voit s'ouvrir des chemins dans la nuit. Puisqu'ils sont ou furent à chaque fois le chemin du séparé, lui ne quittera pas la solitude de la séparation. Mais la nuit enveloppe les solitaires, en laisse apparaître les chemins sous la lune. Le séparé, s'il est aussi celui qui subit, sur le seuil où il irradie, dans la violence du bleu qui l'entoure, voit les passages de ceux qui sont entrés dans le même adieu, le même départ, la même séparation, et qui ne sont plus là, *die mondenen Pfade der Abgeschiedenen*. Dans la paix du bleu ils se laissent appeler, chacun selon la séparation de son chemin le plus propre, chacun selon la solitude qui lui fut mesurée et fixée, chacun selon l'adieu dans lequel il est entré. La paix s'étend, sa violence et son amour, sa douleur et son rayonnement, comme le domaine de leur solitude, le domaine de l'*Abgeschiedenheit*, le domaine du détachement. En ce domaine le solitaire ne demeure pas sans que d'autres à côté de lui et d'autres avant lui ne se tournent encore chaque soir vers lui, dans leur contemplation ou leur plainte. Il n'est pas en dehors de la langue, et il ne restera pas non plus sans qu'un chant ne lui soit dédié. Le domaine qui s'ouvre chaque soir, et que recueille son chant, est celui de sa propre métamorphose irradiante, de la violence de la paix qui l'enlève à la folie et l'enveloppe, lui, le séparé, *der Abgeschiedene*, dans le bleu de la nuit.

SOURCE DES TEXTES

Certains chapitres de ce livre furent présentés ou publiés ailleurs. Je remercie les éditeurs concernés d'avoir autorisé leur publication nouvelle.

Introduction. *Lassen* : inédit.

1. *Abschied* : « *Abschied* », paru dans « Les Cahiers d'Histoire de la Philosophie », *Maître Eckhart*, sous la dir. de Julie Casteigt, Paris, Cerf, 2012.

2. *Gelâzenheit* : « Johannes Eckhart, vers la sérénité » (Clermont, 2006), paru la même année en français et en japonais dans les cahiers de l'université d'Ochanomizu, Tôkyô, puis sous la forme d'une contribution finale à : Maître Dôgen, *Shôbôgenzô*, tr. et notes par Yoko Orimo, t. 5, Vannes, Sully, 2011.

3. Volonté : « Méditation de la volonté », paru dans « Les Cahiers d'Histoire de la Philosophie », *Schelling*, sous la dir. de Jean-François Courtine, Paris, Cerf, 2010.

4. Nuit : « La nuit de la volonté » (Coimbra, 2009), colloque organisé au Portugal par Teresa Pedro et Diogo Ferrer autour des *Recherches sur la liberté humaine* de Schelling. À paraître.

5. Laisser la métaphysique : « Laisser la philosophie ? Heidegger, *Lassen*, *Bauen* » (Torino, 2010), *European Science Foundation Exploratory Workshop « Myths Of The Contemporaneity : Public Reason Between Deconstruction And Reconstruction »*, organisé par Alberto Martinengo, université de Turin, à paraître en anglais, Walter de Gruyter, 2012.

6. *Gelassenheit*: « Laisser, abandonner » (Nanterre, 2011), journées d'études organisées autour d'*Essais et conférences* de Martin Heidegger par Didier Franck (IUF), Emmanuel Cattin et Dominique Pradelle (Clermont, centre PHIER), université Paris X-Nanterre.

7. L'autre maison : « *The Other House* » (Tôkyô, 2009), colloque franco-japonais de l'université d'Ochanomizu et de l'université Blaise Pascal autour de « Penser, agir, enseigner ». Paru en anglais dans les cahiers de l'université d'Ochanomizu, Tôkyô, 2010, puis en français sous le titre : « L'autre maison. Entretien dans le Dispositif », dans le recueil : *Du* Gestell *au dispositif*, édité par Valentina Tirloni, Bruxelles, E.M.E., 2010.

8. Tragédie : « Un savoir tragique » (Toulouse, 2007), colloque « Reiner Schürmann. La philosophie à l'époque de son errance », organisé pour le centre Erraphis et le centre PHIER par Jean-Marie Vaysse à l'université de Toulouse-Le Mirail. Paru dans : *Autour de Reiner Schürmann*, éd. par Jean-Marie Vaysse, Georg Olms, 2008 ; tr. en portugais du Brésil par Eduardo Brandâo : « Des Hégémonies brisées. *Um saber tragico* », dans *Cadernos de filosofia alemâ*, XII, *Publiçâo semestral do departamento de filosofia*, FFLCH–USP, Sâo Paulo, jul.-dez. 2008 ; tr. en italien par Guelfo Carbone : « Reiner Schürmann. *Un sapere tragico* », dans *Il male e l'essere*, *Atti del convegno internazionale di studi Roma*, 17-19 marzo 2008. A cura di Pietro d'Oriano e Draga Rocchi, Milano, Mimesis, 2009.

9. Grecs : « Reiner Schürmann et les Grecs » (Milan, 2008), colloque « Herméneutique et pensée grecque », organisé par Franco Trabattoni, Università degli Studi di Milano, à paraître en Italie, 2012.

10. Personnes mortelles : « Reiner Schürmann. Sur des personnes mortelles » (Toulouse, 2010), colloque : « L'impersonnel », organisé à l'université de Toulouse-Le-Mirail par Julie Casteigt.

11. Laisser : « Laisser. Reiner Schürmann et Martin Heidegger » (Clermont, 2011), journée d'étude « Penser la nuit. Reiner Schürmann », organisée par le centre PHIER et l'association des étudiants du département de philosophie de l'Université Blaise Pascal (Vincent Blanchet et Audrey Pomarès).

12. *Frieden* : inédit.

TABLE DES MATIÈRES

Achevé d'imprimer en février 2025
sur les presses de
La Manufacture - Imprimeur – 52200 Langres
Tél. : (33) 325 845 892
N° imprimeur 250124 – Dépôt légal : novembre 2012
Imprimé en France